U0938569

未來之歌

粵語流行曲的傳承

留情　梁明暉　合編

JPC

目錄

編者的話 | 留　情 006

導論 | 朱耀偉 009

上編

1 香港早期粵語流行曲概述及其傳承問題 | 鄭景元 026

2 我活在歌聲裡：羅文精神的現今傳承 | 留　情 056

3 從梅艷芳看傳承 | 舒詠晨 080

4 永遠高唱我歌：黃家駒的搖滾世界及精神傳承 | 朱嘉欣 108

5 從 AI 尹光看 AI 傳承香港流行歌的可能 | 李紫桐 126

下編

6 「我愛你」：香港粵語流行曲歌名的縱向分析 | 蘇鑰機 144

7 「香港快歌」：不是音樂類型的音樂類型 | 黃培烽 180

8 眼睛想唱歌：從港產 MTV 到本地 MV 以外的情感流動 | 羅玉華 196

9 網台的粵語流行曲傳播：以網絡音樂節目《Music Panda》及《音樂擂台》為例 | 黃成傑 216

10 情迷香港：後一九粵語流行曲的道德包袱 | 梁明暉 232

編後記 | 梁明暉 250

作者簡介 252

編者的話

留情

「粵語流行曲」概念今面世七十多年，走過無數歷史時刻。近年，「樂壇已死」、「樂壇未死」、「樂壇是否仍有希望？」等相關話題備受關注，我們從中不斷想像未來，憶起過往。在未來、現在與過往拉扯之間，「粵語流行曲的傳承」成為話題之一。歌曲盛載的情感以後何去何從？會如何被記住？

2022 年，我有幸與十幾位朋友自資舉辦「今夜真暖：樂壇經典舊物展」，與大眾一同分享身為年輕人聆聽粵語流行曲經典時候的樂趣和故事。我們相信傳承粵語流行曲歷史，可以不以「懷舊」作方向之餘，亦可不「老土」。展覽迴響超出預期想像，我們至今仍心懷感激。開設專頁「留情」推廣粵語流行曲歷史至今七年，我一直在尋找進一步推廣粵語流行曲歷史的方法，而有幸一路上遇見不少志同道合，深愛著粵語流行曲經典的朋輩。我們幾年來在實踐傳承的路上遇到不少障礙：歌迷前輩與年輕樂迷缺乏溝通、缺乏途徑了解樂壇歷史資料、「舊歌」與「老土」的概念掛鉤等。這些問題至今未被重視，亦仍未解決，甚至有惡化跡象。

在此坦白一件事：我亦曾經帶著「我老土我自豪」的心態實踐傳承。[1] 但「老土」甚為主觀，而且我們並非只聽舊調或為新舊劃上界線，「懷舊」的形容亦不準確。雖「我老土我自豪」看似滿懷自信，但實際上我竟對我深愛的事物失去信心而不自知，回想起來實在慚愧。

在缺乏資源底下，我們的無力感亦相對增加。繼續單以「我愛舊歌」——純粹由情緒主導的心態實踐傳承，會成為傳承路途上的阻礙，變成「圍威喂」的行為。我們的所思所想必須尋找方法達至大眾層面，並令其容易掌握及理解；我們須在意識「懷舊」標籤之下，掌握「推廣歷史」與「傳遞情緒」之間的平衡，讓廣泛大眾了解究竟粵語流行曲歷史為何須被重視。如未能意識各種標籤，實踐傳承就如霧裡看花。實踐有效傳承即和時間競賽，我們沒有逆轉的機會。

展覽過後，我望能舉辦更多活動接觸更多受眾，於是拿起了各教授學者的著作尋找靈感。

書籍是朋輩與我其中一個認識粵語流行曲歷史的重要途徑，每次閱讀我們亦能發掘更多研究粵語流行曲的角度。尤其不少望進一步實踐粵語流行曲傳承的朋輩與我本來亦非修讀文化研究出身，大多為業餘興趣，各學者專家為粵語流行曲進行的研究及書寫的書籍能讓我們更深入地了解該人事物於歷史及文化上的位置及身份，幫助我們尋找更多實踐傳承的方向。我一直相信如果能與學術界進行交流，定能發掘更多研究粵語流行曲的可能性。

其後我向香港大學香港研究課程提出合辦研討會的建議，有幸獲得合作機會。這次合作除成就 2023 年 9 月 23 日及 30 日舉行的「未來之歌：粵語流行曲傳承」研討會之餘，亦成就此書。研討會邀請各專家學者及年輕代表以「傳承」為切入點，除共同探索粵語流行曲的發展及可能性之外，亦望向外界提出傳承的可能性及阻礙，促進各代人溝通。這次的合作及話題亦較為少見，可謂值得紀念。

最後在此衷心感謝各位作者及成就此書的相關人士，還有正在細閱此書的你。

願好歌永留心內。

2024 年 6 月

註

1 詳參留情：〈傳承就是現在〉，載黃志華、彭得豐、蔡梓淇、廖志強、黃念欣、馮應謙、何穎琪、朱耀偉、留情合著：《粵語流行曲七十年》（香港：亮光文化有限公司，2024 年）。

導論

朱耀偉

本書所收論文大部分曾於 2023 年 9 月底在香港大學香港研究課程主辦的「未來之歌：粵語流行曲傳承研討會」上發表，兩天的線上研討會問答環節反應熱烈，討論時間或許破了紀錄。在此先由大會簡介開始談起：

> 時光飛逝，「粵語流行曲」概念面世多年，過去幾十年間粵語流行曲創立無數里程碑，形成非凡景象。我們不禁思考粵語流行曲未來的發展方向，亦盼香港樂壇能繼續邁向更好的世代；將其實踐，當中世代溝通及傳承至關重要。過去成就現在，現在成就未來。我們思考未來時宜溫故知新，通過深觀及理解過去，幫助我們堅實地扎根當下，讓粵語流行曲中蘊含的珍貴情意及精神得以代代傳承，邁向未來。前事不忘，後事之師。是次研討會齊集不同年代的專家樂迷，以「傳承」為切入點，共同探索粵語流行曲的發展及未來，望能啟發大眾深入思考當中關係及重要性。

大會主題的構思來自梁明暉與留情，在她們統籌協作下，集合了學院內外不少熱愛粵語流行曲的專家學者談愛歌論傳承，本身就是跨越年代的傳承實踐。當然，年輕人不一定偏愛新歌，資深樂迷亦未必只聽舊調，本書作者選題與年紀並無必然關係，我覺得這是一種更具活力的混雜互動式傳承——本書選用「傳承」，因概括而言承是被動承受，而傳則屬主動傳授，沒有傳便不會有承。[1]

談到傳承，王家衛《一代宗師》是不能不提的經典，如今再看更是另有深意。導演用了多年時間蒐集梳理大量有關民國武藝的資料，正如他自己所說：「人家說，武學千年，勝負都是過眼雲煙。我們不在意一招一式，我們在意的是整個武林。」[2] 作為粵語流行曲歌迷，我一直覺得很幸運，因如戲中宮二與葉問在大南街臨別前說：「一眼看上去，這兒不就是個武林嗎？」葉問只有一個，我們都不是一代宗師，但有人或有幸如戲中港九飯店職工總會負責人雄哥提供場地讓他教拳，有人可以斟茶拜師，其他樂迷亦可身處粵語流行曲武林，或習武或觀戰。簡而言之，「念念不忘，必有迴響。有燈，就有人」。

「未來之歌」的意念來自留情與蔡梓淇，重點在於呼應過去、回應未來。在構思研討會內容的「腦震蕩」會議期間，我偶然看到一篇刊於權威機構「國家錄音藝術科學學院」（The Recording Academy）網頁的英文文章，作者開宗明義地說，旨在粵語流行曲復甦之際，挑選以下十個歌手／組合概括粵語流行曲的發展：許冠傑、Beyond、梅艷芳、張國榮、劉德華、王菲、容祖兒、COLLAR、ERROR 和 MIRROR。[3] 雖然對此名單沒法苟同，我無意在此針對代表性的問題，況且不論如何選擇都必然難避爭議。我只想用這個例子說明，有關傳承的認真研究在如此脈絡下就變得更加重要。樂迷或會擔心香港粵語流行曲消失，但若抗拒消失時保留的只是因為不同原因而排除其他可能性的過去及現在（詳下文），未來恐怕便真的被收服了。

一、迷思

要談傳承，且先從幾個迷思說起。就如張漢良批評，像「文學／非文學」的二分迷思其實是「阻止文學知識發展的障礙」，[4] 這些有關粵語流行曲的迷思也不利其傳承和發展。

首先，本書作者分別論及不少經典歌星和歌曲，有些不約而同提到「老土」的說法。「懷舊」一詞經常被貼上「老土」的負面標籤。就算是形象百變的時尚巨星如羅文和梅艷芳，竟然也會被視作老土：按留情有關羅文的調查，有超過三分一受訪者認為其形象老土，而舒詠晨亦說不時會有「聽梅艷芳這麼老土」的說法。朱嘉欣擔心「Beyond 的『老餅歌』不容易被年輕一代接受」，李紫桐則表示中學時期因喜歡張國榮而被同輩認為老土，就如留情在收於《粵語流行曲七十年》的後記〈傳承就是現在〉所言：舊歌往往與「老土」掛鉤。[5] 假若「新一代認為經典歌手形象『老土』的想法根深蒂固，產生負面觀感，因而不願接觸」（引自本書李紫桐的文章），傳承實在不知從何說起。經典舊歌大多老土，近年新曲少有韻味，只是過分簡化的二分迷思。單從本書專論的羅文、梅艷芳、黃家駒來看，都可說是不死傳奇，從百變前衛的形象到追尋夢想的精神，不必盼望青春常駐便已永遠年輕。按蘇鑰機有關香港粵語流行曲歌名的縱向分析：「最能表達粵語流行曲主旨的歌名應該就是『我愛你』。」從這個角度看，我們也可以說越新的歌越老土——當然這也只是一個迷思，老土與否顯然與新舊沒有必然關係。

此外，除了新／舊迷思外，近年亦因社會氛圍而出現了貼地／離地之分，而大型移民潮又引發了離開／留低的不同想像。身在倫敦的黃偉文在領取 2021/22 年度 CHILL CLUB 頒獎禮「年度填詞人」獎項時有此期盼：

> 如果你想寫一些與香港人一同呼吸的作品，需不需要身在現場呢？實驗如果成功，可以為廣東歌及很多其他港式藝術創作提供更多的可能性。以後我們無論身在宇宙哪角落，只要繼續做廣東歌，繼續聽廣東歌，我們就可以建立一個不受干擾、自給自足的廣東歌元宇宙。[6]

換句話說，最貼地的廣東歌未必要在地書寫，黃偉文的說法的確有效帶出貼地／離地、離開／留低的不同可能性，亦令「傳承」有了不同的意涵。從他身在外地仍不斷獲獎來看，這個實驗可說成功，但這些歌曲都在香港出版和得獎，隱形遊樂場人人見到，是否真正「不在現場」，到底發生過什麼事倒不能不再商榷。同時，也有如岑寧兒般回流香港唱出如〈勿念〉（曲：陳蕾、岑寧兒；詞：陳詠謙；2021）的作品，離開反而貼地的說法亦要再加斟酌。除了如 RubberBand〈Ciao〉（曲：RubberBand；詞：RubberBand & Tim Lui；2021）等大量有關離開的歌曲外，同時也有如 C AllStar〈留下來的人〉（曲：徐沛昕；詞：曰云；2021）和 Supper Moment〈終於不回來〉（曲詞：Supper Moment；2020）等不同想像。後者北上又算不算離開？「傳承」難免有需要於在地、海外、北上的微妙拉扯中再加省思。貼不貼地與離開或留低未必有關，就如歌曲水平與主流或是另類亦無必然關係。

再者，因為「貼地」似乎更能反映在地情感，而情感看來最重要的是要真，近年亦流行有關「本真」的說法，更有論者如此總結粵語流行曲的多年發展：

> 廣東歌數十年來匍匐而行追求本真——當年黃霑開創新聲的一句「全心保存真的我」，終於成為香港人的終極命題。千禧後創作人擺脫固有模式的實驗，至此水到渠成，讓廣東歌有

> 望成為真率而誠實地反映生存狀態之形式。新一代歌手漸視音樂為認真事，不吝在社交媒體長篇暢論歌曲意圖，甚至視製作過程為「懷胎」，雖則有些仍處於提供意念階段，執行上仍仰賴專業創作人捉刀代言，但此現象畢竟可喜。試聽他們的作品，不難發現受益於前人成果。[7]

無疑作者潘拔肯定新一代歌手及創作人「受益於前人成果」，但最重要的是「全心保存真的我」至此水到渠成，從〈問我〉（曲：黎小田；詞：黃霑；1976）到「新一代歌手漸視音樂為認真事」，過去多年不同技藝一下子被壓平。王國維《人間詞話》曾引尼采「一切文學，余愛以血書者」，但談到他自己專崇的「境界」時，又曾說：「『紅杏枝頭春意鬧』，著一『鬧』字，而境界全出。『雲破月來花弄影』，著一『弄』字，而境界全出矣。」[8] 換句話說，真境界也有賴妙用文字方可全出。詞畢竟是文字藝術，真固然重要，但還得要美。浪漫主義詩人濟慈（John Keats）〈希臘古甕頌〉（"Ode on A Grecian Urn"）有「美即是真，真即是美」千古傳誦的名句，但此佳句本身也不能不用文字表達，就連詩中歌頌的希臘古甕和其上面的圖畫，本身都是有底蘊的技藝。沒有了文字、繪畫和燒製古甕的美，「真率而誠實地反映生存狀態之形式」可能只是美麗的迷思。

以上的迷思往往建基於虛妄的二元思維，不但無法解析文化力場的複雜互動，更可能導致不必要的比較，再變出傳承就是要比較的迷思。上文說要破除舊歌就是老土的迷思，便容易被曲解為比較新舊、貴古賤今，甚至是老餅蔑視年輕人新意。粵語流行曲或許依舊，社會環境以至流行音樂工業的生態卻早有巨變。[9] 概括而言，1980 年代粵語流行曲市場急劇發展，需求大增亦令不同歌手、創作人和音樂風格可有發揮空間。近年市場萎縮，就算疫情期間對粵語流行曲呈復甦之象，單單以市場來說兩者恐怕不可同日而語。傳承不是比較，重新研究肯定羅文和梅艷芳並不等於說樂壇經典遠勝年輕歌手，他們的成就有必要放在當年的具體脈絡來作理解，而且正如上引王家衛所說：「我們在意的是整個武林」。若說談傳承就是要比較，懷舊便是不重視新一代，也許只會有利傳媒和音樂工業號召樂迷支持年輕歌手和創作人，證明青出於藍「某某紅過某某」，最終得益的只是商業運作。要言之，以上迷思尚在，粵語流行曲的傳承就恐怕難上加難。

二、傳承・變遷

書中文章有講傳承，也有談變遷，權宜的分上、下兩編，當中難免有所交疊。鄭景元〈香港早期粵語流行曲概述及其傳承問題〉從 1974 年以前的本土粵語流行曲談起，重探「被遺忘的本土流行文化根源」。誠如作者所言，1974 年無疑是香港粵語流行曲發展史的分水嶺，但如黃志華已多番指出，在此之前已有大量粵語流行曲，本文作者按其對早期香港粵語流行曲發展所劃分的六個時期引例闡釋說明，再從當年香港日常生活論到傳承的問題，資料詳實，立論有據。在傳承這個議題上，文中對「傳俗不傳雅」的問題再作省思，並提醒樂迷注意「無可避免的根本性問題」會做成「文化傳承的惡性循環」：「因為年代久遠，加上當年沒有網絡及雲端，所以一手資料散失率大〔……〕有關歌手及製作人亦相繼因年老離世及離開演藝圈，導致難以找尋相關歷史見證人及參與人。這導致年輕一輩缺乏契機認識當年的歌曲。認識及喜歡相關歌曲的樂迷人數少，因為需求供應問題，唱片公司亦普遍不願意把早期粵語流行曲復刻製成新 CD 出售。這導致後人更加缺乏契機認識早期歌曲，因此懂得的人越來越少。」本文——以至本書 —— 正是嘗試去減緩這個也許難以阻斷的惡性循環的速度。

接下去四篇文章是歌手 / 組合專論，以不同風格、年代的例子凸顯一樣的傳承精神，可說各有觀點，精彩紛呈。留情〈我活在歌聲裡：羅文精神的現今傳承〉先聚焦於「百變鼻祖」羅文別樹一格的品味，以如〈激光中〉

（曲：林慕德；詞：林振強；1983）及〈波斯貓〉（曲：Nobody；詞：潘偉源；1985）等因破格創新而備受爭議的歌曲為例，帶出其前衛造型令粵語流行曲視聽兼備，而在流行樂壇以外，他對音樂劇亦有重要貢獻，和交響樂的跨界合作實驗亦令樂迷耳目一新。作者欣賞羅文的獨有魅力，因此憂慮其創新精神未得應有肯定，而其傳承亦面臨不少非常迫切的問題。文中先就形象與唱腔，通過問卷調查探研時下年輕人對羅文的了解，帶出不少重點，最重要是匡正羅文唱腔只有「字正腔圓」的誤解，論定他在形象及唱歌風格上都不斷求變。作者又從歌迷、社交媒體及商業價值等方面展開與傳承相關的討論，重申「傳承」並非追求「回到過去」:「我們必須在意識『懷舊』的標籤下跳出此框架進行傳承。」舒詠晨〈從梅艷芳看傳承〉則以梅艷芳歌迷的角度，分析梅艷芳文化遺產傳承的現況，認定她是極具標誌性的香港流行文化圖騰。筆者依然記得 1986 年羅文和梅艷芳同台合唱（慶祝香港女童軍成立七十週年的特備節目《金鑽群星相輝映》），同曲異詞的〈淡淡的小野花〉（曲：宇崎竜童；詞：鄭國江；1979）和〈蔓珠莎華〉（曲：宇崎竜童；詞：潘偉源；1985）名副其實是互相輝映，唱功台風叫人嘆為觀止。那時候天后剛剛開始百變，後來更成為傳奇。作者也提到「老土」的問題，連時尚百變如梅艷芳也有人認為老土，可見「這種源於本來主觀的貶義印象」真是頑固難除。文中認定「執意要別人聽舊歌、認同舊歌就是好歌、就是經典」無助傳承，再以電影《梅艷芳》為令人重新認識梅艷芳的有效例子，也同時強調如傳記電影等由商業機構帶領的活動，效果並不持久，並非可持續的傳承。文中也提及一些歌迷傳承的方法，但又各有其掣肘，其中一個主要原因是流行文化資料整理應與主觀情感保持一定距離。總的來說，作者以梅艷芳的傳承現狀作為了解傳承問題的切入點，帶出要有效傳承就要將整體流行文化提升至「正史」層面：「梅艷芳不僅是香港文化、流行文化的寶庫，亦可作為傳承的指路明燈。」

朱嘉欣〈永遠高唱我歌：黃家駒的搖滾世界及精神傳承〉瞄準另一個香港

流行音樂的不死傳奇，論述他「敢於創新、題材多元、堅持理念」的音樂精神，再思考傳承 Beyond 及家駒精神所要面對的問題。文中指出〈海闊天空〉（曲詞：黃家駒；1993）的滾石唱片官方 MV 成為 YouTube 首個播放一億次的廣東歌 MV，家駒的影響在不同華人歌手或組合得到體現，而近年家駒精神亦因音樂界的致敬活動、粉絲紀念活動和媒體報道而在某種層面上已得到傳承。可是，作者擔心 Beyond 歌迷出現青黃不接的現象，新舊歌迷之間出現斷層，再加上近年有不少相關影音資料要在內地網站才能找到，內地以至其他華人地區歌迷數量亦已超越香港歌迷，但他們卻未必熟悉香港流行音樂的具體情況。還有因為官方歌迷會不再運作，資料散失，上一代又大多無意識將自己所知傳給新一代歌迷，新歌迷在有時嘩眾取寵的網上資訊中實在難辨真偽。綜上所述，作者以這些在現實環境所要面對的挑戰提醒我們，文化傳承不能單靠自己「圍爐」。李紫桐〈從 AI 尹光看 AI 傳承香港流行歌的可能〉從另一角度探索近年出現的轉變：透過 AI 尹光熱潮思考 AI 科技對傳承的影響。作者提到尹光亦受新一代樂迷錯認經典歌手形象老土的迷思影響，再加上人們常誤解他只唱色情歌而未得應有重視。雖然早在千禧年代，尹光已有打入年輕人市場跡象，但要到 2023 年 AI 尹光出現才令「廟街歌王」真正掀起浪潮。作者從網絡媒體、演唱會嘉賓及選曲、樂壇流行榜選舉、廣告機遇和演唱生涯突破五方面細論尹光精神如何藉這個熱潮得以傳承，再進而闡述 AI 尹光迴響極大的五個原因。最重要的是 AI 尹光雖然在傳承的課題上展現了不同的可能性，但如作者所言，AI 也有其掣肘，新科技或只可作為傳承的工具之一。

下編所收五篇文章則按不同主題考量粵語流行曲的不同變化，同時也側面呈現出傳承的問題。蘇鑰機〈「我愛你」：香港粵語流行曲歌名的縱向分析〉選題另闢新徑，研究方法亦有別於一般粵語流行曲研究。作者從粵語流行曲的發展概況談起，進而就粵語流行曲內容的種類和變化，輔以大量數據條分縷析。因為研究對象橫跨不同年代，包括的歌曲數目繁多，作者選擇以歌名作為切入點，採用量化內容分析方法。文中列出多個圖表，精細地說明粵語流行曲歌名的嬗變和特色。本文提供了寶貴的實證數據，而按研究發現，從歌名的單字可見——並不令人意外——過去七十年用得最多的字是「愛」、「你」、「的」、「我」，而歌名中「愛」出現的次數可說一枝獨秀，「我愛你」則是最主要的表述。另一方面，作者也帶出了一個少為人談論的現象：「從過去七十年的歌名用詞也可見一些明顯變化，例如消失了的『春花秋月』類的風景描述，近年出現的虛無主義傾向，除了反映樂壇的疲態，又或會和社會的大環境有關」。正如作者所建議，未來我們可以更多採用類似的量化方法，對一些主要的歌手、作曲人、作詞人進行個案分析，研究結果對傳承定有極大幫助。

黃培烽〈「香港快歌」：不是音樂類型的音樂類型〉選題立論別具心思，以「香港快歌」為例說明香港流行樂壇保持活力的其中一種方法。作者先從「香港快歌」的起源出發，簡介了如黃志華及吳俊雄的不同說法，並將「香港快歌」的特色歸納為在本地樂迷生活變得都會化、現代化及西化的脈絡下，一類比抒情慢歌更緊貼潮流的歌曲。文中論證電音舞曲是「香港廣東歌脫離，甚至乎是放棄舊有曲式，變得更都會化及多元化的產物」，並以黎明〈Sugar in the Marmalade〉（曲：雷頌德；詞：周耀輝；1999）為例說明其獨特之處在於聽起來較不易過時。文中不但描劃了「香港快歌」的歷史背景，也提供了理解晚近香港男團女團電音跳唱的線索。從傳承的角度看，更重要的是「香港快歌」雖然難以成為一種發展脈絡完整及風格鮮明的音樂類型，但其「不是特別音樂類型的原因，正正是不停學習、不停吸收，再不斷現代化、本地化的結果」。按作者的看法，流行樂壇有快歌，就代表樂壇有年輕人加入，年輕人的快歌又特別有能量，可以為樂壇注入新動力，此同屬傳承的要素。羅玉華〈眼睛想唱歌：從港產 MTV 到本地 MV 以外的情感流動〉也以梳理一種流行音樂的相關「類型」的發展脈絡而為傳承的課題帶出了另一種思考。音樂錄像固然不算為音樂類型，但也如上述「快歌」一樣，讓粵語流行曲都會化和現代化，音樂錄像本身的多變的流動性，也令粵語流行曲更盡視聽之娛。文中援引不同年代的例子，別具卓見地指出在粵語流行曲的1974年歷史分水嶺之前，1972年已有當時尚稱〈就此模樣〉的〈鐵塔凌雲〉（曲：許冠傑；詞：許冠文；1972）在無綫電視節目《雙星報喜》首播時配合畫面背景，以外國景點的影片配合歌曲主題。作者更提到經典的飛圖唱片音樂錄像，勾起了一代樂迷午夜時分（被）聽看流行曲的另類集體回憶。本文從電視時代論到網絡時代的流行音樂影像短片，揭示網絡帶來的範式轉移，隨著影像製作技術成本更易負擔，音樂錄像的形式亦更多樣化，或能藉此為粵語流行曲增添動能，而當新音樂錄像挪用以往影像語言表達音樂作品的特質之時，亦有助打通不同年代的對話，開啟了傳承的另一種可能性。

網絡時代的流行音樂不斷轉型，黃成傑〈網台的粵語流行曲傳播：以網絡音樂節目《Music Panda》及《音樂擂台》為例〉直接對準這個議題，在回顧電視流行音樂節目過去十多年的變化後，再簡論網絡流行音樂的變化，進而引用YouTube音樂節目《Music Panda》及《音樂擂台》衡估相關節目的特點、優勢和局限。作者就這兩個較受歡迎的網絡音樂節目提供不少如表演歌手和觀看次數的相關數據，辨析它們的特點，再聯繫到2021年「廣東歌復興」的說法。作者最後有效總結香港流行音樂工業與網絡（音樂）節目之間的關係，更作出相當合理的結論：若能將這些網絡節目的相關數據與主流樂壇流行榜頒獎禮的得獎結果結合，「未嘗不可互相參照及補足，並印證及質詢民間長久以來對於廣東歌不同階段發展的看法」。這又不但為「廣東歌復興」的說法提供歷史和理論背景，更有助更深入理解廣東歌的變化和傳承。梁明暉〈情迷香港：後一九粵語流行曲的道德包袱〉同樣關注近年發展，文中以香港流行音樂評論網上平台HKMC² 作引言，一語道破香港流行樂壇近年「政治如歌」的意識。作者分別審視了審查、離別以至宇宙等後一九香港粵語流行曲的重要主題，又以脫胎自陳國球和夏志清相關理論的「情迷香港」為重點把探近年看似活潑紛繁的香港粵語流行曲的近年脈動。作者既指出「情迷香港」現像「令創作和聆聽到的『音』都並非來自心志或想像，而是意識形態」，揭櫫廣東歌綻放的表象下其實只是流動著「群眾想（覺得）自己被看見的欲望」，針針見血。按作者的看法，「情迷香港」其中一個重要問題是並無迸發新創意：「由大數據操控的網絡結合依賴財團資金的流行文化工業轉化了香港身份論述和感受為情感經濟貨幣，令大眾以支持廣東歌之名符號消費『香港人身份』，並在讚好與流量數字上升中感受到存在」。作為粵語流行曲多年擁躉，雖然十分無奈，我卻不得不認同此說。

三、見眾生[10]

踏入千禧年代，「粵語流行曲之死」幾近常談，即使產量當然不會真的清零，其影響力江河日下卻是不爭之實。近年國際唱片業協會（香港會）策劃「音樂永續 2020」，也有〈樂壇已死〉（曲：吳林峰；詞：小克；2021）鼓勵年輕音樂人，可見粵語流行曲仍陷困境。直至 MIRROR 及一眾新人冒起「焫著」樂壇，如〈Warrior〉（曲：Val Del Prete / Hwan Yang；詞：林若寧；2021）一樣「浩浩蕩蕩迎來另一新世紀」，遂有樂壇改朝換代之說。作為粵語流行曲「大好友」，筆者目睹其股價突然急升本應興奮莫名，可是若基本條件並沒明顯改善，牛市是否真的已臨？有關當年粵語流行曲插水式下跌的原因，我始終忘不了黃霑博士論文其中一個論點：「唱片公司，變成推廣公司（promotion company），因此香港流行音樂市場，一時沒有復甦的前景在望。」[11] 近年香港社會動蕩不安疫情肆虐，或許令不少香港人更加珍惜自己的流行文化，但即使因此有更多樂迷支持粵語流行曲，重點還是要看上述問題有否改變。無可否認，近年有更多樂迷關心社會，粵語流行曲亦有更多反映不同社會情緒的作品，然而，假如娛樂工業的運作邏輯沒有改變，以上問題繼續存在，積習依然未改，內容創意難以革新，粵語流行曲尚未真正改朝換代。當然，正如上文所述，時代不同，要比較並不公平。七八十年代香港經濟騰飛，流行音樂工業亦高速發展，引領全球華語流行音樂潮流。當年面對回歸問題，港人心情難免忐忑焦慮，但因有一眾巨星閃耀，維港夜空之下只見繁華盛世，在歌舞昇平下可以暫忘現實。香港流行樂壇雖然高度商業化，粵語流行曲卻多元混雜，主流有主流談情說愛，另類有另類回應社會，張國榮譚詠麟各領風騷，Beyond 與達明等眾聲對唱。粵語流行曲的光輝歲月，並非全是高質金曲，當時一樣良莠並存優劣相參，但得益於高速發展的市場，風格、聽眾對象不同的歌曲可以有生存發展空間，流行、不太流行與另類多元並濟。[12] 有時我覺得博維爾（David Bordwell）形容八九十年代香港電影，經常為人引用的「盡皆過火，盡是癲狂」[13] 同樣適用於粵語流行曲。如今香港流行樂壇再現活力，最重要的是讓更多人聽見以往一直沒有機會被人聽見的聲音，而不是仍然由在位者操控聽眾口味，繼續鞏固既得利益，內容創意範式亦因此難以轉移。

誠如梁明暉在本書解讀「情迷香港」時指出：「一個時代的創作水平如何，後世自有公論，但當一個時代自我吹奏，反映的更多是自身存在的焦慮。」以往談到香港流行文化時，人們經常挪用亞巴斯（Ackbar Abbas）「消失的政治」表示擔心「香港」特色會消失。亞巴斯的「dis-appearance」應與其「誤認」、「視而不見」等觀念一同理解，只談消失未免過分簡化，未能兼顧在努力呈現時反而會導致消失，又或「尚未發生，已成過去」（新事物未曾出現便已消逝）的錯失感（déjà disparu），結果「我們只剩下一堆陳腔濫調」。[14] 周耀輝和高偉雲（Jeroen de Kloet）也提醒我們，亞巴斯其實是要說在「消失」的陰影下，香港「擁有重塑自己文化和身份的韌力和彈性」，並一語道破了重點：「必須學會擁抱消失，改寫消失，最終超越消失。」[15] 有關香港粵語流行曲，不少樂迷一向擔心「香港」特色消失，我想同時要憂慮的是「粵語流行曲」本身。若只「情迷香港」，我不禁想起裴開瑞（Chris Berry）的問題：「假如中國可以說不，中國懂製作電影嗎？」（"If China Can Say No, Can China Make Movies?"）[16] 假如香港可以抗拒消失，但還能生產多元的粵語流行曲嗎？「情迷香港」會否如梁明暉所言「其實是維繫固有意識形態——例如流行文化工業的小圈子生態、渴求不變與穩定等——的產物」，不但「鼓吹消費虛假情感，同時也壓垮了流行歌」？要傳承香港粵語流行曲，不能只單單把重點放在「香港」，而要作整體考量。回到「盡皆過火，盡是癲狂」的比喻，問題應是「仍否有火？」[17] 有論者並不認同上文提及改朝換代之說，因此出現了「盛世或虛火」之爭議。[18] 已經燒了一段時間的並非虛火，但若只屬「局部地區性」，又能否推動粵語流行曲工業的長遠發展？

回到本文開始時引用的《一代宗師》，戲中章子怡飾演的宮二說武學有三種境界：「見自己、見天地、見眾生」。說到「見眾生」，黃志華就〈宮若梅〉（曲：C 君；詞：林若寧；2013）所作的分析別具洞見，重點雖與本文不同，或可借來在此一用。據其說法，這首寫女主角宮二的歌詞只有「見天地」、「見自己」而獨欠「見眾生」，除了「似乎是因為歌詞須『見愛情』便不可以『見眾生』」之外，黃志華還有以下解釋（他說可能只是一廂情願）：「連天地都快失去了，只倒退回『見自己』的境地，又怎可能『見眾生』？」[19] 畢竟見自己，見天地才見眾生，若粵語流行曲只圍爐見自己，盛世就恐怕似近還遠。我曾在《給香港樂壇寫笑忘書》（《給下一輪廣東歌盛世備忘錄》續編）的序借陳冠中談及他自己的《盛世》時所說，盛世其實也有很多問題，我們要繼續問的是「盛世是一個怎樣的盛世」，又以黃碧雲〈盛世戀〉作結：「太平盛世，最驚心動魄的愛情故事也只能如此。」[20] 傳承正是不甘心廣東歌的故事「只能如此」。

一代音樂宗師顧嘉煇 2023 年初逝世，他的好拍檔黃霑亦已一早離開了我們，不少樂迷認為粵語流行曲的「煇黃」時代正式畫上句號。〈啼笑因緣〉（曲：顧嘉煇；詞：葉紹德；1974）破除了粵語流行曲難登大雅之堂的迷思，後來黃霑一系列作品又用現代化歌詞另開新風，「煇黃」的確是劃時代的「異數」。誠如著名暢銷作家葛拉威爾（Malcolm Gladwell）所言，天才也要持續不斷地努力，長期錘鍊才能變成大師：「要成功，除了必須有把握『機會』的智慧、善用特有的『文化』遺澤；必要時，還得脫離部分的身份，擺脫傳統的束縛。」[21] 其實「煇黃」早已活躍於 1960 年代樂壇，顧嘉煇無疑是音樂天才，但他是通過「不斷演出、實踐」的磨練，累積為結合「菲律賓、老上海、粵港流行、爵士、電影音樂」的底蘊，而從娛樂唱片於 1958 年推出的唱片《錦上添花》可見，中樂也是其重要的音樂基因。[22] 顧嘉煇曲風多元化，除了中西合璧的〈啼笑因緣〉外，如〈蝶變〉（曲：顧嘉煇；詞：盧國沾；1979）以電子合成樂配合武俠電影新浪潮，便能令人耳目同時一新。曲詞配合更能收相得益彰之效，歌詞方面當時亦有全面革新。黃霑另闢新徑，以「現代感較強」的歌詞取代陳言死語，「卿」「君」變作「是他也是你和我」，香港粵語歌詞進入「我係我」的新時代。[23]「煇黃」開創盛世，帶動粵語流行曲詞的範式轉移，當然也與時勢有關。1970 年代以前不是沒有高品質的粵語流行曲，可是限於社會環境而一直被邊緣化，當時如「煇黃」的音樂人堅持實踐磨練，到 1970 年代香港人對粵語流行文化的需求驟增，加上如電影及電視等媒體的協同效應，時移勢易，終於開啟了粵語流行曲的光輝歲月。或可換句話說：音樂人先見自己，再憑努力創意見天地，得時方可見眾生。

音樂巨匠乘鶴仙遊，當時不少報道異口同聲說象徵著一個時代的終結，但對此顧嘉煇或不苟同。據其公子顧致和憶述，他「雖然退休後在加拿大生活，但仍看香港新聞，最大心願是香港越來越好」。[24] 香港樂壇一代宗師當然明白：「我們在意的是整個武林」。作為香港作曲家及作詞家協會（CASH）的創會會員，顧嘉煇有見當年香港歌曲管理及版稅事宜無人處理，認為「需要創一個會去管理作品」，[25] 如沒此先見之明，香港流行樂壇日後恐怕未能如此蓬勃發展。他對傳承的重視，其中一例可見於他與 CASH 在 2009 年合作設立的「顧嘉煇新生代音樂獎」，得主包括著名作曲家澤日生和賴映彤等，薪火相傳，只要有燈就有人，時代還未結束。顧嘉煇入行五十週年時，筆者曾撰文說「香港普及文化史的重要時刻，幾乎都不能不提顧嘉煇」，他謙稱一生得到可遇不可求的機會，十分幸運：「香港音樂的最光輝年代，也是我的黃金年代」。[26] 拙文曾說此話倒過來說也未嘗不合理：他最光輝的年代，就是香港音樂的黃金年代，至今看法仍然沒變。

「煇黃」創造時勢，為香港文化建立品牌，唱好了香港故事。劉勰《文心雕龍 ‧ 知音》說：「操千曲而後曉聲，觀千劍而後識器〔……〕閱喬嶽以形培塿，酌滄波以喻畎澮。」[27] 若操千曲「煇黃」，當曉何謂粵語流行曲之喬嶽滄波。操千曲、觀千劍是培育審美素養的重點，也是傳承所不能或缺的要素。且讓我以霑叔遺作〈Blessing〉（曲：常石磊、張敬軒；詞：黃霑；2004）的叮囑作結：「攜手山野間，眾山青青，讓我傾耳聽，爺爺輕輕告知，那些幽清，是先驅的笑聲。窮蒼盡是快樂感覺，前人留福蔭，都化春風暖世間〔……〕要緊記幸福是我們俗世先驅遺蔭」。

註

1 對此也有不同看法，如林援森用《四部叢刊》電子系統搜索「傳承」和「承傳」兩個詞，「承傳」（共五十三條）較「傳承」（共二十五條）常見，而「先受始後傳」（據《說文解字》「承，受也；傳，遽也」）。林援森：〈葉問電影中家與承傳的視覺〉，載李家文、林援森編：《踵武新語：中華武術與體育文化傳播學術研究薈萃》（香港：三聯書店（香港）有限公司，2024 年），頁 112。

2 引自《一代宗師（王家衛功夫美學限量珍藏版）》（台北：新經典文化，2013 年）。

3 Samantha Lui, "A Guide To Cantopop: From Beyond And Sam Hui To Anita Mui," 18 May 2023: https://www.grammy.com/news/cantopop-guide-essential-artists-anita-mui-four-heavenly-kings-mirror-videos . Grammy Awards. Accessed on 5 June 2024.

4 張漢良：《文學的迷思》（台北：正中書局，1992 年），頁 48。

5 留情：〈傳承就是現在〉，載黃志華、彭得豐、蔡梓淇、廖志強、黃念欣、馮應謙、何穎琪、朱耀偉、留情合著：《粵語流行曲七十年》（香港：亮光文化有限公司，2024 年），頁 194-195。

6 引自〈黃偉文實驗創廣東歌元宇宙〉，《明報》，2022 年 4 月 25 日。

7 潘拔：〈香港流行曲如何踏上本真之路（下）：重拾生活語言〉，《明報》，2023 年 9 月 17 日。

8 王國維、況周頤：《人間詞話、蕙風詞話》（台北：新視野，2022 年），頁 13、19。

9 近年流行樂壇生態出現根本性轉變，比方，如梁款說：「本地樂壇已經歷內爆，地區力量轉移，分眾、數碼化、社交平台興起，令流行音樂不再等同大眾文化。」梁款：〈推薦序：肥仔故事：續篇和前傳〉，載陳嘉銘、吳子瑜、海邊欄：《給下一輪廣東歌盛世備忘錄》（香港：突破出版社，2022 年），頁 5。

10 以下兩節內容按朱耀偉：〈粵語流行曲的「見與不見」〉（《號外》第五百五十六期，2023 年 2 月「流行曲見眾生」專題，頁 72-73）及朱耀偉：〈敬悼顧嘉煇〉（《CASHFLOW》，2023 年 2 月，頁 22-25）增補改寫而成。

11 黃湛森（黃霑）：〈粵語流行曲的發展與興衰：香港流行音樂研究（1949-1997）〉（香港：香港大學哲學博士論文，2003年），頁178。粵語流行曲的衰落的其他原因包括：「兩岸開放，各有主張」、「行業短視，翻版猖狂」、「科技發達，水準低降」、「社會老化，歌迷年輕」、「別人文化，港曲無光」、「注重包裝，不務正業」、「產品單一，乏善足陳」；詳參頁 169-178。

12 朱耀偉：《詞中物：香港流行歌詞探賞》（香港：三聯書店（香港）有限公司，2007 年），頁 202。

13 大衛・博維爾著，何慧玲譯：《香港電影王國：娛樂的藝術》（香港：香港電影評論學會，2001 年），頁 1。

14 Ackbar Abbas, *Hong Kong: Culture and the Politics of Disappearance* (Hong Kong: Hong Kong University Press, 1997), 25.

15 周耀輝、高偉雲著，王睿譯：《多重奏：香港流行音樂聲像的全球流動》（香港：香港中文大學出版社，2015），xiv；同時可參 Abbas, *Hong Kong: Culture and the Politics of Disappearance*, 15.

16 Chris Berry, "If China Can Say No, Can China Make Movies? Or, Do Movies Make China? Rethinking National Cinema and National Agency," *Boundary 2* 25:3 (1998): 129-50.

17 紅眼：〈癲狂過後，仍否有火？——訪《香港電影王國：娛樂的藝術》譯者李焯桃〉，《虛詞》，2020 年 12 月 9 日，取自 https://p-articles.com/heteroglossia/1852.html，2024 年 6 月 5 日擷取。

18 可參阿果：〈盛世或虛火：香港流行文化如何重新成為大眾焦點？〉，《端傳媒》，2022 年 5 月 2 日，取自 https://theinitium.com/article/20220502-opinion-hk-popular-culture/，2024 年 6 月 5 日擷取。

19 黃志華：〈宮二的見與不見〉，《信報》，2013 年 12 月 9 日；據作者說見報時因須遷就廣告，文字有若干刪節，原稿參見作者博客：http://blog.chinaunix.net/uid-20375883-id-4030744.html，2024 年 6 月 5 日擷取。

20 朱耀偉：〈序：尚未完場的流行歌討論〉，載陳嘉銘、吳子瑜、海邊欄：《給香港樂壇寫笑忘書》（香港：突破出版社，2024 年）；三位作者亦曾在訪問中提到，他們定義的「盛世」是「多元化，也是累積而來」。黃靜美智子：〈文化研究學者陳嘉銘、吳子瑜、海邊欄梳理千禧後廣東歌盛世：香港樂壇的補遺和傳承〉，《明周文化》，2022 年 11 月 3 日，取自 https://www.mpweekly.com/culture/ 藝文 /【流行樂壇研究】文化研究學者陳嘉銘、吳子瑜、，2024 年 6 月 5 日擷取，而《笑忘書》亦嘗試進一步呈現這種多元。

21 Malcolm Gladwell, *Outliers: The Story of Success* (New York: Little Brown and Company, 2008)；中譯引自廖月娟譯：《異數：超凡與平凡的界線在哪裡？》（台北：時報出版，2009 年），書介。

22 詳參周光蓁：〈顧嘉煇的「前世」〉，《灼見名家》，2020 年 8 月 5 日，取自 https://www.master-insight.com/ 顧嘉煇的「前世」/，2024 年 6 月 5 日擷取。

23 黃湛森：〈粵語流行曲的發展與興衰：香港流行音樂研究（1949-1997）〉，頁 133。

24 引自〈顧嘉煇兒子：父親最大心願是香港越來越好〉，《明報》，2023 年 1 月 5 日。

25 詳參〈需要創一個會去管理作品〉，《CASHFLOW》，2015 年 5 月，頁 14。

26 朱耀偉：〈煇耀香江半世紀〉，《明報月刊》，2011 年 7 月號，頁 33-35。

27 劉勰著、周振甫注：《文心雕龍注釋》（台北，里仁書局印行，1984 年），頁 744。

1

香港早期粵語流行曲概述及其傳承問題

鄭景元

粵語流行曲的萌芽歲月是不能忽略的一部分。因應歷史因果發展進程，這段歲月奠定了往後粵語流行曲發展方向，所以具有重大研究及傳承意義，應該要被廣泛傳承。

一、被遺忘的本土流行文化根源

近年，香港本土思潮逐漸興起。本土流行音樂得以重新受關注，廣東歌樂壇如雨後春筍般興起。過往八九十年代輝煌時期作品，亦開始被新一代認識及重視。1974 年是香港本土粵語樂壇的分水嶺，自此廣東歌開始步向黃金時期。然而，因各種原因，使大眾多數只熟悉 1974 年或之後的廣東歌。1974 年前的粵語流行曲較少人提及和重視，故此面臨著傳承問題。前輩種下根基，後人才得以享受，這是歷史因果發展的進程。因為年代久遠，一手資料散失率高，加上當時唱片產量普遍比其他類型本土流行曲少，所以後人缺乏契機去認識及了解此類歌曲。然而，本土樂壇根源是香港人不可忽略的一部分。有見及此，本文希望由初探者角度出發，先以簡而精方式概述 1974 年以前的本土粵語流行樂壇，希望給予讀者初步認知。其後則探討其傳承情況及問題，藉此引發思考及關注。

二、定義

不同學派都曾經對流行文化作出定義，例如法蘭克福學派（Frankfurt School）及伯明翰學派（Birmingham School）。從廣義角度來說，流行文化可被定義為一種被普羅大眾歡迎及廣泛接受的文化（Storey, 2015）。[1] 然而，詞彙「流行文化」在英語可被稱為 popular culture 及 pop culture，兩者之間意思並不完全相同。但這兩個詞彙在中文上並沒有明確界定，只是籠統被翻譯為「流行文化」。

新加坡社會學家蔡明發曾對兩者作出清晰定義。他指出，大眾娛樂例如電視電影及流行音樂，可被視為 popular culture。蔡明發其後講述英國文化理論家史釗域．賀（Stuart Hall）的見解：Popular culture 應該被形容為包含廣泛大眾每日生活之大型文化領域，並且和精英文化有衝突；但

pop culture 應該被形容為商業製作，以盈利為目標，以媒體為主軸的大眾娛樂。[2] 由此可見，pop culture 是 popular culture 內的一部分。香港流行文化學者朱耀偉在其英文著作《Hong Kong Pop Culture in the 1980s: A Decade of Splendour（中譯：香港 1980 年代流行文化：一個黃金的十年）》內利用上述 pop culture 的定義來作為著作之軸心點，而非使用 popular culture。朱耀偉指出香港之商業製作，以盈利為目標，和以媒體為主軸的大眾娛樂，正是他這本書內所探究的重點。[3] 這點亦適用於研究香港早期粵語流行音樂，故此本文會以此作立足點。

「流行曲調」這詞語向來不被廣泛界定。當曲調以 AABA 模式呈現時，那首歌很大機會是流行曲，但不是所有流行歌曲都是以 AABA 模式創作。香港資深中文歌曲評論人黃志華在其書本《原創先鋒：粵曲人的流行曲調創作》內提出了兩個準則來判斷一首歌是否流行歌曲。第一，一首歌在某地區或某幾個地區廣泛流行和傳唱，不論其風格如何，都可視為流行曲。第二，唱片公司出版該作品時視其為流行曲（但唱片標明其他名堂，例如「粵語小曲」、「跳舞粵曲」、「新體曲」等，都視其為流行曲）。[4] 因應黃志華這本書主要講述及分析早期粵語流行曲，和本文主題相關。故此，本文會採用由黃志華提出的這兩個流行曲判定準則。

三、時代背景

1949 年前後，大批內地人移居到香港，當中以上海及廣東人為多數。1950 年代初，香港的移民人數一年間多了八十萬。他們亦帶來了資本、技術及文化，並且在各行各業大展拳腳。[5] 在文化界中不乏南來的作家、哲學家、畫家、流行歌手、作曲填詞人、音樂家、演員、導演及電影幕後製作人等等。這些「海派」精英把昔日民國上海的「東方荷里活」多元文化也一併帶來香港。香港受英國殖民統治，「海派」精英的到來使西方文學、文化及藝術更受本地人重視。南來文化人融會了傳統文化之餘，亦成功吸收及轉化西方文學及藝術，造就了往後香港本土文化的多元發展。[6]

五六十年代香港一般市民生活匱乏，購買唱片及追星往往是上流社會及富翁的玩意，一般市民沒有能力負擔。然而，中產階級或以上的市民視「海派」帶來的國語時代曲為正統及高檔次，而思想受西化教育的年輕人則普遍崇尚西方音樂。所以，五六十年代國語時代曲及歐西流行歌主導了香港的歌壇。雖然超過九成人口日常生活是使用廣東話，但是粵語流行曲並不是主流音樂。[7] 然而，這二十年正是廣東歌的萌芽時期。沒有這段時間的摸索及發展，就沒有往後七八十年代廣東歌的輝煌時期。故此，對早期廣東歌萌芽時期的研究尤其重要。

黃志華曾經對 1974 年前的香港早期粵語流行曲發展劃分成六個時期，[8] 依次為：

一：粵語時代曲史前時期（1952 年 8 月 26 日以前）
二：粵語時代曲初生時期 / 周聰呂紅時期（1952 年 8 月 26 日—約 1958 年）
三：林鳳（邵氏粵語歌舞片）時期（約 1959 年—約 1961 年）
四：商台廣播劇歌曲及廣告歌時期（約 1961 年—約 1964 年）
五：陳寶珠蕭芳芳電影歌曲時期（約 1965 年—約 1969 年）
六：粵語流行曲振興之前夜（約 1969 年—約 1973 年）

本文接著會按照此次序來對香港早期粵語流行曲發展作出簡單講述。

四、粵語時代曲史前時期（1952 年 8 月 26 日以前）

雖然 1952 年才有正式標榜「粵語時代曲」的唱片出版，但是粵語流行曲在此之前已經存在。不過，當時尚未有清晰的「粵語流行曲」概念，但是當時樂壇已經有一些歌曲符合了「粵語流行曲」的構成條件。故此，它們只能被稱為「類粵語流行曲」。[9]

（一）新月唱片公司與「新體歌」

粵劇、粵曲、粵樂遠在十九世紀已經是廣東省人的主要娛樂之一。1877 年愛迪生發明留聲機後，唱片很快成為人類承載音樂的媒介。早在十九世紀末期，歐美唱片公司已經有邀請本地粵曲藝人灌錄唱片。[10]1920 年代，新月、遠東、金星等本地唱片公司相繼成立，唱片工業欣欣向榮。二三十年代，香港娛樂文化開始受西方電影及文化影響，看電影和去舞廳消遣開始興起，音樂伴奏亦開始融合西方樂器。故此，一種新穎的曲風因而誕生，這可被稱作「新體歌」，算是粵語流行曲的雛形。

新月唱片 1930 年曾經替「廣州女子歌舞二人組」陳剪娜（亦可寫作陳翦娜，香港影星南紅之母）和何理梨推出《雪地陽光 / 國花香》七十八轉留聲機唱片。此唱片在新月唱片公司第六期唱片目錄中列為「新曲類」。那時的七十八轉留聲機唱片每一面只能容納約三分鐘的歌曲，和由 1960 年代開始通行至今的三十三又三分之一轉黑膠唱片截然不同。因年代久遠，第一首粵語流行曲是什麼已經無從考究。截至目前為止，普遍認為現存已出土最久遠而又符合「新體歌」的是新月唱片為香港影星黃壽年出版之〈壽仔拍拖〉，[11] 收錄於新月唱片公司第五期唱片出品（1930），唱片編號為新月 5876 A-B。〈壽仔拍拖〉全首九段歌詞如下：

有个女子。瓜子口面。佢喺東方。我喺西便。大家分離。真是可憐。叫佢番嚟。見吓我面。

SOME LIKES SWEETIE. SOME LIKES MONEY. 你要蜜糖。我要仙士。BLOW THE WHISTLE. 吹吓碑碑。兩家 TALKEE. 揀个日子。

SHE WILL LOVE ME. 佢好愛我。嗎介東西。叫造 WHAT FOR. 四月廿四。APRIL 24 TH. 去渡密月。真是冇錯。

GO TO PAREE. 去到巴黎。COM, PAN, LI VU. 你好喇喂。BEAUTIFUL DOLL. 好靚公仔。BUY 个番嚟。比你一睇。

WHO'S YOUR FATHER. 問我老子。我个老豆。叫造 BILLIE. 爾叫老爺。我叫爹爹。滿面 WHISKER. 好似羊咩。

佢好孤寒。STINGTY FELLOW. POCKET EMPTY. 个袋冇貨。THIRTY CENTS. 買的燒鵝。同埋食飯。唔使肚餓。

TOO MUCH CHOW CHOW. 食飯太多。胃口太窄。點能收科。但望天公。來保祐我。賜个 BABY. 當作 KAM SHAW.

GET ONE AMAH. 請个使婆。來臭 BABY. 快的大个。洗牛奶樽。切勿打破。順手掩門。CLOSE THE DOOR.

若然唱錯。請你諒我。才疏學淺。見識無多。大家聽過。笑口呵呵。HAPPY NEW YEAR. 恭喜多賀。

註：歌詞摘錄自隨〈壽仔拍拖〉（新月 5876 A-B）唱片附送的曲譜。曲譜內使用的是簡體字「个」，並非繁體字「個」。文字的運用會隨著年代不同而有所演變。但是為了向讀者呈現當年最原本的歌詞，筆者不會對歌詞內任何文字作出改動，以示尊重。

〈壽仔拍拖〉曲取自美國民謠〈Oh My Darling, Clementine〉，是一首中詞西曲，伴奏以鋼琴為主。其歌詞用上廣東話口語，並且夾雜英文。唱片片心 A 面印上「中西合璧」、「獨成一派」；[12] B 面則印上「西曲唐唱」、「到處歡迎」。[13] 由此可見，在以粵曲及粵樂為主導的 1930 年香港樂壇，〈壽仔拍拖〉是一首非常破格的歌曲。雖然新月唱片出版〈壽仔拍拖〉的時候，並沒有正式標籤其為「新曲類」。不過透過其特徵，可判斷此曲正是「新體歌」。換言之，〈壽仔拍拖〉就是粵語流行曲。

唱片界和電影界的緊密互動，在 1930 年代已經盛行。新月留聲機唱片公司創辦人錢廣仁（又稱錢大叔）與電影界關係密切。除了經營自家品牌外，錢於 1936 年加盟大觀聲片有限公司。除了在大觀擔任營業部經理外，他間中亦會在新月留聲機唱片公司及大觀聲片有限公司旗下出品的電影作客串演出及擔任導演。1930 年代中後期，多首粵語電影歌曲唱片，便是在錢廣仁旗下的新月公司出版。例如影星李綺年的〈兒安眠〉（1935），收錄於新月第十五期唱片，是粵語電影《生命線》的插曲。隨著《生命線》上映，這首歌曾經於省港澳非常流行。〈兒安眠〉的歌詞如下：[14]

作曲：錢大叔｜填詞：冼幹持

兒安眠，兒安眠，長夜安眠到曉天。
媽媽只要兒入夢，兒要媽媽看月圓。
雲蓋月光難望見，乖乖呀快快眠。
兒安眠，兒安眠，明月影兒到窗邊。
雞聲催我兒入夢，兒聽雞聲睡夢甜，
眠到綠窗紅日見，乖乖呀快快眠。

已故掌故專家魯金認為，〈兒安眠〉是粵語流行曲的鼻祖。[15] 朱耀偉指出，從新月唱片和電影界之間的互動，可得知粵語流行曲與電影之跨界別互動，和他們彼此的歷史是一樣長。然而，要追溯粵語流行曲的源頭

新月主人錢大叔君

我們不能自己誇張，我們這期的出品，是如何的美妙，如何的卓絕，但是新月公司的國貨唱片，自有牠特殊的精神，錢君大叔監製的手腕，也自有他特殊的經驗，這種精神，這種經驗，我們至少可以說，不是敷衍苟且的，也不是粗製濫造的，——大概聽過我們新月公司的唱片的，都能承認我們的話不過分吧．

新月唱片油為護片必需之品，凡各牌唱片失音，日久積垢，依法用之，均與新片無異，常常用之，永無失音損壞等發生．

新月宣傳部

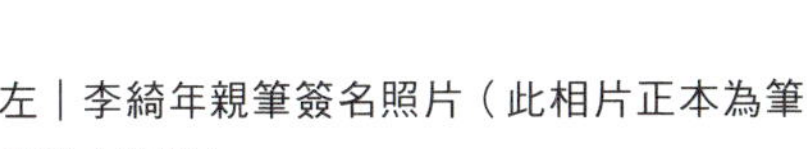

左｜李綺年親筆簽名照片（此相片正本為筆者私人收藏）

右｜新月主人錢大叔君（錢廣仁）肖像及新月宣傳部文案，擷取自 1930 年代新月七十八轉留聲機唱片面封套。從宣傳文案可見，新月唱片是一家標榜重視產品品質的公司。（此唱片封套由龍景昌先生提供及授權刊登）

並不容易。[16]

（二）「幻景新歌」及「精神音樂」

1940年代香港日治淪陷時期，大眾娛樂文化事業沒有辦法正常發展。故此，這催生了一種新的演出形式，名為「幻景新歌」。影評人秋子指出，「幻景」顧名思義，就是台上的佈景，都是在幻想中存在。而「新歌」，就是表演者連曲帶詞創作出來的歌曲。他認為，「幻景新歌」就是日後粵語流行曲的雛形。[17] 黃志華指出，「幻景新歌」據説創自冼幹持，二戰時白雪仙跟隨冼幹持賣唱，亦唱過「幻景新歌」。不過，「幻景新歌」除了形式活潑，基本上與粵曲無異。[18] 當時有一首很流行的「幻景新歌」，名叫〈窮風流〉，調寄廣東音樂〈漁歌晚唱〉。此曲戰後曾經轉移到一首粵曲去，就是白駒榮小燕飛合唱的〈錢作怪〉。「幻景新歌」流行至戰後，到1950年代中期，唱片公司仍然以「幻景新歌」名義出版一些唱片，現引述黃志華在其著作《早期香港粵語流行曲（1950-1974）》對此舉出的例子：

> 如南聲唱片公司在1950年代推出的一套四張「幻景新歌」，包括〈球迷奇遇記〉（李錦昌、伍木蘭合唱）、〈摩登三娘教子 · 爛襪改背心〉（廖志偉、伍木蘭合唱）、〈唱通行賣藥〉（李錦昌、黃金愛合唱）、〈一山還有一山高〉（廖志偉、伍木蘭合唱）。

黃志華於上述文字內容旁附上南聲唱片公司歌詞冊所附印的唱片宣傳目錄，可見到上述提及的四張七十八轉「幻景新歌」唱片之餘，亦可得知「幻景」又可稱為「幻境」。[19]「精神音樂」也是二戰時的產物，在廣州淪陷期間逐漸興起。這就是西化的「流行粵樂」。在「精神音樂」陪襯下，「跳舞粵曲」逐漸形成，那就是粵語流行音樂了。[20]

（三）戰前與戰後的電影插曲

1930 年代除了〈兒安眠〉外，亦有為數不多的「類粵語流行曲」的電影歌曲唱片出版，例如影星紫羅蘭的〈點解我鍾意你〉（電影《鄉下佬遊埠》續集插曲；1935）和民國上海影后陳雲裳的〈蟾宮怨〉（電影《唐宮綺夢》插曲；1936）。1940 年代戰前，一首名為〈紅豆曲〉的電影插曲傳唱至今。〈紅豆曲〉為同名電影的主題曲，於 1941 年 12 月 3 日上映。此曲納入王維的五絕〈相思〉:「紅豆生南國，春來發幾枝。願君多採擷，此物最相思。」〈紅豆曲〉在戰後廣泛傳唱，直到 1980 年代年輕的香港流行歌手鮑翠薇亦有灌唱。

戰後至 1952 年 8 月 26 日期間，仍然有部分電影插曲引起重大迴響。例如電影《蝴蝶夫人》（1948）的兩首粵語插曲。包括〈燕歸來〉（又名〈燕歸人未歸〉）和〈載歌載舞〉。〈燕歸來〉是後來名為〈三疊愁〉的著名小曲。〈載歌載舞〉是後來家喻戶曉，由馬來西亞華僑歌手馬仔填詞〈賭仔自嘆〉的原曲。又例如電影《紅菱血》上下集（1951 年 10 月上映），其插曲〈銀塘吐艷〉非常流行，其後易名為〈荷花香〉；以及同年 12 月 21 日上映的《唔嫁》，其同名插曲由粵劇名伶芳艷芬主唱，亦是流傳甚廣。

五、粵語時代曲初生時期 / 周聰呂紅時期（1952 年 8 月 26 日—約 1958 年）

1952 年 8 月 26 日，終於有香港本土唱片公司正式以「粵語時代曲」名義出版粵語流行曲唱片！那是粵語流行曲非常重要的歷史事件之一。但對此時期作出介紹前，我們先要定義何謂「時代曲」。已故國語時代曲研究學者黃奇智指出，「時代曲」就是反映時代的歌曲。理論上抗戰歌曲和革命歌曲也屬於「時代曲」。但「時代曲」的範圍是狹窄的，因為「時代」是時髦的同義，所以「時代曲」其實就是「流行曲」。[21]

其實，在此之前的 1951 年，星馬已經有出版粵語時代曲唱片。那時粵語流行曲在星馬有很大市場。來自大馬的粵樂名家朱慶祥說，他曾經和女歌手白鳳及白鶯在 1951 年一同於馬來西亞的百代唱片公司灌錄過一批粵語時代曲。粵語流行曲之父周聰及粵樂大師馮華亦認為最初的粵語流行曲製作，是針對星馬地區的市場。[22]

1952 年 8 月 26 日，首批以「粵語時代曲」青睞的唱片正式推出市場，屬於和聲唱片公司第三十六期七十八轉唱片出品的一部分，當中包含四張唱片，共八首歌曲，詳見唱片《真善美》（演唱：白英）/《醉人的秋波》（演唱：呂紅）曲譜內附印的目錄。對於第一批「粵語時代曲」唱片，有必要對其最關鍵人物作出介紹，依次為白英（即鄧白英）、周聰和呂紅。

（一）白英

即鄧白英，出生年份不詳。白英 1940 年代末期已經於香港地區登台獻唱，以唱國語時代曲為主，偶爾演唱粵語歌曲。1952 年底在香港樂聲唱片（百代唱片的副牌）旗下出版了著名電影歌曲——國語時代曲〈月兒彎彎照九州〉及〈綺羅香〉，隨即聲名大噪。自此開始主力效法百代，成為國語時代曲歌手。效法百代的同時，白英仍有繼續為和聲灌錄粵語時代曲。

1960 年代末，鄧白英在香港美亞唱片推出一張十二吋黑膠個人大碟後便離開樂壇。據筆者認識的資深樂迷前輩所說，鄧白英為人極低調，退出樂壇後極少有其音訊。2007 年適逢百代百年系列國語時代曲 CD 第三十三集《龍翔鳳舞》（逸敏、鄧白英合輯）推出，相關製作人透過民國上海七

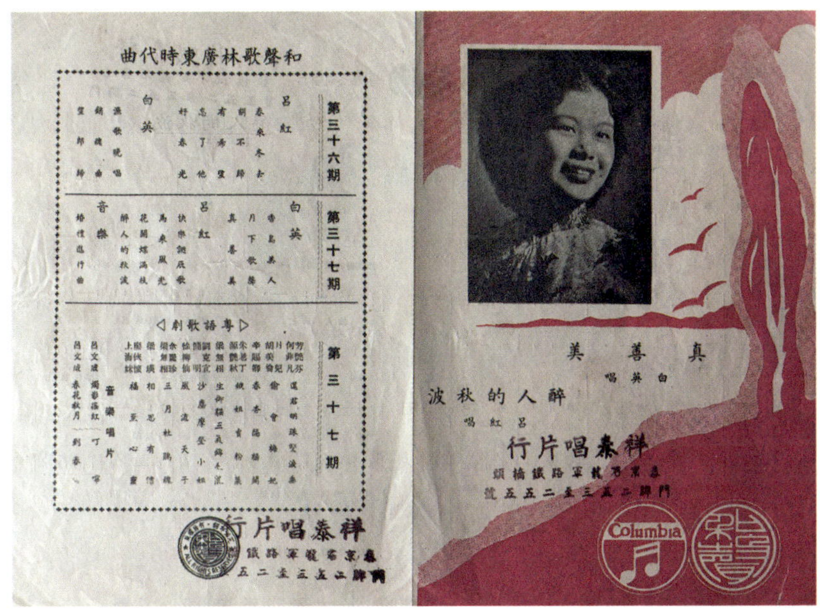

唱片《真善美》（白英唱）／《醉人的秋波》（呂紅唱）附贈的曲譜。封面附有白英小姐雅照一幅，從宣傳目錄亦可見和聲唱片第三十六期和第三十七期均有出版「粵語時代曲」。在這兩期的首批香港「粵語時代曲」唱片中，白英和呂紅灌錄的歌曲佔了大多數。（此曲譜正本為筆者私人收藏）

大歌后之一的姚莉聯絡上鄧白英，希望邀請她出席新唱片發佈會，不過鄧白英以年事已高為由拒絕。姚莉已於 2019 年 7 月過身，而鄧白英目前的近況未明，亦未知是否尚在人世。

（二）周聰

1925 年出生，被黃霑稱為「粵語流行曲之父」。和聲唱片首期推出的粵語時代曲唱片中周聰填詞的佔了至少四首。1954 年開始電台播音生涯，隨即被稱為「播音皇帝」。1950 至 1980 年代周聰經常從事歌曲創作，亦有灌錄唱片。1988 年 3 月周聰於商台榮休，其後 1993 年 7 月 11 日於三藩市病逝。鑑於本文篇幅所限，未能對周聰生平作出詳細介紹，有興趣者可參閱由黃志華老師撰寫之周聰個人傳記《周聰和他的粵語時代曲時代》（2019 年 11 月由匯智出版有限公司出版）。

（三）呂紅

呂紅生於 1920 年代晚期至 1930 年代初期，是著名廣東音樂家呂文成之女兒。她在樂壇被稱為「天王公主」，是一位多才多藝的藝術家。呂紅擅長演唱粵曲、粵語時代曲、國語時代曲和歐西流行曲；同時是一名廣東舞台劇表演者，亦是中國古典舞及土風舞的舞蹈藝人，而且懂演奏中樂。呂紅的唱片在東南亞及歐美很流行，在美國登台期間被當地傳媒稱為「Bird Of South China（南國之鶯）」。她經常往返東南亞及美國，不會長期逗留香港。1967 年呂紅和琵琶名家呂培原胞兄呂振源結婚。兩夫妻為人極低調，其後移民美國並且拒絕大多數訪問。假若呂紅仍然在世，相信會是年過九十歲。

在 1950 年代，香港沒有金曲流行榜。但我們可以憑前人的記憶，去得知什麼粵語流行曲曾經是非常流行。黃志華曾經在其著作《原創先鋒：粵曲人的流行曲調創作》中就此舉出十三個例子，當中包括〈快樂伴侶〉（粵語時代曲；合唱：周聰、呂紅；1953）、〈檳城艷〉（同名電影主題曲；演唱：芳艷芬；1954）、〈賭仔自嘆〉（原曲〈載歌載舞〉；演唱：馬仔；1954）、〈一縷柔情〉（跳舞粵曲；演唱：冼劍麗；1956）和〈飛哥跌落坑渠〉（電影《兩傻遊地獄》插曲；合唱：鄭君綿、鄧寄塵和李寶瑩；1958）。[23]

粵語時代曲唱片《雙喜臨門》（呂紅、大傻合唱）/《蝶愛花》（周聰、呂紅合唱）附贈的曲譜。封面附有呂紅（左）和周聰（右）個人照片各一幅。（此曲譜正本為筆者私人收藏）

六、林鳳（邵氏粵語歌舞片）時期（約 1959 年—約 1961 年）和商台廣播劇歌曲及廣告歌時期（約 1961 年—約 1964 年）

1959 年，香港娛樂界發生了兩件重要事件，促使香港粵語流行音樂轉向另一個發展階段。第一，「邵氏兄弟」電影公司來港大展拳腳。第二，就是商業電台啟播。

（一）林鳳歌舞片熱潮

1959 年前，「邵氏父子」已經在香港運作一段時間，從事製作發行及電影院事務。1959 年，「邵氏兄弟」的邵逸夫從星馬攜巨額資本來港，在清水灣興建大型電視城，並且仿效荷里活制度，簽下大量明星，備受當時香港娛樂圈的青睞。林鳳此時正是屬於「邵氏兄弟」旗下，演藝事業蒸蒸日上，時勢造英雄。

林鳳在 1950 年代至 1960 年代初曾經拍下一系列歌舞片，包括《青春樂》（1959）、《榴槤飄香》（1959）、《風塵奇女子》（1960）、《初戀》（1960）等等。在眾多其主演的粵語歌舞片音樂中，以〈榴槤飄香〉（1959）最流行，當時唱片公司更以此為主打歌為林鳳出版了一張個人三十三又三分之一轉黑膠大碟。

（二）商台啟播，有助粵語流行曲發展

香港商業電台於 1959 年 8 月 26 日啟播。商台播放節目期間，會插播粵語廣告歌。此時，眾多音樂人開始加入廣告歌創作行列，包括梁樂音、顧嘉煇、劉宏遠、黃霑，鄺天培、歌詩寶等等。[24] 黃志華回憶，此時期有很多讓人過耳難忘的廣告歌，包括〈新奇洗衣粉〉、〈得力素葡萄糖〉、〈京都念慈菴川貝枇杷膏〉和〈保濟丸〉等等。[25]

然而，商台最初期的粵語廣播劇，其主題歌是使用國語演唱。《薔薇之戀》是商業電台最早面世的廣播劇，其同名主題歌曲隨即面世。廣播劇《薔薇之戀》其後被拍成同名電影，於 1962 年 11 月上映。此電影主題曲唱片在 1962 年末推出，是一張七吋四十五轉的國語唱片。這反映因為粵語地位低微，所以商台當時不太敢在初開台時期讓廣播劇歌曲以粵語唱出。

1962 年亦有一齣廣播劇比較矚目，名為《勁草嬌花》。其同名主題曲傳唱至今天。填詞人潘源良曾經在黃志華網上電台節目中的訪問說過，他小時候聽商台播〈勁草嬌花〉，感覺非常震撼。潘隨即打比喻，就像是在新世紀之後，聽到何韻詩唱〈梁祝〉的那種感覺。這可證明〈勁草嬌花〉在粵

三十三又三分之一轉時代粵曲大碟《林鳳歌集（第一集）》（1959）的十吋黑膠唱片封面，除了顯示唱片以〈榴槤飄香〉及〈獨立橋之戀〉為主打歌外，亦充分展示了林鳳小姐的美貌。（此唱片正本為筆者私人收藏）

電影《薔薇之戀》七吋四十五轉唱片，封面以《薔薇之戀》女主角、1960 年代當紅影星白露明（現今香港法官謝沈智慧母親）作為封面。（此唱片正本為筆者私人收藏）

語流行曲發展上具有重要意義。[26]

（三）唱片格式轉變

1950 年代末至 1960 年代初，是唱片格式的替換期。七十八轉留聲機唱片每一面只可以容納約三分多鐘的歌曲，其材質蟲膠笨重，容易碎，亦不方便攜帶。有見及此，三十三又三分之一轉長行唱片及四十五轉細碟因而誕生。[27] 前者尺寸和蟲膠唱片一樣是直徑十吋，其後延伸至直徑十二吋，可以容納十至十二首歌曲，甚至更多。此十二吋黑膠唱片格式通行至今時今日。後者則是四十五轉速的直徑七吋小黑膠唱片，常見制式可分為單曲（英文為 single，每一面唱片一首歌）和 EP（英文長寫為 extended play，每一面唱片兩首歌）兩種。故此，當時市場上的新歌唱片款式琳瑯滿目，同一首歌的唱片格式可能多於一款。

七、陳寶珠蕭芳芳電影歌曲時期（約 1965 年—約 1969 年）

1960 年代，香港製造業興盛。大量剛剛投身社會的少女加入工廠行列，成為「工廠妹」。看粵語片成為她們主要的消遣。她們不喜歡超齡的老牌藝人，而是喜愛追捧年輕偶像。故此，陳寶珠和蕭芳芳乘勢成為「工廠妹」及勞動階層追捧的年輕偶像。當中陳寶珠的知名度比蕭芳芳優勝。在此時期，她們兩人分別拍過的粵語片眾多，未能一一盡錄。而當中知名度最大，而又有以電影為題推出粵語唱片的，有《女殺手》（1966）、《姑娘十八一朵花》（1966）和《花月佳期》（1967）等。

（一）東南亞之間的粵語流行曲文化交流

由 1950 年代初期開始，星馬地區一直是粵語流行曲的重要市場。本文上

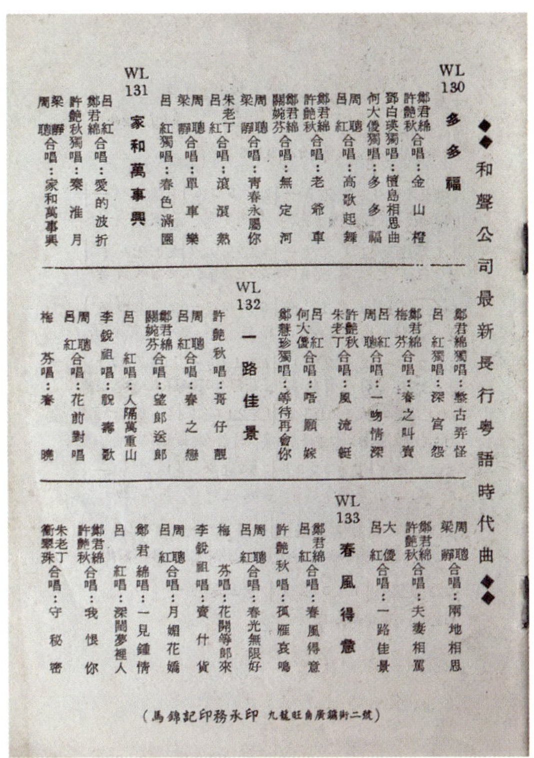

◆◆和聲公司最新長行粵語時代曲◆◆

WL130 多多福

鄭君綿、許艷秋合唱：金山橙
鄧白英獨唱：檀島相思曲
何大傻獨唱：多多福
周聰、呂紅合唱：高歌起舞
鄭君綿、許艷秋合唱：老爺車
鄭君綿、關婉芬合唱：無定河
周聰、梁靜合唱：青春永屬你
朱老丁、呂紅合唱：滾滾熱
周聰、梁靜合唱：單車樂
呂紅獨唱：春色滿園

WL131 家和萬事興

呂紅、鄭君綿合唱：愛的波折
許艷秋獨唱：秦淮月
梁靜、周聰合唱：家和萬事興

WL132 一路佳景

鄭君綿獨唱：盤古弄怪
呂紅獨唱：深宮怨
鄭君綿、梅芬合唱：春之叫賣
呂紅、周聰合唱：一吻情深
許艷秋、朱老丁合唱：風流艇
呂紅、何大傻合唱：唔願嫁
鄭慧珍獨唱：等待再會你
許艷秋唱：哥仔靚
周聰、呂紅合唱：春之戀
鄭君綿、關婉芬合唱：望郎送郎
呂紅唱：人隔萬重山
李銳祖唱：祝壽歌
周聰、呂紅合唱：花前對唱
梅芬唱：春曉

WL133 春風得意

周聰、梁靜合唱：兩地相思
鄭君綿、許艷秋合唱：夫妻相罵
大傻、呂紅合唱：一路佳景
鄭君綿、呂紅合唱：春風得意
許艷秋唱：孤雁哀鳴
周聰、呂紅合唱：春光無限好
梅芬唱：花開等郎來
李銳祖唱：賣什貨
周聰、呂紅合唱：月媚花嬌
鄭君綿唱：一見鍾情
呂紅唱：深閨夢裡人
鄭君綿、許艷秋合唱：我恨你
朱老丁、衛翠珠合唱：守秘密

（馬錦記印務承印 九龍旺角廣鏞街二號）

和聲唱片 1960 年代初推出的三十三又三分之一轉十吋雜錦粵語時代曲唱片《春風得意》（唱片編號 WT.133）附送的曲譜，當中除了重出部分呂紅和白英的 1950 年代七十八轉時期歌曲外，亦有加入 1960 年代初新曲，例如梅芬的〈花開等郎來〉。（此曲譜正本為筆者私人收藏）

除了三十三又三分之一轉唱片之外，和聲唱片公司在 1960 年代初亦推出一系列標榜為「跳舞粵曲」的七吋 EP。（此唱片正本為筆者私人收藏）

陳寶珠蕭芳芳合輯《恭喜發財》（電影《玉郎三戲女將軍》插曲；1967）粵語電影原聲帶七吋唱片，封面附陳寶珠親筆簽名。（此唱片正本為筆者私人收藏）

述部分，亦有提及最初期的粵語流行曲，是在星馬地區錄音及發行。1950年代中期開始，粵語片及歌曲亦不時涉及東南亞題材，以迎合東南亞觀眾口味。芳艷芬的電影《檳城艷》以及其同名主題歌曲便是最著名的例子。陳寶珠及蕭芳芳的歌舞片及其相關唱片，在東南亞亦有很大的市場。

1964 年披頭四（The Beatles）訪港，隨即引起熱潮及世代之間之爭議。有見及此，馬來西亞歌手上官流雲 1965 年在馬標唱片旗下推出歌曲〈一心想玉人〉（改編自披頭四歌曲《I Saw Her Standing There》）和《行快啲啦》（改編自披頭四歌曲《Can't Buy Me Love》）。兩首歌內容具有諷刺披頭四意味，引起部分披頭四迷不滿。不過，這兩首歌非常流行，其唱片在香港及東南亞等地極度暢銷。[28] 由此可見，東南亞各國之間的粵語流行文化交流早在五六十年代已經出現。這為其後七八十年代香港流行文化弘揚於亞洲奠下重要基礎。

上官流雲《粵語小曲》（1965）七吋細碟。當中收錄兩首諷刺披頭四（而又改編自披頭四）的歌曲。此唱片於香港及東南亞各地非常暢銷，知名度甚廣，是當時跨國流行文化交流的重要證明。（此唱片正本為筆者私人收藏）

八、粵語流行曲振興之前夜（約 1969 年—約 1973 年）

1974 年是粵語流行曲的轉捩點。〈啼笑因緣〉及〈鬼馬雙星〉在這一年面世。現今坊間均認同 1974 年為粵語流行曲輝煌歲月正式開始的年份。但是，粵語流行曲振興前夕的 1969 至 1973 年都有不少粵語流行曲唱片面世。年輕香港流行文化史研究者蔡梓淇曾經在其文章〈多元試驗與崛起：論七十年代粵語流行曲的普及與文學價值〉中列出一批 1970 至 1973 年粵語流行曲部分知名藝人出版的大碟。當中包括了鄭少秋的《愛人結婚了》（1971）、譚炳文的《雨夜的回憶》（1971）、鄭錦昌的《鴛鴦鳥》（1971）、譚炳文和李香琴的《我愛你又憎你》（1971）、郭炳堅的《歌星之歌》（1973）、麗莎的《相思淚》（1972）和《思君怨》（1973）、《等待》（1973）、《情話綿綿》（1973）等等。蔡梓淇指出，當時粵語流行曲的銷售網絡不只包括香港本地，而香港某部分主力灌錄粵語流行曲的歌手包括鄭錦昌、麗莎和郭炳堅是來自星馬地區。粵語流行曲的影響力在此時期逐漸鞏固，為日後的粵語流行曲在本地和海外振興奠下了基礎。[29]

事實上，粵語流行曲振興前夕時期出版粵語流行歌的藝人來自不同界別。當時多數出版粵語流行曲的歌手，同時有出版國語時代曲的習慣。根據筆者多年購買及收藏國語時代曲唱片的經驗，這些歌手包括有香港本地的馮素波、張慧、王愛明、森森、汪明荃、甄秀儀、鍾叮噹、薛家燕、馮寶寶等等；以及來自星馬的麗莎、櫻花、朱咪咪等等。當時有部分來自粵曲界別的伶人，亦會出版粵語流行曲，當中包括李香琴、冼劍麗、尹飛燕、崔妙芝等等。可見那段時期，粵語流行曲逐漸受到圈內廣泛歌手及藝人接受。或許正正因為市場上對粵語流行曲需求逐漸增加，所以唱片公司才逐漸有意欲製作及生產粵語流行曲唱片。

九、意義

現今本土思潮興起，粵語流行曲開始受到外界重視，當中不乏學者及新興有志之士，包括樂迷及流行文化愛好者。但是，大多數人都只著重研究七八十年代粵語流行曲的黃金時期，對於其早期發展的關注度不大。然而，粵語流行曲的萌芽歲月是不能忽略的一部分。因應歷史因果發展進程，這段歲月奠定了往後粵語流行曲發展方向，所以具有重大研究及傳承意義，應該要被廣泛傳承。

十、孕育於五六十年代的樂壇大師

眾所周知，顧嘉煇及黃霑的作品造就了七八十年代香港流行文化的黃金時代。但是，他們的早年歲月則比較少人熟悉。顧嘉煇 1950 年代後期已經從事編曲，開始在劉東創立的娛樂唱片公司工作，並且曾經替不少粵語流行曲唱片擔任編曲。顧嘉煇亦曾經跟早期粵語流行曲關鍵人物如周聰、呂文成等人合奏及共事。而黃霑 1950 年代末期至 1960 年代初期身為香港大學學生，已經開始踏入娛樂圈。例如在錄音室擔任伴奏及和音的兼職，以及從事廣告歌製作。由此可見，兩位合作無間的大師是孕育於粵語流行曲萌芽期間的五六十年代。若果後人是對七八十年代樂壇關鍵人物尊敬及仰慕，那麼就有必要了解他們事業初始時期的時代背景及經歷，令他們年少時的奮鬥歲月才得以被後世了解及仿效。

十一、透過歌曲了解當年香港平民生活

早期粵語流行曲，大多是關乎民生題材。因為年代久遠，現今學者欲研究五六十年代香港草根階層生活並不容易。所以，題材貼地的粵語流行曲成了研究香港當時平民生活的難得工具。具有民族及社會學意義的粵語流行曲包括有〈[illegible]極都唔制〉（合唱：何大傻、馮玉玲；1950 年代末期）、〈金山橙〉（合唱：鄭君綿、許艷秋；1959）、〈露天酒家〉（演唱：鄭君綿；1966）等等。現節錄〈才子佳人〉（詞：胡文森；編曲：顧嘉煇；合唱：鄭君綿、鄭碧影；1960）部分歌詞作為例子：

女：擰柳腰好似蘇菲亞羅蘭　又似惹火寶烈吉妲
佛見到　都會起大痰　花靚仔想到心爛
嫩坑中坑都無限　No money 一概斬纜

男：我係大闊佬派駕雪佛蘭　袋美金都起碼一萬
伴女人　好似加利格蘭　心適適　想錫一啖

女：喂　慢慢先生　摩登百萬　飲杯先兼吃餐飯
男：同你遊車河（No）
同你跳番 part 舞（No）

女：喂　最好去食野嘞（No）
食咖喱雞呀（No）
哼　樣樣都話 no

透過上述節錄歌詞，可以窺探當時香港中產人士結識異性的生活片段。歌詞亦羅列多位當年時下的歐美國際級巨星。這反映受英國殖民統治的香港，有知識及富裕人士思想西化，亦可從中得知他們是熱愛歐西流行文化的。

十二、本土意識開始萌芽

「六七暴動」之後，港英政府透過一系列活動提升港人的歸屬感。加上土生土長的戰後本土嬰兒逐漸成年，港人身份認同感因而在 1960 年代逐漸形成。[30] 文化學者馬傑偉指出，香港新文化身份包括以下四個因素：教育制度、經濟機遇、新移民的遷入和政府資助房屋及交通等社會狀況。[31] 因應這些因素令香港社會環境不停變化，故此港人在 1960 年代逐漸建立自己生活風格，流行文化潮流亦蓄勢待發，其後邁向 1970 年代的發展期。[32]

雖然我們暫時無從判斷 1974 年前的香港聽眾和樂迷當年有沒有本土意識，但我們仍可憑著蛛絲馬跡，得知當時的唱片公司及電台決策人是稍有本土意識的。黃志華於其著作《本可成佳話：粵語老歌故事及欣賞》中〈五六十年代的粵語歌生產有沒有本土意識？〉之章節，敘述了以下兩件事情，足已證明這一點。[33]

事件一：當時麗的映聲節目《香江花月夜》統籌者雲影畦認為，大多數香港人都使用廣東話，為何〈今天不回家〉等等國語歌竟然可以在香港稱霸？她在其節目中提議嘉賓鄭國江把國語歌改編成廣東歌詞，於是鄭國江便把〈山南山北走一回〉改成〈山前小唱〉，由李道洪和梁小玲合唱。

事件二：1973 年 EMI 唱片公司製作人黃啟光為陳浩德錄製粵語歌唱片。多年後陳浩德憶述黃啟光當年的想法。陳說黃啟光當年希望能夠令粵語歌曲普及。因為香港絕大部分是廣東人，而當時推動音樂的原動力基本上就是年輕人。

或許當時流行音樂行內人的本土意識浮現，是離不開市場考慮。但至少可以證明，1960 年代後期至 1970 年代初期因為港人本土意識有所增加，故此對粵語流行曲需求加大，因此唱片公司生產粵語流行曲的意欲才增加。因此導致 1970 年代初期粵語流行曲唱片面世數量逐漸增加，加入錄製粵語流行曲的歌手數量亦有所提升。這是很簡單的市場需求與供應理論。

十三、傳承問題

雖說早期粵語流行歌歌詞貼地，能夠反映時下平民生活。但是正正因為其草根特性，導致被後人認為是粗製的，難登大雅之堂。久而久之，這導致了其文化傳承問題。另外，最根本性的問題是年代久遠，越來越少人對早期粵語流行曲有所認識，增添傳承困難。

十四、「傳俗不傳雅」問題

五六十年代，有識之士視國語為正統，粵語是通俗、粗鄙及次等的。[34] 連當時粵劇名伶，普遍也視「粵語時代曲」為次一等的。名伶除了芳艷芬及小燕飛外，願意灌錄粵語時代曲的，大多就只有處於學習階段的年輕小輩，例如「小紅線女」鄭幗寶、「新紅線女」鍾麗蓉、「小何非凡」黎文所和「小芳艷芬」李寶瑩等等。

或許受到星馬熱潮所影響（例如馬仔的〈賭仔自嘆〉和上官流雲諷刺披頭四之歌曲），題材及作詞通俗之粵語流行曲流傳程度較正經文雅的廣泛。但是，早期「粵語時代曲」填詞文雅秀麗，有時更具有教育意味。白英的〈真善美〉(1953)，便是一首勉勵青少年的歌曲。此曲由「粵語流行曲之父」周聰作詞，馬國源作曲，歌詞內容詳見以下隨〈真善美〉唱片附送的曲譜。

由此可見，黃霑在其博士論文〈粵語流行曲的發展與興衰：香港流行音樂研究（1949-1997）〉中表達他對早期粵語流行曲之見解「水準之粗糙低俗，實在已是在社會標準之下」乃是以偏概全論述。在此論述之後，黃霑隨即以其生死拍檔顧嘉煇所編曲的〈飛哥跌落坑渠〉（合唱：鄧寄塵、李寶瑩、鄭君綿；1958）作例子，指此曲「即使用今天廿一世紀的開明眼光看，歌詞仍有『難登大雅』之感」。[35] 事實上，灌錄及出版這首歌的娛樂唱片公司，是以錄音質素高見稱，不會是粗製濫造。放眼今天，相信沒有人敢說一代音樂泰斗顧嘉煇編曲的作品是粗製濫造。

十五、粵語流行曲曾經紅遍彼邦

雖然主流意見都認為五六十年代粵語流行曲是難登大雅之堂，但是，粵語流行曲始祖之一呂紅小姐卻在 1960 年代紅遍彼邦，在東南亞及歐西國家演唱粵語流行曲。擁有知名度之餘，外國唱片公司亦曾經替她出版了一張個人粵語流行曲黑膠大碟（見五十二頁圖），上文也提到，她更被歐西傳媒稱為「Bird Of South China（南國之鶯）」。若然粵語流行曲是難登大雅之堂，那麼它肯定不會揚名海外，更遑論推出歐西版本黑膠唱片供彼邦樂迷選購。

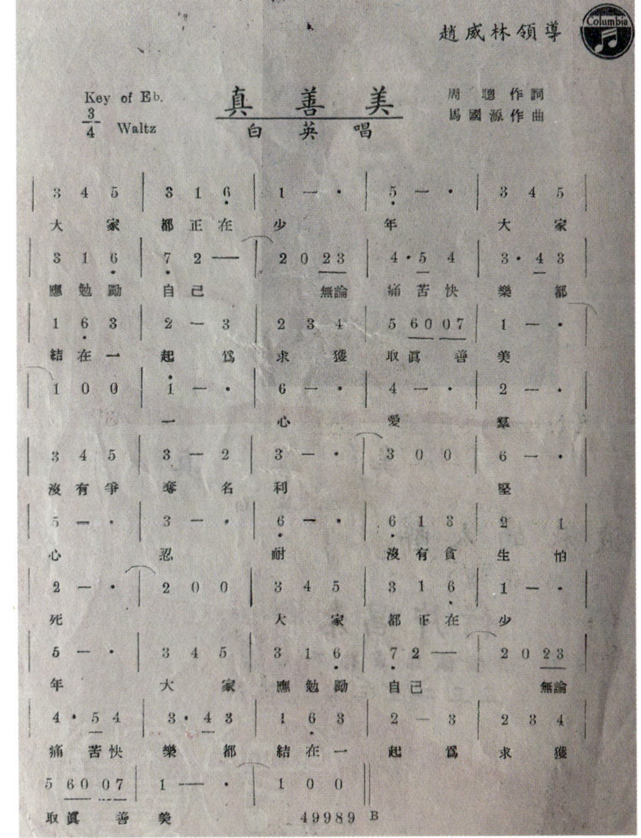

上｜隨唱片《富貴似浮雲／昭君出塞》（演唱：小紅線女（鄭幗寶）；1955）附送的曲譜，從電影插曲唱片目錄，可見同期其他粵劇小輩亦有推出粵語流行曲唱片，包括「小芳艷芬」李寶瑩和「新紅線女」鍾麗蓉。（此曲譜正本為筆者私人收藏）

下｜隨〈真善美〉唱片附送的曲譜（此曲譜正本為筆者私人收藏）

順帶一提，1962 年香港大會堂正式開幕。國際巨星帕蒂 · 佩奇（Patti Page）是最早前往香港大會堂音樂廳開個人演唱會的歐西歌手之一。然而，帕蒂 · 佩奇是次演唱會嘉賓之一正是當年灌錄過無數粵語流行曲的著名諧趣明星鄧寄塵。粵語流行曲能夠出現在國際巨星舞台這些極大雅之堂，相信其通俗及粗鄙程度也是很有限。

十六、歌曲年代久遠：無可避免的根本性問題

1974 年前的粵語流行曲，距離現今已經最少有五十年。因為年代久遠，加上當年沒有網絡及雲端，所以一手資料散失率大，例如相關唱片、文獻、刊物、報道等。有關歌手及製作人亦相繼因年老離世及離開演藝圈，導致難以找尋相關歷史見證人及參與人。這導致年輕一輩缺乏契機認識當年的歌曲。認識及喜歡相關歌曲的樂迷人數少，因為需求供應問題，唱片公司亦普遍不願意把早期粵語流行曲復刻製成新 CD 出售。這導致後人更加缺乏契機認識早期歌曲，因此懂得的人越來越少。這就是文化傳承的惡性循環。無論流行文化也好，抑或粵劇文化，或者其他非

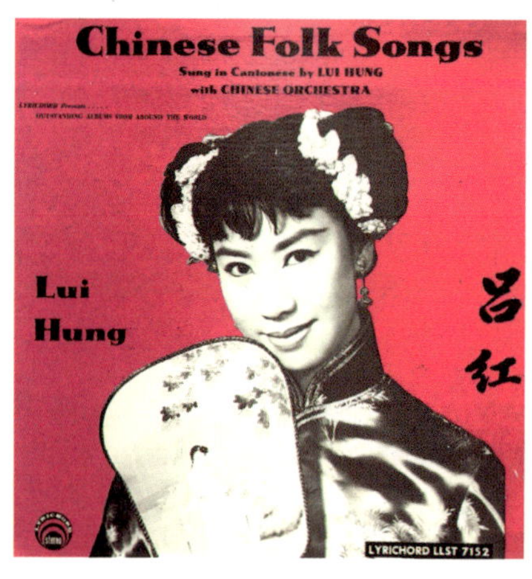

呂紅（英文：Lui Hung）《Chinese Folk Songs》（1964）黑膠唱片，由海外唱片公司 Lyrichord 推出，封面使用字體語言主要是英文。由此可見，這張唱片是針對非以中文為母語的西方聽眾。（此唱片正本為筆者私人收藏）

物質文化遺產，彼此都面臨著這個根本性問題。

十七、總結

粵語流行曲，是香港文化瑰寶。過往黃金輝煌時期的文化輸出，造就今天世界馳名的東方之珠。所以，我們有必要了解她輝煌前的歷史。藉此提升對早期本土流行文化發展的認知，順道向過往一直在香港默默耕耘的演藝前輩作出深切致敬。本文先對早期粵語流行曲發展史作出簡述，其後指出早期粵語流行曲的意義，以及面臨著主要的傳承問題。因篇幅所限，筆者未能把所有早期粵語流行曲相關資料一一提及。例如不同主要唱片公司的背景及簡介，當年粵語流行曲唱片的製作程序，以及對現今早期粵語流行曲文化傳承作出相應建議。但是，這些都是很值得將來學者探究的題目。

然而，筆者想就此引用黃霑〈家變〉的一句歌詞：「知否世事常變？變幻原是永恆。」在大千世界裡，沒有東西不是暫時。所有東西，都總會隨著時代巨輪轉動而被遺忘。但是，筆者覺得好的東西就應該被每一代傳承下去。所以這就是筆者熱衷於香港本土文化傳承的原因。

此文獻給尊敬的夏丹姐姐

註：五六十年代國語時代曲歌手夏丹與筆者為忘年之交，豈料在此書出版期間駕鶴西去。夏丹生前曾望拜讀此文，在此願把文章獻給故友。

註

1 John Storey, *Cultural Theory and Popular Culture: An Introduction. Seventh edition* (London: Routledge, 2015), 5.

2 Beng Huat Chua, *Structure, Audience and Soft Power in East Asian Pop Culture* (Hong Kong: Hong Kong University Press, 2012), 9.

3 Yiu-Wai Chu, *Hong Kong Pop Culture in the 1980s: A Decade of Splendour* (Amsterdam: Amsterdam University Press, 2023), 37.

4 黃志華:《原創先鋒:粵曲人的流行曲調創作》(香港:三聯書店(香港)有限公司,2014年),頁6。

5 潘迪華:《夢 · 路 · 潘迪華》(香港:紅出版(青森文化),2017年),頁87。

6 詳參梁秉鈞、黃淑嫻:〈序〉,《也斯的五〇年代:香港文學與文化論集》(香港:中華書局,2013年)。

7 Yiu-Wai Chu, *Hong Kong Cantopop: A Concise History* (Hong Kong: Hong Kong University Press, 2017), 26.

8 黃志華:《周聰和他的粵語時代曲時代》(香港:匯智出版有限公司,2019年),頁 xiii - xiv。

9 黃志華:《原創先鋒:粵曲人的流行曲調創作》,頁16。

10 吳月華:〈幕後玩家〉,2018年2月6日,取自 https://www.ln.edu.hk/cfci/letsgowatchafilm/?p=1009,2024年3月29日擷取。

11 South China Morning Post, "The resurgence of Cantopop," 21 June 2023: https://www.YouTube.com/watch?v=5xe4CsCeYBs. YouTube. Accessed on 29 March 2024.

12 臺灣歷史博物館:「臺灣音聲一百年:壽仔拍拖(頭段)」,2014年,取自 https://audio.nmth.gov.tw/audio/zh-TW/Item/Detail/cef5a91b-6708-4c03-b09f-3f6ea3dd6042,2024年3月29日擷取。

13 臺灣歷史博物館:「臺灣音聲一百年:壽仔拍拖(二段)」,2014年,取自 https://audio.nmth.gov.tw/audio/zh-TW/Item/Detail/7da8ffb2-8197-4e57-bae0-0783209aa734,2024年3月29日擷取。

14 黃志華:《本可成佳話:粵語老歌故事及觀賞》(香港:三聯書店(香港)有限公司,2014年),頁146。

15 魯金:〈粵語流行曲鼻祖是李綺年唱的《兒安眠》〉,《明報》副刊,1991年4月15日,轉引自黃志華《早期香港粵語流行曲(1950-1974)》,頁3。

16 黃志華、朱耀偉、吳月華、盧惠嫻主編:《香港文學大系(1950-1969)· 歌詞卷》(香港:商務印書館(香港)有限公司,2020年),頁93-94。

17 秋子:〈三節棍〉,《信報》副刊專欄,1991年1月19日,轉引自黃志華《早期香港粵語流行曲(1950-1974)》,頁6。

18 黃志華:《原創先鋒:粵曲人的流行曲調創作》,頁48。

19 黃志華:《早期香港粵語流行曲(1950-1974)》(香港:三聯書店(香港)有限公司,2000年),頁18-19。

20 黎鍵:《粵調 · 樂與曲》(香港:懿津出版企劃公司,2007年),頁162。

21 黃奇智:《時代曲的流光歲月(1930-1970)》(香港:三聯書店(香港)有限公司,2001年)。

22 黃志華:《原創先鋒:粵曲人的流行曲調創作》,頁60。

23 黃志華:《原創先鋒:粵曲人的流行曲調創作》,頁77。

24 黃湛森:〈粵語流行曲的發展與興衰:香港流行音樂研究(1949-1997)〉(香港:香港大學哲學博士論文,2003年),頁70。

25 黃志華:《原創先鋒:粵曲人的流行曲調創作》,頁94。

26 黃志華:《原創先鋒:粵曲人的流行曲調創作》,頁98。

27 鄭景元：〈香港五六十年代流行音樂：「國語時代曲」之背景，興衰，以及意義〉（史學新秀年獎 2020：香港本科及碩士生史學論壇論文），載盧梓滿、歐陽家熹、李駿軒、黃梓豪、李卓熙、鄭景元、黃漢鋒、鄭耀麟、陳咏詩、黃柳青合著《史學新秀年獎 2020：香港本科及碩士生史學論壇（下冊）》（香港：香港史學後進倡議有限公司，2022 年），頁 166。

28 彭得豐：〈盛世前奏：六十年代香港流行曲的星馬跨國網絡〉，載黃志華、彭得豐、蔡梓淇、廖志強、黃念欣、馮應謙、何穎琪、朱耀偉、留情合著《粵語流行曲七十年》（香港：亮光文化有限公司，2024 年），頁 51-52。

29 蔡梓淇：〈多元試驗與崛起：論七十年代粵語流行曲的普及與文學價值〉，載黃志華、彭得豐、蔡梓淇、廖志強、黃念欣、馮應謙、何穎琪、朱耀偉、留情合著《粵語流行曲七十年》（香港：亮光文化有限公司，2024 年），頁 66-67。

30 Gordon Mathews, "Heunggongyhan: On the Past, Present, and Future of Hong Kong Identity," *Bulletin of Concerned Asian Scholars* 29.3 (July-September 1997): 7.

31 Eric Kit-wai Ma, *Culture, Politics and Television in Hong Kong* (London: Routledge,1999).

32 黃志華、朱耀偉、吳月華、盧惠嫻主編：《香港文學大系（1950-1969）・ 歌詞卷》，頁 138。

33 黃志華：《本可成佳話：粵語老歌故事及觀賞》，頁 167-168。

34 冼玉儀：〈六十年代：歷史概覽〉，載《香港六十年代：身份、文化認同與設計 》（香港：香港藝術中心，1995 年），頁 80。

35 黃湛森：〈粵語流行曲的發展與興衰：香港流行音樂研究（1949-1997）〉，頁 84。

2

我活在歌聲裡：羅文精神的現今傳承

留　情

深愛舞台的羅文用一生的時間告訴我們，藝術及他的作品充滿可能性。他總是以不同的形象示人，帶給我們無盡驚喜。他相信如有想實踐的事，只要醉心投入，必定能闖出一番新景象。這就是羅文精神的魅力所在。

1983 年，羅文推出新歌〈激光中〉。當時他戴著耳環和黑超高唱，舉手投足也震懾著台下及電視機旁邊的每一位觀眾。

時移世易，林振強先生筆下的「光加熱就等於火」至今言猶在耳，高唱〈激光中〉的羅文仍是集體回憶汪洋裡不可或缺的一部分。筆者於中學時期也聽聞過有同學使用〈激光中〉作為陸運會啦啦隊比賽參賽曲目，就算不認識羅文的朋輩們，也能夠接下「光加熱就等於火」的下一句或對此曲有基本印象。

一代巨星羅文於他的傳奇一生中，對香港樂壇及藝術發展作出重大奉獻，不斷突破自己和藝術邊界。

他於早期的音樂生涯中已經不斷突破自己，掌握至少三種歌路。1960 年代，粵語歌仍未流行。當時主流的歌曲為國語歌及歐西流行曲，但當時羅文已於此兩種歌路之中掌握一定程度的技巧。羅文當時除已為好幾套電影負責幕後代唱國語時代曲外，他在 1960 年代末受當年紅遍世界的披頭四影響，與朋友組成業餘樂隊 Roman and the Four Steps（羅文四步合唱團）在酒廊獻唱歐西流行曲，更推出過唱片。

而鮮為人知的是 1970 年代初他曾去日本發展數年，其間發行了三張日文唱片及成為了第一位奪得「全日本歌謠選手權」冠軍的非日本歌手。[1] 在 1980 年代流行改編日文歌的熱潮開始前，羅文已作先驅到日本發展；其他人在翻唱別人的日文歌，羅文此時卻在翻唱自己的日文歌。1975 年，羅文於日本發行的《熱情》唱片裡面，歌曲〈熱情〉（日：熱情）及〈成為我的新娘吧 寶貝〉（日：お嫁になってよ ベイビー）先後被改編成為 1977 年收錄於他第一張個人大碟《家變》的歌曲〈雨中〉和 1978 年收錄於大碟《小李飛刀》的歌曲〈歡樂滿人間〉。

造型方面，羅文亦於早期便培養出別樹一格的品味。時裝設計師劉培基先生曾說羅文喜歡穿著繡滿珠片的衣服，原因是他喜歡舞台燈光照在衣服上，然後反射閃爍的效果。[2] 羅文於 1978 年的利舞臺演唱會已經身穿猶如湖面波光粼粼的珠片衣服表演，在台上似繁星閃爍、風情萬種、揮灑自如。這或許與他於日本發展，受日本樂壇的薰陶有關。

當年日本樂壇的歌手衣服風格較為大膽，具個人風格。以殿堂級歌手澤田研二為例，他的造型於當時在日本以具性別流動意識及大膽前衛聞名；1979 年他更手拿一支香煙，塗上鮮紅色指甲油，化上煙燻妝，穿上水手服裝在「夜之金曲舞台」（日：夜のヒットスタジオ）等日本音樂節目妖媚地唱著歌曲〈OH! GAL〉（日：OH！ギャル）。[3]

羅文其後的造型一直保持突出大膽及具性別流動意識。1981 年他於金唱片頒獎典禮中獻唱〈心裡有個謎〉的造型尤其突出。他竟用三種風格在舞台上呈現一首歌。表演開頭造型靈感來自埃及法老王：一眾舞蹈員抬著坐在椅子上、穿著孔雀袍、戴著孔雀羽毛頭飾的羅文亮相。無論是舞蹈員的服裝或是羅文的孔雀袍都非常搶眼。其後，羅文竟在台上脫掉孔雀袍和頭飾，亮出袍下的金色流蘇背心和會反光的白色長褲。最後場內的燈光轉暗，羅文脫掉外套再唱歌曲的最後一段，實在華麗多變。1981 年人稱「百變天后」的梅艷芳仍未出道，「百變鼻祖」這個稱呼實非羅文莫屬。

從日本回港後，羅文唱出了多首家喻戶曉的電視劇主題曲：〈前程錦繡〉（1977）、〈家變〉（1977）、〈強人〉（1978）、〈小李飛刀〉（1978）及其後與甄妮合唱的無綫電視劇《射雕英雄傳》系列歌曲（1983），至今仍堪稱經典。當中〈家變〉更是當年非常難得出現的一首以人生哲理為主題的歌曲。除此之外，唱片概念也有重大突破。1981 年他先後推出概念唱片《卉》及《仲夏夜》。其中《仲夏夜》是以夏天為主題的概念唱片，亦是香港首張粵語爵士樂唱片；[4]附送唱片《未了情》的封面，更竟然是羅文全裸拍攝的照片。以當年，甚至現在的標準來說可以說是難以置信。同年，他更自資創立「排藝社」，致力培訓熱愛藝術的新一代。

1983年推出的〈激光中〉及1985年的〈波斯貓〉皆為羅文較受爭議的歌曲。畫上眼線、戴著耳環的羅文通過凌厲而妖艷的眼神令觀眾大為驚訝。兩首歌曲無論於歌詞或造型中，皆被評為嘩眾取寵、意識不良。〈激光中〉的作曲人林慕德曾經於訪問提到：「羅文曾經跟我說：『Mahmood（林慕德），我要你作一些從未有人創作的歌曲。』我們想不到他可以把這隻歌唱得這麼『姣』。」[5]當年香港對於造型方面仍然較為保守，而羅文卻無懼把這些大膽的造型呈現於香港觀眾面前。

1982年，深愛音樂劇的他因受歌后潘迪華的國語音樂劇《白孃孃》啟發，就算虧蝕巨額，也邁向挑戰獨資製作香港第一部粵語音樂劇《白蛇傳》。[6]黃霑筆下的「我三世前緣修得到／夢寐也難求她的好」再到如泣如訴、柔腸寸斷的「隔天涯豈怕分別／來日終老」，道盡許仙與白素貞「憑星指月／山盟海誓」的愛情。1984年他再次投資主理第二部粵語音樂劇《柳毅傳書》，製作費用甚至比《白蛇傳》更高，班底陣容更大。編劇及填詞由黃霑擔任之外，更請來顧嘉煇及劉培基分別擔任音樂監製及造型及服裝設計。

直到1990年代，羅文除了一如既往地堅持突破自己，更積極提攜樂壇後輩，為樂壇未來作出貢獻。1986年他已曾與樂壇新人合唱〈浪淘沙〉，1992年再次於十大中文金曲頒獎禮與新人合唱此曲，鼓勵他們為樂壇努力奉獻。1997年推出粵曲專輯《首度開鑼》後，1998年再與佛羅內斯交響樂團合作推出《情繫佛羅內斯》大碟及舉辦1999年的「俄羅斯創世紀音樂會」，繼早期於1980年改編自貝多芬〈給愛麗絲〉（*Für Elise*）的〈心裡有個謎〉，繼續挑戰流行曲、歌劇及古典音樂的邊界。2000 年，他再推出專輯《Shanghai, New York》，以爵士樂改編上海的經典老歌。

深愛舞台的羅文用一生的時間告訴我們，藝術及他的作品充滿可能性。他從不會被任何事規範自己，不斷開創先河。他多年來拿下多個「第一」：第一個於英國 Royal Albert Hall 表演的香港藝人、[7] 第一個於香港文化中心舉行演唱會的香港歌手、[8] 創作了香港第一部粵語音樂劇等。他總是以不同的形象示人，帶給我們無盡驚喜。他相信如有想實踐的事，只要醉心投入，必定能闖出一番新景象。這就是羅文精神的魅力所在。

然而，羅文的精神（註：即 legacy 及 spirit，意為前人為後世留下的事物，以及我們從中能意會出的人生觀、價值觀等）傳承面臨著各種非常迫切的問題。潘迪華曾在書籍《夢 · 路 · 潘迪華》亦提及：「回想羅文努力於歌唱事業，留下好歌不少，但世人只是記得他的歌曲。有多少人知道他為理想奮鬥，為藝術犧牲的精神？」[9]

大約四年前，筆者無意中在網上看見羅文與汪明荃合唱〈好姻緣〉的片段（1982 年音樂劇《白蛇傳》中的曲目），因為當下被歌曲的旋律所吸引，筆者便進一步搜尋《白蛇傳》的相關資料，更開始對羅文的作品有興趣。誰知想於網上進一步了解羅文的時候，竟發現羅文的檔案資料極度不齊全之餘，更找不到任何與羅文相關的專頁或歌迷。以羅文在樂壇的地位及貢獻，這幾乎是不可能發生的事，實在匪夷所思。但筆者其後細想，發現一直以來在網上看過的羅文資料的確極少，身邊的朋輩，甚至自己對羅文的認知也非常片面，更產生不少誤會。

筆者望向此現象作進一步了解，繼而到自己的專頁「留情」表達擔憂。[10] 其後發現原來不少人亦恍然大悟，或已一直認為羅文的紀念活動比其他同樣已離世的歌手更少，以他在樂壇的地位而言，並不合理，而且非常可惜。

今年為羅文逝世後的第二十三年。二十三年後，除〈激光中〉及〈獅子山下〉外，在羅文精神傳承的領域裡，還有什麼？剩下了什麼？各界在此投放的資源，又是否足夠？

一、形象與唱腔

為了解年輕人對羅文的認識，筆者於執筆前於社交媒體進行問卷調查，2022 年於自己經營的粵語流行曲歷史專頁「留情」（@lau4cing4）發放問卷連結邀請大眾填寫，最後共收到五百一十七位十二至二十五歲的年輕人的答覆，為此文章作參考。當中就「你認為羅文的精神是否值得被年輕人傳承？」此問題有超過一半（56.7%）的人回答「不清楚羅文的精神為什麼」。問卷亦反映各界就羅文精神的傳承範疇裡，投放的資源仍然不夠，引致年輕人對羅文的認知嚴重不足或產生誤會，甚至完全不認識羅文。

在問卷中就「你對羅文的認知，以下哪一項是羅文曾於職業生涯中嘗試過的歌唱風格？（可多選）」，選擇「武俠電視劇主題曲」的人為 79.2%，接近八成；但其次便已下跌超過 10%，為選擇「現代電視劇主題曲」的 60%；第三位更是急跌到 32.9%，為「國語歌」。可見年輕人對羅文的印象停留在武俠電視劇主題曲。而就「就你所知，羅文的歌唱生涯跨越哪一個年代？（可多選）」，最多人的選擇為「70-80 年代（81.9%），其次為「80-90 年代」（67.7%），第三為「60-70 年代」（38.1%）；選擇羅文於「90-00 年代」仍然活躍的有 31.3%。令人震驚的是，在此問題之中，竟然有 3.3% 人選擇「至今仍然活躍」。

就「你認為以下哪項符合朋輩對羅文的印象？」，有接近六成的受訪者選擇「朋輩不了解羅文的形象」（57.5%），其次為「老土」（36.7%），第三為「冷門」（18.1%）。亦有人表示羅文「唱腔奇怪」。

上文亦提及到羅文的造型或歌曲演繹方式也絕非單一。

羅文多變的舞台風格始於他於日本深造的經驗。1984 年他於訪問憶述：

> 我喺嗰度（日本）呢，我覺得俾我影響最大嘅就係我學識咗喺台上一個表演係一個製作，唔係淨係唱一隻歌。而且樂隊係有重要性，同埋燈光呀，各方面配合嘅重要性，我係學咗呢啲。咁而且俾我學識咗嘅，喺台上唱歌嘅技巧係點㗎呢？就係唔係淨係夠氣、夠聲、夠高就叫唱得好，而係有大細聲，有邊個地方應該係要細聲，邊個地方應該係唔使拉，有休止符。呢個係喺我喺日本返嚟而幫助咗我今日嘅成就嘅。[11]

可見赴日對羅文的歌唱生涯影響深遠。

羅文從日本回港後，1978 年於利舞臺舉行的演唱會中，已穿上銀色的高筒高跟靴，披著他的孔雀袍戰衣於舞台上奔馳；就連唱粵劇的時候，服裝也是帶有傳統元素卻充滿現代感的珠片衣服，造型比起當年同期的歌手較為突出。

以唱片造型來說，除文首提及的〈激光中〉造型及《未了情》的全裸照片，其中一個典型例子便是 1985 年《波斯貓》的唱片封面設計及造型：一面為拿著大扇子的豪氣大俠，另一面卻為充滿現代感，穿著黑皮褸的他。1986 年推出的《幾許風雨》，羅文更以全新簡潔造型亮相，一改以往大膽突出的造型。當時劉培基擔任此唱片的封面意念及美術指導，認為：「羅文已是巨星中的巨星，不需要任何奇裝異服來突出形象。這次反璞歸真，以清新形象出現。」[12]

羅文於自己的作品中亦常嘗試不同的歌曲風格。單以上述 1978 年的演唱會作例子，從開場的英文歌〈For Once in My Life〉到自己的日文歌〈哀愁的最後一頁〉（日：哀愁のラスト・ページ），再到〈舊苑望帝魂〉已經橫跨好幾種歌曲風格。除演唱會外，就連一曲〈激光中〉便已有 1983、1994 及 1996 年三個正式收錄於唱片的版本。他亦不只唱一些較為文雅的歌曲，更有一些較通俗、有玩味的歌曲，〈乜都拗〉（1987）及〈作大〉（1994）便是例子。

另外，除上文提及到他嘗試過的古典音樂、爵士樂及粵曲等，值得一提的也有羅文對歌舞劇的熱愛。羅文自幼便喜歡唱歌跳舞，他的姐姐憶述因為父母也是大學生，所以文化生活比較豐富，經常帶他們去看美國電影及廣東粵劇，對羅文的影響非常深遠。看完荷里活的歌舞電影，羅文回家便會模仿劇中的角色跳舞。[13] 這份熱愛除造就了兩部他投資及主理的音樂劇外，也影響了他的歌唱作品及舞台表演。

羅文幾首較為突出的百老匯風格歌曲為：〈舞者〉（1983）、〈雨中偶遇〉（1988）及〈末世紀風情〉（1991，此曲更是由他親自作曲）。以〈雨中偶遇〉為例，更是改自 1952 年美國經典音樂劇《雨中樂飛揚》（*Singin' in the Rain*）中，由音樂劇著名巨星真・基利（Gene Kelly）主唱的同名主題曲。熱愛音樂劇並且把該元素融入自身作品中的歌手於那個年代也為罕見，此為另一個羅文的獨特之處。羅文亦具國際視野，曾提及望能將兩部粵語音樂劇帶上國際舞台，到百老匯上演。[14]

羅文的唱腔一直較為獨特，容易辨認。他唱腔較為人所知的特別之處為

「字正腔圓」，咬字非常清晰，鏗鏘有力，令歌曲添上一種歌劇及粵劇的風格。此唱腔乃羅文對自己作品的執著及特色，亦與他從小醉心粵劇有關。或許因為唱腔風格較獨特，大眾似乎較難接受，問卷中亦有受訪者提及羅文的唱腔「奇怪」。又或許因為此唱腔實在令人印象深刻，大眾也普遍認為羅文只有一種唱腔。事實上他於舞台生涯的後期曾改變唱腔，並非一致使用大眾口中「字正腔圓」的唱腔。

關於「字正腔圓」，羅文曾於電視節目《群星匯正音》擔任「粵語正音大使」，解釋：

> 就係因為依家社會有好多人都抱住呢個心態就係話：「講嘢咋嘛，唔使太準確」，所以好多人講嘢都唔準確。我就覺得人與人嘅交談好似交通工具，如果你用錯工具就會互撞。大家要花精神去研究，你究竟喺度講咩呢。仲有發音準確可以講係影響下一代，既然你係可以有正確嘅發音，點解你唔學呢？要學啲唔正確發音呢？浪費啲時間呢？仲有一樣嘢就係人要面嘿嘛。我發音不準確，你準確，哇你笑我，幾唔好意思呀。[15]

徒弟容祖兒亦曾於訪問提到：「我當初跟他學唱歌的時候有少許懶音。我當時也不為意，例如說『牛』、『銀行』等字，在對話也出現懶音。他會很緊張地矯正我，因為他認為唱歌不可以有懶音，是很難聽的。」[16]

資深唱片收藏家黃國恩先生接受筆者訪問時解釋，羅文的作品風格或唱腔絕非單一：

> 羅文的變化很多。他的風格沒有可能只是定格在〈小李飛刀〉

> 等武俠風格的歌曲。很多人會覺得羅文就是「字正腔圓」，但是羅文由 EMI 轉到華星以後風格已經有所改變。〈幾許風雨〉便是很典型的例子，整個聲線都放鬆了。無論風格上或演繹上，變化亦非常大。我想他自己也或許知道自己的「大戲腔」不太受歡迎而選擇突破吧。要談羅文的轉變，《25》這隻碟非常值得一提。他把很多自己的歌重唱，而且不做作。羅文很自然，用了自己的感覺去唱歌。

除〈幾許風雨〉(1986)及《25》(1996)，羅文在 1989 年，由黎小田監製的唱片《Just For You》亦已改變唱腔。單以同名、具有爵士風格的歌曲〈Just For You〉，唱腔便已一改以往「字正腔圓」的唱法，放下了不少過往的執著與嚴肅，隨和又自然。羅文於 1996 年才決定告別樂壇，並用《25》這張唱片證明給我們看就算將告別樂壇，亦不影響他創作的決心及水準。《25》這張唱片中羅文揉合古典和現代音樂的元素，重新演繹了多首由他出道以來的歌曲。以羅文前期的作品〈水仙〉而言，他於此唱片便使用了一個全新的唱腔演繹，自然柔和；加上柔和的弦樂，與本來的版本完全不一樣。實際上羅文於此專輯中使用的唱腔全部偏向柔和，就連充滿氣派、灑脫的〈世間始終你好〉也多了一份柔情。

所以說如果斷定羅文的唱腔只有「字正腔圓」，並不準確：

> 我自己認為羅文一開始或許是從時代的角度去調整自己的唱腔。羅文自己有粵劇的底子，而廣東歌最初亦具有很多粵劇、小調等的影子，這些曲風全部也對咬字的要求十分高。而在這個大前提下，大家也在摸索粵語流行曲該如何去唱的時候，羅文唱歌「字正腔圓」便自有理由。但其實你用心聆聽的話，羅文唱時代曲、現代電視主題曲的時候，你會發現

他的唱腔其實有變化，只是為了配合歌曲的類型而去改變唱腔。很多歌手也會這樣做，但羅文比較上突出，他很忠於歌曲的意境去演繹該歌曲，並非從一而終追求同一種唱腔，一直追求突破。

羅文嘗試很多東西，是一個多面體。無論是形象上、唱歌風格上、吐字的方式上，全部都一直在變化。只不過有些想法根深蒂固了吧，而我覺得這個是時代背景的問題。我們那個年代是疲勞轟炸式地聆聽音樂的，同一首歌在一天之內也不知道聽多少次。幾個電視台電台不斷播放。但是今天我們有自己選擇聽什麼歌曲的方法，可以到網上自己找，自己下載。以前根本沒有這回事，傳播媒介的播放率和以前大大不同，也許是這樣子令羅文的形象於我們的腦海中呈現單一化的現象。

二、檔案及資料保存

羅文現時於網上的資料極不完整，能夠觸及到（accessibility）的機會亦很低。

相信如果大眾有意進一步了解一位人物，第一個方向通常會走向維基百科。但以最基本的維基百科而言，莫說資料的可信性及準確度，羅文的相關資料也已比其他同期的樂壇巨星少得多。網站只是簡單記載了羅文的生涯、人生成就及音樂作品，例如他出過的唱片及得過的獎項。

而以其他同期的樂壇巨星例如：張國榮、梅艷芳、許冠傑、林子祥、陳百強等，除維基百科的資料相對完整，他們全部都擁有屬於自己的網站，多數由歌迷負責經營。在這些網站我們能夠看見一些歌迷上載的剪報、相片、語錄等，對進一步了解該巨星非常有用。身為年輕人的我們沒有經歷過上一個年代，市面上的雜誌、黑膠、剪報等物品亦不便宜，要認識過去就靠這些網上資料。被儲存到網上的資料亦具有持續性，但有多少當年的雜誌、剪報等有被好好保存，同時被上載到網上作參考用途則另當別論。提升大眾對這些資料的保育意識亦是實踐有效傳承的重要部分，畢竟如被視作垃圾送到堆填區，便沒有機會挽回。

截至 2023 年，羅文一個專屬網站也沒有。以筆者所知，唯一一個有儲存羅文相關資料，而且比較完整的網站為康樂及文化事務署和香港賽馬會慈善信託基金合辦的網站——香港記憶。這個網站記載關於羅文舞台生涯的基本資料，而且更有附上一些比較罕有的照片。另有香港公共圖書館的多媒體資訊系統（MMIS）可以搜尋到一些剪報及資料，但不少資料須在圖書館內的互聯網數碼站才可參閱。

除上述網站以外，香港或其他地區亦並沒有任何與羅文相關的網站。

羅文離開後，他的家人把大部分遺物全部捐到香港文化博物館。香港文化博物館曾經舉辦一個羅文展覽——「獅子山下 ‧ 掌聲響起 ‧ 羅文」，但這個展覽亦已經為十年前的事，網上關於這個展覽的資料也極少。雖然博物館近年開設的「瞧潮香港 60+」常設展覽也擺放了與羅文相關的物品，但展覽的焦點始終不只是聚於羅文。

另外，文化博物館的資源中心其實有過千張羅文的照片可供瀏覽。筆者曾在三年前親臨資源中心觀看資料，獲益良多。資料庫裡有大量的罕有照片，例如羅文踏上舞台前或是去歐洲旅行的照片。但當時資源中心也只有照片可瀏覽，不包含其他種類的資訊例如：演唱會錄影、雜誌、訪問錄音。而且雖然上述的「香港記憶」網站有展示及使用文化博物館的相關資料，例如 1982 年音樂劇《白蛇傳》的節錄，但到資源中心卻沒有。究竟有什麼渠道能觀看亦無從得知。另外，羅文另一部 1984 年的音樂劇《柳毅傳書》的節錄，筆者卻只在紀念節目《不死傳奇：羅文》中看過十幾秒。

雖然資源中心是一個值得我們進一步了解羅文的途徑，可惜問卷調查中，就「如果要搜尋羅文相關的資料，文化博物館有資源中心提供過千張羅文的照片供公眾瀏覽」，有七成（72.7%）的受訪者不知道有此途徑進一步了解羅文。而且親臨資源中心需要預約，主動性較高，不適合暫時只希望對羅文作簡單了解的人。

其他能搜尋羅文檔案資料的地方包括「中港電視。電影刊物資料庫」。單以《香港電視》雜誌，此資料庫已收錄超過一千五百本，但此網站大部分資料因版權限制，亦只能限在香港各大專院校內使用校內網絡瀏覽。如你未曾就讀所列的香港大專院校，能瀏覽的資料十分有限。

至於完全關於羅文的相關書籍，筆者亦未曾見過。

羅文的檔案及資料大部分仍然缺漏，而且極不完整，不統一。就連演唱會的列表也須虛耗大量時間整理及尋找。表演錄影及剪報的數量亦極少，而且解像度非常低。此現象容易令後世對羅文的敘述（narrative）不準確，進而因缺乏理解，引致誤會。羅文並非遠古時代的人，為何資料如此零碎？何因何解？筆者亦相信不少關於羅文的資料現已失傳，已無法挽回。以現有的資源來說，根本不足以能令大眾對羅文有更立體的了解。羅文的相關資料零零碎碎散落在互聯網上，我們極須虛耗耐性及時間才能進一步了解羅文。不少與羅文相關的資料，亦須通過觀看其他歌手的檔案資料掌握（例：曾出席同樣場合）。

在缺乏渠道認識羅文的情況下，年輕人對羅文的認知理所當然地流於表面。從問卷調查得知，除接近 21.4% 的受訪者不同時認識兩首羅文的首本名曲〈激光中〉及〈獅子山下〉外，更為驚人的是超過四分之一（32.7%）的受訪者在完成問卷之前不同時知道〈激光中〉和〈獅子山下〉這兩首歌皆為由羅文主唱。

三、歌迷

實踐有效的傳承，歌迷的參與絕對不能缺少。

我們年輕一代因為沒有經歷過那個年代，極度需要經歷過上一個年代的大家幫助我們了解以往的種種，此乃「傳承」之意。上網搜尋資料或許是一個辦法，但上文提及過現在就算於網上也難以搜集羅文的資料，或是有時候網上的資料不一定正確。如果能夠有緣從羅文的朋友或歌迷朋友中直接認識羅文，或去確認網上資料的真實性，那可是最好不過。

上文亦提及過一些歌手的專屬網站大多由歌迷經營。這些網站上的資料包括訪問、剪報、照片或語錄等通常全部為歌迷的珍藏。以剪報為例，它們或許是歌迷自己本身的珍藏，為了能讓更多人欣賞自己的偶像而花心思和時間掃描到網上。筆者身邊對流行經典感興趣的朋友們通常也是靠這些網站進一步得知偶像的相關資料。可惜的是，羅文的歌迷似乎已經不再活躍，更談不上擁有一個網站。羅文曾經有一個名叫「羅文與您國際歌迷會」的歌迷會，可惜幾經尋找只能找到一位曾經是歌迷會會員的歌迷，而他則告訴筆者歌迷會的大家已早早各散東西，實為可惜。

我們現在能找到梅艷芳、張國榮、陳百強的歌迷甚至歌迷組織，但與他們同為殿堂級歌手的羅文筆者卻只聯絡到一位歌迷，更不用談上組織。或許是筆者的資源有限、人脈有限；但不少身為年輕人的我們根本不知道如何去獲得人脈資源，契機甚少，甚至講求運氣，甚為可惜。就算找到相關人士後，能否有進一步交流又是另一問題。

以張國榮與梅艷芳的歌迷為例，他們每一年也盡心盡力為了延續偶像的精神而舉辦活動，經營專頁向年輕一代傳承偶像的精神，或是舉辦展覽令年輕一代得以親眼一睹與偶像有關的物件。可是以筆者所知，除了比較大型的三個活動：2011 年由香港文化博物館舉辦的「獅子山下 · 掌聲響起 · 羅文」展覽、2014 年於香港會議展覽中心所舉辦的「不朽傳奇 · 舞台上的羅文紀念演唱會」及 2022 年的「羅文傳承二十周年全城紀念演唱會」，近年已經沒有任何關於羅文的紀念活動。小則一個講座亦未曾聽說。以上這三個活動皆為一次性的，缺乏持續性，文化博物館的展覽更為超過十年前的事。筆者曾於十歲的時候參觀「獅子山下 · 掌聲響起 · 羅文」展覽，但至今理所當然只剩下依稀記憶。雖想再次目睹多件展品，卻已沒有機會。根據問卷的數據，就「就你所知，現在每年會否有羅文相關的紀念活動舉行？」的回答，有 79.6% 的受訪者回答「不清楚」。就「就你所知，羅文去世後有否任何機構舉辦過與他相關的紀念活動？」有 68.3% 的受訪者回答「不清楚」。可見投放於傳承及推廣羅文及其精神的資源嚴重不足。

四、社交媒體

現今世代年輕人主要從社交媒體接觸資訊，但根據問卷調查就「你是否記得從哪裡得知羅文這個人？（多選）」有 64.8% 的受訪者選擇「家人」，有 59.8% 的受訪者選擇「電視」。選擇「社交媒體」的只有 39.2%，證明羅文缺少於社交媒體的曝光率。以「家人」或是「電視」的途徑為例，通常也是家人剛好提及或者電視剛好正在播放相關節目，持續性較低。相反於社交媒體上如果有相關專頁定時更新相關資料，對認識羅文來說有著較長遠的效果。以張國榮、梅艷芳、陳百強而言，網上就有無數個歌迷開設以他們為主題的專頁。歌迷定期分享著偶像的相關資訊、與偶像曾有一面之緣的故事、珍貴照片等，也有創建相關群組促進歌迷之間的溝通。

可惜現在於社交媒體上（截至 2022 年），以與羅文為主題並且活躍的專頁為例，以筆者所知現在 Instagram 上只有兩個。在 Facebook 上曾經有過一個，可是並不活躍。筆者曾經嘗試聯絡 Facebook 上此專頁的管理人，又嘗試到其他流行經典的群組上尋找羅文的歌迷，卻杳無音信。

就「我於社交媒體上看見與羅文相關的帖文頻率為：」，有接近七成（68.7%）的受訪者回答「1」及「2」（1 為沒有見過；5 為經常看見）。

幸好近年筆者在 Instagram 上遇到三位羅文的年輕歌迷。他們分別是二十三歲的 Agnes、二十一歲的 Ada 及十六歲的泳希（截至 2022 年）。

先介紹泳希。十六歲的泳希於 Instagram 上經營羅文相關的專頁 @old_biscuits 約一年。她曾在 Instagram 上分享自己媽媽與羅文的故事，在此跟大家分享：

> 此事大約發生於 1990 年代中期。那時候我父母於跑馬地一間日本餐廳工作，這間日本餐廳至今仍未結業。當時我媽媽只是一位小員工，負責茶水工作；而聽訂枱電話則是另一位職員的工作。但有一次因為餐廳繁忙，媽媽被派去聽電話。「喂？我係羅文呀！」電話的另一邊竟是羅文。其後羅文便經常去這間日本餐廳吃飯，而且每一次到餐廳也會叫我媽媽為他準備一碗麵豉湯，他說麵豉湯可以抗癌，還會向媽媽滔滔不絕麵豉湯究竟能如何抗癌。後來羅文更記得我媽媽的名

字 Irene，每一次打電話訂枱的時候也會稱呼我媽媽的名字：「喂 Irene？我係羅文呀！」。媽媽說羅文記得我媽媽的名字並不是有問過媽媽，是有留意媽媽掛著的名牌，實在是一個又細心又親切的巨星。

這個帖文上附上一張羅文《25》精選唱片的照片，泳希說小時候媽媽便會拿著這張照片向自己訴說這個故事。

羅文值得被更多人記住。

有幸的是，筆者雖找不到羅文當年的歌迷，但遇到兩三位曾經與羅文有一面之緣的有心人。他們一致稱讚羅文為人謙虛，有禮貌。如筆者一位朋友的媽媽曾在利舞臺的酒樓碰見羅文，她說：「羅文對職員全部都係唔該前唔該後㗎！」這些或許只是簡單的小故事，但他們能幫年輕一代更立體地了解羅文的為人，令大家對他的了解不限於網上關於他音樂成就的資料。雖羅文先行一步，但這些故事和感情能夠穿越時空流傳下去。這也是為何筆者如此執著於尋找羅文歌迷的原因。

以下分享兩位年輕的羅文歌迷就羅文傳承問題的一些看法：

二十三歲的 Agnes 於社交媒體 Instagram 上經營羅文相關的專頁 @romantam.memories 約一年半。她表示：

> 很多年輕人甚至羅文曾經存在過也未必知道。也許是這種不認識吧，令傳承工作非常困難。現在關於羅文的資料實在太不齊全，或許是年代比較久遠，很多相關的資料也沒有被好好記錄。我們年輕人想做傳承工作的時候第一步就是到網上

做資料搜集，但是這一步卻已非常困難。不要說向大眾介紹了，我們連基本的資料也非常缺乏。非常希望能夠有相關人士，例如歌迷前輩、曾經認識羅文的人，如果大家能夠多行一步整理資料交給有心人，把他的資料和訪問好好保存，對我們來說非常重要，也很有參考價值。亦希望年輕人能夠持有一個開放的態度去認識這些「新」的「舊」事物。

二十一歲的 Ada 於社交媒體 Instagram 上經營流行經典相關的專頁 @precious.cantopop 約四年。她表示：

以哥哥（張國榮）及鄧麗君來說，就算現在的歌迷組織已經不是以往的那一班歌迷，但依然有歌迷組織存在。除他們自己歌迷的私人聚會，也會有對外的活動供公眾參加，傳承偶像的精神。反觀羅文，不要說是歌迷會了，歌迷也找不到。他的歌迷在哪裡呢？我想這個就是導致他今時今日的精神沒有人繼續傳承的原因，因為沒有人再把他的精神傳承到下一代，例如一些他們和羅文相處的片段，一些羅文的資料。當年他們認識的羅文精神已慢慢面臨失傳。傳媒對他的關注度也極低，可能是因為商業的原因吧。沒有人提起羅文，亦等於越來越少人認識他，在這個惡性循環底下，新一代根本沒有途徑認識羅文。我想我們需要一個比較完整的 database，可能是包括一些新聞或是訪問，方便對羅文有些少興趣的年輕人對羅文有進一步了解。很多過往關於羅文的新聞也沒有被流傳下來，我們需要辛辛苦苦在網上去找。但如果是剛剛開始認識羅文的朋友呢？不是每一個人也有心力虛耗長時間在網上找資料的。本身有興趣的人也變得沒有興趣吧。

大眾缺乏了解及接觸羅文的渠道，對羅文有興趣的人自然減少。對羅文有興趣的人減少，很現實地羅文的商業價值便會降低，羅文的相關紀念活動或報道也會減少。事實上羅文於生前亦似乎比起商業上的成就，更著重藝術上的成就，商業考量較少。他亦甚少出演電影或電視劇。羅文曾提及過：「在藝術的旅途中我完全沒有浪費時間。」[17] 音樂劇《白蛇傳》便為其中一個他著重藝術成就的典型例子。當時觀眾並不熟悉音樂劇這種表演形式，製作音樂劇亦乏人投資。根據擔任該劇女主角的汪明荃所述：「我覺得羅文勇於嘗試，他很希望在藝術上開創新的道路。他自掏腰包。我和米雪都很愛美，女主角大多數愛美，頭飾越加越多。他作為班主，當然要計成本、費用，他說沒問題，最重要是漂亮。當時不流行贊助，亦不像現在有財團或基金助人實現夢想。凡事他都快人一步。」[18]

順上文所說，羅文於社交媒體被傳媒所提及的機會亦會極少，就算紀念日亦極少被網絡媒體提及。根據問卷資料，就「每年於羅文的紀念日（生日／忌日），我也會在社交媒體上看見有關的帖文」回答的受訪者有超過一半（56.5%）回答「1」及「2」（1 為非常不同意；5 為非常同意）。當他的名字出現於社交媒體時，也通常只因有歌手翻唱〈獅子山下〉。此現象或許亦是大家對羅文的認知進一步變得片面的原因。根據問卷，就「我認為朋輩對羅文的熟悉程度大致為：」，有 84.3% 的受訪者選擇「1」和「2」（1 為非常不熟悉；5 為非常熟悉）。

商業或娛樂價值直接影響以後的曝光率及傳承效率（例：歌迷活躍度等），這是無可否認的現實。但隨年月過去，筆者亦相信此已並不是首要或必須的條件。時代已變，事實在前，有更多人對羅文感到陌生、產生誤會甚至不認識羅文實在難免。但羅文對樂壇及粵語流行曲的歷史有重大貢獻，無庸置疑。因此曝光率以外的一切，例如前文提到的官方資料及檔案保存的完整度，是我們最需要重視的地方。羅文對文化藝術所作的貢獻值得用更多具持續性和效率的方法去被肯定和儘快保存，供後世的有緣人參閱。

六、我活在歌聲裡

羅文不單熱愛舞台，更熱愛生命。他後期被改了一個新的名字叫作「籮記」，盡露可愛貪玩及童真的一面。1993 年他出席「十大勁歌金曲頒獎典禮」的時候擔任「樂壇最佳新人」獎項頒獎嘉賓，但被主持邀請上台頒獎的時候，卻誤以為已於樂壇發展多年的自己是得獎者，在台下目瞪口呆、四處觀盼，上台後更說了一句：「新人獎？邊個係我㗎？」非常惹笑。[19] 又有一次登上《超級無敵獎門人》，他貪玩地把吐出來的「辣辣壽司」塞到主持曾志偉的手上。[20] 他並不是一個「死板」和「老土」的藝人，他也有貪玩和可愛的一面。

2001 年羅文身體開始轉差時，縱使患病仍出席《萬眾同心公益金》慈善節目，籌得一百萬善款。[21] 他更於徒弟容祖兒的演唱會驚喜現身唱出〈前程錦繡〉：「小小苦楚等於激勵，等於苦海翻細浪」。患病之後一段時間也沒有唱歌的他一開口便於愛徒的演唱會上一展歌喉，從他的眼神和歌聲中，可見他十分疼愛他的徒弟。筆者認為他選唱自己舞台生涯前期的〈前程錦繡〉，似乎別有一番用心：〈前程錦繡〉此曲是羅文於日本決定回港發展的契機，為羅文於香港樂壇的燦爛生涯掀開序幕。相信羅文除了回應自己於舞台上的生涯，也希望通過歌詞和旋律勉勵自己和愛徒。

他當時亦被傳媒稱為「抗癌勇士」，[22] 又參加「生命熱線」活動，與一眾歌手獻唱歌曲〈天生不倒〉鼓勵大眾積極面對人生挫折。[23] 在他生命中的最後幾個月，他說過：「我點樣面對呢個事實呢？我用積極方法去戰贏佢咯，你話我三個月（命），我要比足自己（信念），打破呢個宿論。逆境係人都會有嘅，就算我地最紅嘅時候都會有逆境。人唔會永遠咁上嘅，梗係有高低，咁樣先叫人生。」[24]

羅文曾在 1993 年接受《電影雙週刊》訪問，當中唏噓不已，獨唱悲歌：「從來沒有人會說我對樂壇有啥貢獻，他們都說許冠傑、林子祥、徐小鳳，甚至張國榮、譚詠麟，但就是沒有我。」[25]

看清前人腳印，方可看清前路。羅文是一位巨星，更是一位藝術家。他踏踏實實地活出了他的藝術人生，從不鬆懈。羅文不只〈獅子山下〉，不只〈激光中〉；他不只是那位「1980 年代唱武俠電視劇主題曲的歌手」，不只是那位「字正腔圓」的歌手。羅文代表著突破、代表著堅持、熱誠、執著、專業⋯⋯他手執著那金光燦爛的披風創造無數傳奇，闖出無數先河。他值得更多。

我們常言傳奇歌手的歌聲、事蹟、精神等都能延續到後世，永存心中，但我們並不能將其視作理所當然的事。雖然傳承效果受多個因素影響，但我們仍必須並與時間並肩而行，把一切剩下的好好傳遞，否則一切為時已晚，太過可惜。筆者曾於書籍《粵語流行曲七十年》的後記〈傳承就是現在〉[26] 提及過「傳承」並非追求「回到過去」。音樂是個人品味，認為舊歌老土或奇怪亦不是問題所在，但我們必須令人意識到粵語流行曲的歷史為何重要，並令其盡量被準確傳遞。我們必須在意識「懷舊」的標籤下跳出此框架進行傳承。至今我們仍缺乏讓大眾了解流行音樂歷史的途徑，當中針對年輕人的途徑更少。而且現時「粵語流行曲傳承」的論述及發展仍未成熟，如再加上歌手的敘述也不清晰或準確，或不容易接觸，傳承只會難上加難。

羅文現存資料及檔案嚴重不完整、眾人為他貼上的標籤及誤解到底為何出現，須進一步探究。相信如果細看，或許將會發現不少新發現和挖掘到更多就「傳承」上我們仍未正視的盲點或特徵，能為借鑑。篇幅所限，未能更全面探討問題和羅文的作品，但執筆望拋磚引玉，引起更多相關討論。

> 籮記啊籮記，即使唱片沒有留住多串雷霆聲韻，你的好歌金曲濃情也必於樂迷心目中。秋夜春朝，隨喜隨憂，隨時再現。
>
> 百先喲百先，就算熒屏未及錄盡當日風騷身影，那些強人奇行妙事還會在知音思念裡，樽前酒後，惹愁惹笑，惹我重溫。

——黃霑為悼羅文親賦的輓聯[27]

歌聲永留人。羅文仍活在歌聲裡，願也能活在更多人的心裡。

特此鳴謝（排名不分先後）：
Ada（@precious.cantopop）
Agnes（@romantam.memories）
泳希（@old_biscuits）
黃國恩先生
@olddiary_890s_
「今夜真暖：樂壇經典舊物展」展覽團隊
Skyla Siu
Macy Tse
Louise Leung
Jackson Kwong

羅文精神的現今傳承問卷調查
調查日期：2022 年 8 月 6 日—2022 年 8 月 16 日
問卷調查結果：https://bit.ly/3ya3N4G

註

1 香港記憶：〈獅子山下 ‧ 掌聲響起 ‧ 羅文〉，取自 https://www.hkmemory.hk/MHK/collections/Roman_Tam/musical_life/index.html ，2024 年 2 月 20 日擷取。

2 無綫電視：《羅文 ‧ 歌在人心》，第二集，香港，播出日期：2012 年 8 月 27 日。

3 Alfred Stiltner ：〈沢田研二 /OH ！ギャル 1979.5.31R〉，YouTube，上載日期：2017 年 1 月 30 日，取自 https://www.YouTube.com/watch?v=n0XMzayuSJA&list=RDGMEMhCgTQvcskbGUxqI4Sn2QYw&start_radio=1&ab_channel=AlfredStiltner，2024 年 1 月 18 日擷取。

4 香港記憶：〈獅子山下 ‧ 掌聲響起 ‧ 羅文〉，取自 https://www.hkmemory.hk/MHK/collections/Roman_Tam/All_Items/9883/9890/index_cht_1.html，2024 年 2 月 29 日擷取。

5 香港電台：《不死傳奇：羅文》，香港，播出日期：2007 年 12 月 22 日。

6 香港記憶：〈獅子山下 ‧ 掌聲響起 ‧ 羅文〉，取自 https://www.hkmemory.hk/MHK/collections/Roman_Tam/musical_life/index.html，2024 年 2 月 29 日擷取。

7 同上。

8 同上。

9 潘迪華：《夢 ‧ 路 ‧ 潘迪華》（香港：紅出版（青森文化），2017 年），頁 141。

10 @lau4cing4，Instagram，取自 https://www.instagram.com/p/CDlzCM-Ab5m/ ，2024 年 2 月 20 日擷取。

11 香港電台：《把歌談心：羅文 1》，香港，播出日期：1984 年 11 月 7 日。

12 香港記憶：〈他 Fashion 傳奇 ‧Eddie Lau 她 Image 百變 ‧ 劉培基〉，取自 https://www.hkmemory.hk/MHK/collections/eddie_lau/chronology/index_cht.html，2024 年 2 月 17 日擷取。

13 同註 5。

14 香港電台：《把歌談心：羅文 2》，香港，播出日期：1984 年 11 月 8 日。

15 香港電台：《群星匯正音：羅文》，香港，播出日期：1995 年 3 月 18 日。

16 同註 5。

17 羅文專訪片段，歐洲東方中文電視台，1997 年。見於香港電台：《不死傳奇：羅文》，香港，播出日期：2007 年 12 月 22 日。

18 同註 5。

19 無綫電視：《1993 年度十大勁歌金曲頒獎典禮》，香港，播出日期：1994 年 1 月 16 日。

20 無綫電視：《超級無敵獎門人》，第十三集，香港，1996 年。

21 《歌在人心》羅文喪禮悼念特刊，2002 年，頁 5。

22 楊禮民：〈香港藝人羅文患肝癌病逝〉，《BBC Chinese》，2002 年 10 月 18 日，取自 http://news.bbc.co.uk/hi/chinese/news/newsid_2341000/23413912.stm ，2024 年 10 月 30 日擷取。

23 英皇娛樂 eeg music：〈英皇群星《天生不倒》Official 官方完整版 [首播] [MV]〉，YouTube，上載日期：2012 年 12 月 31 日，取自 https://www.YouTube.com/watch?v=54oEmDWWawY&ab_channel= 英皇娛樂 eegmusic，2024 年 10 月 30 日擷取。

24 無綫電視：《全線大搜查》，香港，播出日期：2002 年 4 月 24 日。

25 〈舞台貴族 ‧ 羅文〉，《電影雙週刊》，第三百七十期（1993 年 6 月 17 日），頁 74-75。資料由 @olddiary_890s_ 提供。

26 留情：〈傳承就是現在〉，載黃志華、彭得豐、蔡梓淇、廖志強、黃念欣、馮應謙、何穎琪、朱耀偉、留情合著《粵語流行曲七十年》（香港：亮光文化有限公司，2024 年）。

27 《歌在人心》羅文喪禮悼念特刊背面，2002 年。

3

從梅艷芳看傳承

舒詠晨

梅艷芳的傳承現狀是了解傳承問題一個很好的切入點。梅艷芳的文化符號鮮明，往績和後事都廣為人知，算是芸芸粵語流行樂壇人物中大眾較易理解和具有情感共鳴的一人。

筆者在 1990 年代初出生，在梅艷芳人生最後幾個月的時光成為了她的迷，至今已逾二十年。最初和同樣喜歡梅艷芳的朋友略談傳承梅艷芳，是源於筆者三年前開設了一個社交平台帳號，[1] 分享關於梅艷芳的種種，純粹本著「粉絲」想要保存偶像一切、希望向其他人推廣偶像的熱誠。

後來討論慢慢深入，發現原來要好好傳承梅艷芳，不僅要保育和推廣梅艷芳本人的事蹟成就，還需要認識養育梅艷芳的香港流行文化，才有望能完整建構她的文化遺產。於是，討論就擴闊至粵語流行曲文化，甚至香港整體流行文化的傳承。然後，筆者發現流行曲文化組成的部分繁多，包括曲詞風格的演變分析、娛樂工業的發展記錄、明星文本和歌迷意識的研究、各種文物的蒐集和保護等。參與保育流行曲文化的人亦身份各異，有專門研究流行文化的學者，有樂壇行內人，也有像筆者的人，因為崇拜偶像而愛屋及烏，希望保育偶像的文化遺產之餘，亦能一併傳承滋養偶像的粵語流行曲文化和香港流行文化。

傳承是一個龐大的課題，本文筆者以梅艷芳歌迷的角度，分析梅艷芳文化遺產傳承的現況，探討流行文化和粵語流行曲的傳承，亦希望可作為借鑑。

一、為何要談傳承梅艷芳？

在 1990 年代初出生的筆者透過父母認識梅艷芳，雖和梅艷芳算是在同一時空共存過，但已和她最輝煌的 1980 年代無緣，對她的認識一直停留在一個名字、幾首歌曲、幾套電影，直到她人生日落西山之時，筆者才真正成為了她的迷。梅艷芳離世後的頭幾年，關於她的資訊仍然常見於主流媒體、文化評論、紀念活動、網上影片和電視台節目和電影重播等，當年尚有不少由歌迷經營多年的網站，記錄梅艷芳的動向和新聞，筆者便是透過這些網站去逐點認識偶像。之後，報道開始式微，網站相繼關閉，認識梅艷芳的渠道越來越少，筆者對偶像的認識只餘寸進。

筆者偶然於 2021 年 4 月初在社交媒體 Instagram 上開設了一個梅艷芳專頁，認識了不少年紀相若的「九十後」梅艷芳迷。幾個月後《梅艷芳》傳記電影上映，梅艷芳獲得了很多比筆者年輕的「零零後」粉絲。閒談之間，筆者聽年輕一代苦訴想找關於梅艷芳的資料很難。八九十年代的報章雜誌是紙本，錄影唱片是類比訊號（analog），無人將它們存檔上載網絡，在網上就搜尋不到。如果連實體正副本都找不到，梅艷芳的資料就無處可尋。筆者當頭棒喝，這才驚覺他們原來沒有什麼可靠渠道去認識梅艷芳，原來偶像的文化遺產不出二十年已經開始散失，於是就萌生了傳承梅艷芳的決心。

筆者認為梅艷芳的文化遺產需要傳承，不只是因為筆者喜歡梅艷芳，梅艷芳的成就和星途的確是香港流行文化極具標誌性的圖騰。

梅艷芳在 1982 年無綫電視和華星唱片合辦的第一屆新秀歌唱大賽奪得冠軍出道，是香港樂壇早期選秀「造星」的驕傲產物。她旋即走紅，雄霸 1980 年代的香港樂壇，和譚詠麟張國榮三分天下，在女歌手中一支獨秀。其中一項顯赫成就是將「形象」這個概念發揚光大，和著名時裝設計師劉培基合作，將唱片封套、歌曲、舞台演出、服飾化妝結合起來，推動華人歌星形象設計的潮流，鞏固歌手要聲色藝俱全的標準，亦將香港的演唱會文化帶到高峰，和同期巨星將粵語流行曲的影響力擴展至香港以外的華人地區，為香港樂壇在 1990 年代中期起進佔華語世界和亞洲其他地區創造根基。梅艷芳另外值得研究的是她在粵語流行曲中挑戰女性既定角色和唱頌女性情慾的定位，例子有多首林振強為她寫的歌如〈壞女孩〉（1986）和〈妖女〉（1986），亦有潘偉源寫的〈烈燄紅唇〉（1987），反映香港社會民風的發展。[2] 梅艷芳的人生亦獲認為是香港命脈的折射，她生前積極參與社會公益，在 2003 年末芳齡僅四十病逝後，對社會影響力仍延綿不斷，從她獲封為「香港女兒」便略知一二。梅艷芳離世後二十年，在香港流行文化中的殿堂地位仍然屹立不倒。上述只為皮毛，學術界近年積極為梅艷芳著書立說，[3] 論述面向之多足證她留下的文化遺產相當重要，且具研究價值。

雖然筆者偏愛梅艷芳，但亦同樣重視滋養梅艷芳的香港流行文化。如上所述，梅艷芳的明星地位關係香港流行文化各方面，環環相扣，要完整傳承梅艷芳的文化遺產，不能忽視流行文化的整體，尤其是粵語流行曲文化。香港粵語流行曲歷史源遠流長，由 1930 年代粵曲小曲進化到今日的男團崛起，歷過幾個大朝代，伴過幾代人漫步人生路。大江東去浪淘盡，我們認識的、記得的，還剩幾多？粵語歌壇有幸出過很多明星和好歌，不少抵得住時代巨浪沖刷，在樂迷心中存活至今。然而，再動聽的歌曲，再傳奇的人物，要是無人保育傳承，終有一日會淡忘於時移世易之中，那麼香港文化就會失去這一重要部分了。

流行文化傳承是雙向的，我們這一代要將史料記錄整存，讓將來的人能認識、討論、研究，了解過去，亦藉古鑑今。首先，要讓下一代有據可依，這一代的人須先為歷史保留準確記錄，建立可持續而便於公眾使用的資料庫。其次，若想下一代抱主動探求的好奇心，傳承的過程中就需要包括解釋流行文化歷史對香港整體文化建構的重要性，培養認真看待歷史資料的態度和保育的意識。同時，傳承工作者亦應正視流行文化在社會大眾心中是「現在進行式」，因而必具顯然主觀和情緒化的成分，梳理流行文化盛載的集體情感和整存客觀資料同樣重要。傳承要情理兼重，才能保留一幅盡可能完整的流行文化拼圖。

要建立傳承的學說和系統，應先了解傳承現在面對的問題。梅艷芳的傳承現狀是了解傳承問題一個很好的切入點。梅艷芳的文化符號鮮明，往績和後事都廣為人知，算是芸芸粵語流行樂壇人物中大眾較易理解和具有情感共鳴的一人。再加上 2021 年上映的《梅艷芳》傳記電影帶起大眾重新欣賞梅艷芳的現象，讓她的故事仍然能繼續書寫，為研究她留下的文化遺產傳承帶來嶄新材料。梅艷芳的文化遺產豐富，傳承工作本應輕而易舉，然而，傳承路上仍然暗湧處處，傳承梅艷芳所面對的問題，或能揭示整體流行文化傳承的障礙，而其成功之處，亦可作為借鑑。

二、梅艷芳「老土」嗎？

筆者是 1990 年代初出生的，陪伴成長的廣東樂壇是容祖兒、陳奕迅、Twins 的天下。和筆者年紀相若的朋輩，即使經歷過梅艷芳在 2003 年離世時鋪天蓋地的報道，對她的認知大多都只是止於名字，略知她曾經是天王巨星，很多都認為她和她的歌是已經過時的。筆者自十一二歲成為了梅艷芳粉絲後就聽過不少嗤之以鼻的嘲諷，例如「聽梅艷芳這麼老土」、「梅艷芳只有我父母才會聽的」諸如此類，也曾是朋輩的笑柄，連班主任都會挖苦說：「那個好迷梅艷芳的學生呢。」

和筆者年紀相若的九十後和零零後的梅艷芳迷最初對梅艷芳的印象都不過爾爾：[4]

「知道梅艷芳是香港很 iconic 的人物，但不知道為什麼她這麼有名。」——Hayley（零零後）

「以前聽過〈似水流年〉、〈壞女孩〉，會將她跟羅文、張國榮歸類為上一代人。」——Soho（九十後）

「對梅艷芳的印象是她是一個離世已經好久的歌星。」——Irene（零零後）

「只是聽過梅艷芳這個名字，印象近乎零。」——Summer（九十後）

筆者多年搜集得來對梅艷芳的最初印象都離不開「不怎麼認識她」和「她已是舊時的明星」兩大類，於是，筆者曾認為要有效向朋輩推介梅艷芳，必須消除他們覺得梅艷芳是屬於舊時代就是「老土」的負面印象，以提起他們去認識梅艷芳的興趣。不過，每次筆者向年輕朋友「硬銷」梅艷芳如何領導潮流、如何開創先河、其成就如何仍然關係這一代，總是迎來冷淡反應，始終打不破梅艷芳被朋輩歸類為「老土」的枷鎖，一度令筆者對傳承偶像感到心灰意冷。

這個狀況一直維持經年，直到 2021 年中下旬，《梅艷芳》傳記電影面世，宣傳攻勢鋪天蓋地，口碑和票房的成功製造熱潮。電影將梅艷芳的事蹟透過主流媒體再度展示大眾眼前，讓沒有經歷過梅艷芳年代的人能接觸這個人物，成功革新她在年輕一代心目中的形象。現在問年輕人知不知道誰是梅艷芳，很多都會答「知道」，亦能說出，甚至唱出梅艷芳的經典金曲。[5] 不少九十後、零零後都是因電影聲勢浩大或純粹好奇入場觀看，在觀影後自行搜尋有關梅艷芳的資料，越看越入迷就成了粉絲。以前嘲笑過筆者老土的同輩看完電影後對筆者說：「原來梅艷芳是這麼了不起，難怪你這麼喜歡她。」

筆者在社交平台上粗略調查過，很多九十後、零零後的梅艷芳迷都是因為這部電影而迷上梅艷芳的，其中一些回應如下：[6]

「我是在 2021 年看了《梅艷芳》電影後才喜歡梅艷芳的。」——Summer（九十後）

「看過《梅艷芳》我才認識梅艷芳，然後慢慢就喜歡上。」——Abby（零零後）

「因為《梅艷芳》電影上映首日去看了。」

「應該是上年看完《梅艷芳》電影後回家看她2002年的『極夢幻演唱會』後就迷上了。」

「因為看了《梅艷芳》，之後就上網搜尋她的資料，然後就喜歡上了。」

「《梅艷芳》預告片面世後，再到網上找她以前的電影和歌曲。」

「2021年11月那陣子《梅艷芳》電影上映，好奇上網去找她最後一個演唱會的片段來看，從此愛上。」

《梅艷芳》電影當然有為戲劇效果杜撰的章節，亦有蜻蜓點水之感，但整體而言算是將梅艷芳的故事重新呈現。為何同一個人物、同一個故事，年輕人本來覺得老土得提不起認識發掘的意欲，卻會因為一套電影而突然潮流起來呢？有說是因為近年本土意識抬頭，香港人將注意力重投本地文化，亦因為社會環境變化而引起懷舊風潮，[7] 令梅艷芳這個代表1980年代至千禧初期的標誌人物再次獲得關注。再者，鑑於電影上映時新冠肺炎肆虐，觀眾透過電影關於2003年沙士疫情的情節，認識或重溫梅艷芳當年發起籌款慈善活動如「1:99音樂會」等事蹟，在香港再次陰霾密佈的時候勾起社會集體情感。[8] 姑勿論原因如何，可以概括為社會大眾獲得一次重新認識梅艷芳的契機，也再次在梅艷芳身上找到情感共鳴，將集體情緒再次投放於這個人物。這種情感共鳴，似乎將梅艷芳由老土復活過來，傳承梅艷芳的工作似乎有了曙光。

此現象讓筆者開始反思：為什麼電影之後梅艷芳在年輕人眼中不再是那麼老土呢？有了情感共鳴就能抵銷老土嗎？什麼為之老土呢？不是這個年代的產物就是老土嗎？標籤某些歌曲和歌手為老土是錯嗎？老土就是傳承梅艷芳和流行曲文化面對最大的障礙嗎？

三、「老土」不是罪[9]

時有聽聞年輕一代認為喜歡聽舊歌、鍾情上一代歌手是老土。老土有沒有客觀標準呢？在這個年代以前出現的人或歌是否就是老土呢？筆者訪問了幾位九十後和零零後：[10]

「『老土』即是喜歡舊東西的人，曾幾何時我也覺得聽八九十年代的歌的人好『老土』，因為當時我覺得那些歌好難聽曲風好怪，那時候的我喜歡K-pop。」——Irene（零零後）

「『老土』我想是趕不上潮流。但對於一首歌而言，『老土」似乎有不一樣的定義，個人覺得一首歌應該要耐聽，和很多人都認識才可以避免被認為是『老土』。」——Chloe（零零後）

「『老土』是唱歌是帶有很強的粵曲腔、全身全金色或全銀色的衣服。」——Abby（零零後）

「對比以前的歌也毫無新意或者很沉悶就算『老土』，歌手也是，要是一直無任何突破、原地踏步，就算是『老土』。」——Alisa（零零後）

「我覺得『老』同『土』是兩回事。新歌會變舊，人會老會死，隨著時間流逝這是必然的，但不是所有老或舊的東西都是不好的。」——Soho

（九十後）

「『老土』與否很主觀，一首歌、一個歌手也好，十歲聽、二十歲聽、三十歲聽感覺已經可以很不同，『老土』純粹是一種感覺，一個好虛無的概念，又或者是一個時代的隔膜，因為不理解才會覺得『老土』。過時就等於『老土』？可能因為我很喜歡聽以前的音樂、看以前的電影，所以我的世界裡從來沒有『老土』這兩個字，也沒有好和不好之分，只有喜歡和不喜歡。」——Summer（九十後）

單是以上幾個簡單例子，已見老土定義人人不同，會被認為是老土的共通點似乎只是：（一）不是現時出產或時興的歌和歌星、（二）歌曲不合口味、（三）對歌曲沒有喜愛或共鳴，以上三點分別或合起來都有可能是老土感覺的催生劑。然而，老土沒有單一定義，甚至一個歌手演繹同一首歌也有老土不老土的分別。受訪者 Abby 說，梅艷芳在 1985 年的演唱會上穿全身銀色晚裝和姐姐梅愛芳合唱〈風的季節〉很老土，但梅艷芳在更早期 1982 年新秀歌唱大賽唱同一首歌就沒有這麼老土，往後在不同場合再唱〈風的季節〉也不怎麼覺得老土。由此可見，老土其實沒有客觀標準，只能理解為當一個人認為口味不對，或是對某一首歌、某一位歌手、某一次演繹缺乏情感共鳴，就容易會覺得他 / 它們是老土。換言之，老土只是一個主觀感覺，而沒有客觀標準。再者，老土也沒有劃一時間線，舊時的歌曲和歌手不一定只是因為年代久遠就算老土。受訪者留情就質問，如果梅艷芳在 1985 年發行的歌曲〈壞女孩〉算是「潮」，而鄧麗君 1983 年的〈東山飄雨西山晴〉是老土，那麼梅艷芳 1998 年在《變奏》專輯裡翻唱〈東山飄雨西山晴〉是潮還是老土呢？流行曲的定義本來就是隨時代變更而流動，今日潮流的，明天就可能會變成老土。

年輕樂迷覺得非當代的流行曲和歌手不對口味無可厚非，流行文化始終是時代的產物，必然盛載某一時期的風格和特色。再以梅艷芳為例，她由1983年《赤色梅艷芳》專輯開始，和香港著名時裝設計師劉培基合作，以視覺形象配合歌曲將聲色藝俱全的演藝方式發揚光大。梅艷芳當年膾炙人口的形象，例如〈壞女孩〉，反映當時潮流的服飾、髮型、妝容，今日重溫，時代痕跡必然顯見。再者，如受訪者上述，幾十年來的曲風改變，當然會令舊歌聽來感覺不合潮流，這是不爭的事實。

年輕樂迷對舊歌沒有共鳴的緣由不難理解，時代的隔閡是一大原因。九十後或更年輕的人跟1970年代的流行曲相隔了三四十年，時移世易，和1970年代流行曲唱頌的風土人情連繫極弱，難有共鳴，例如〈獅子山下〉（1979）中同舟共濟的精神和〈半斤八兩〉（1976）裡柴米油鹽的顧慮雖和現今一代人關心的都大同小異，社會環境和大眾情感已是大不同。相反，如聽者從歌曲中找到情感連繫而得到共鳴，即使歌舊，老土感覺都會減少。例如，流行偶像姜濤在2021年的一次公開演出上獻唱梅艷芳、張國榮、陳百強、許冠傑、林子祥等樂壇前輩的金曲，1999年出生的姜濤坦言以前覺得這些舊歌好老土，完全不喜歡，但成為香港樂壇一分子和看過《梅艷芳》電影後獲得啟發，自覺有責任「將廣東歌帶出香港」，希望藉前人的歌向年輕人傳承樂壇前輩的精神。[11] 只要找到情感共鳴，歌縱使舊，也不會被貶為老土。

既然何謂老土是取決於個人經歷和情感，強行否認舊時代的產物的時代痕跡，是不切實際的，亦是間接承認「舊」是帶負面意味的，令老土這種源於本來主觀的貶義印象更趨頑固難除。而執意要別人聽舊歌、認同舊歌就是好歌、就是經典，既是曲高和寡，亦揠苗助長，無助傳承。[12]

筆者在社交平台上曾經做過一個關於大家如何迷上梅艷芳的調查，[13] 年輕人發現梅艷芳很多時候是機緣巧合，以下為部分例子：

「因為在 Spotify 聽哥哥（張國榮）的歌，系統推薦了梅艷芳的歌給我，好奇想要了解一下，一聽就愛上了。」

「上年暑假在網上看到梅艷芳 1987 年的演唱會影片，一看就著迷了，那陣子每晚都不想睡覺，只想著要看完所有梅艷芳的演唱會。」

「讀中學的時候，音樂老師向大家介紹梅艷芳，說她的舞台演出精彩無出其右，我去網上看她的現場演出果然真的魅力非凡。」

「有一次看表演聽到一位歌手唱〈蔓珠莎華〉，然後發現原唱是梅艷芳，聽過她的版本後就迷上了。」

「有一年看無綫電視的一個梅艷芳紀念特輯之後就愛上了。」

「2020 年在家中跟是梅艷芳迷的叔叔觀看極夢幻演唱會後就迷上了。」

如果我們能開闢多些渠道、兼顧不同媒介和接觸層面，也許就能製造更多接觸梅艷芳的機會。同樣方法也應該適用於傳承其他流行曲和其他歌手的文化遺產。

時代變遷，必然會令舊歌舊人逐漸淡出潮流，潮流自然更替並非壞事，與其執著為舊歌洗刷老土之名，不如提供更多機會讓年輕人接觸舊歌，讓他們主動發掘舊歌的趣味、培養對舊歌的喜好、尋找舊歌中的情懷共鳴。

四、有《梅艷芳》不就已經完成了傳承梅艷芳的任務嗎？

以上提及很多年輕人都是因為電影《梅艷芳》而認識梅艷芳的，電影革新年輕一代對梅艷芳的印象。要讓新一代重拾認識前人前事的興趣，為其革新面貌、注入當代感情，令它們重新趕上潮流，像《梅艷芳》做到的，當然是很有效的方法。不過，像《梅艷芳》這樣鋪天蓋地的復興，實情是千載難逢，甚至是可一不可再的。

《梅艷芳》的空前成功是罕見的。香港史上最賣座的華語電影之中高踞榜上第六位，亦於上映當年拋離其他香港電影成為票房冠軍，亦是年度香港首輪電影票房十大唯一一部香港電影，高踞第三位。[14] 電影大受歡迎當然主要是因為梅艷芳是香港人愛戴的超級巨星，但亦不得忽視發行商安樂影片的龐大投資是一大重要原因。

安樂影片花了長達七年時間製作《梅艷芳》，投資極鉅，以出色視覺效果和美術重現 1960 至 1980 年代舊香港的面貌，創造全城懷舊熱潮。排山倒海的宣傳攻勢更延綿大半年，5 月中率先發佈前導預告，[15] 在電影 11 月 12 日正式上映之前的半年宣傳不斷。電影上映初期，監製江志強更親自到中國內地走遍大江南北舉行大型巡迴路演。[16] 宣傳一直到電影上映後仍然接踵而來，接近梅艷芳離世忌日的十一二月更有商場展覽、[17] 免費乘電車等，[18] 層出不窮，話題性十足。再者，安樂影片亦有經營百老匯院線，在香港的市場佔有率約 19.7% 至 21.8%，[19] 能達致製作、放映、宣傳一條龍。電影落畫後，安樂影片再安排在 Disney+ 串流平台上放映。加上因新冠肺炎疫情，電影獲得提名的第四十屆香港電影金像獎頒獎典禮延期至 2022 年 7 月舉行，[20] 兼獲得了五個獎項成大贏家。[21]《梅艷芳》因天時地利人和，佔據了主流媒體報道和公眾視線將近一年半。

安樂影片傾巢而出，造就一次絕無僅有的大型傳承，梅艷芳也似是忽然潮流起來。如此大規模的廣泛傳承，唯有龐大的商業投資、社會大眾歡迎、各樣環境條件成熟才能實現。而且傳記電影拍過一次就很難短期內再有，

《梅艷芳》對於傳承梅艷芳的「加乘」就只有一次，並不是可持續依賴的現象。筆者跟社交平台上的年輕讀者傾談時發現，很多因為《梅艷芳》而迷上梅艷芳的粉絲，在電影熱潮退卻後無所適從，感覺媒體和大眾開始不再談論梅艷芳，剛萌生的熱情似乎無處可投，像筆者多年前一樣覺得難以找尋知音人。再深入了解後，大部分人並不知道電影出現之前，梅艷芳的傳承狀況是如何，以致認不清那次熱潮實是久旱甘露。

其實，自 2013 年紀念梅艷芳離世十周年的「梅艷芳 ‧10‧ 思念 ‧ 音樂會」後，帶商業成分的大型悼念活動開始式微，尤其是紀念專輯的發行。梅艷芳效力十八年的華星唱片幾次易手，在 2001 年 10 月已停止運作，於 2008 年被東亞唱片收購，華星舊作已閒置多年，梅艷芳最近期的紀念專輯已經是 2013 年的《追憶似水芳華》。即使《梅艷芳》電影帶來熱潮，《追憶似水芳華》重新登上銷量榜，[22] 唱片公司亦無意乘勢推出任何紀念專輯。雖然唱片公司會不定期推出復刻版光碟、黑膠唱片及「發燒」光碟等，但宣傳欠奉。串流平台如 Spotify、Apple Music、KKBOX 等上載的歌曲又不齊全，亦不能取代新紀念唱片發行所能帶來的樂迷關注度。再者，唱片公司已多年沒有將庫存的演唱會錄影修復發行，上一次發行梅艷芳未曾推出過市面的影視作品已是 2008 年發行的紀念唱片影碟套裝《Faithfully》和 2006 年發行 1991 至 1992 年舉行的「百變梅艷芳告別舞台演唱會」影碟。此後唯一未曾公開發行的作品出版是梅艷芳生前的經理人購得 2001 年《Mui Music Show》的版權後，在 2013 年發行的藍光影碟和在 2023 年底發行的黑膠唱片。

以上可見，由商業機構帶領的活動，如傳記電影，雖然規模龐大，效果亦佳，但曇花一現，絕非有系統、可持續的傳承。再者，商業活動帶利益考慮，難以脫離商業價值主導，上述傳承的目的和意義相信不在首要考慮之列。甚至即使銷量可觀，如《Faithfully》和《追憶似水芳華》，[23] 也不一定能驅動唱片公司再發行新唱片或修復舊作出版。所以，過分期望或依賴大型商業機構的帶領實非積極傳承的上策。

五、傳承靠歌迷？

現時仍然活躍的梅艷芳歌迷組織有梅艷芳國際歌迷會（下稱「歌迷會」）和芳心薈。歌迷會於 1985 年成立，每年都有舉辦歌迷聚會，如年度晚宴、電影「包場」放映會等。芳心薈則於 2007 年成立，亦常為梅艷芳舉辦紀念活動，例如在星光大道豎立梅艷芳銅像、展覽、街頭演出、徵文比賽、音樂會等。這些歌迷發起的活動有些規模不小，如芳心薈於 2018 年統籌的電影《朝花夕拾 ・ 芳華絕代》，就曾在海外影展奪得獎項。[24] 歌迷會在 2023 年底在香港文化中心舉行的紀念展覽，接觸公眾的層面廣，亦甚受歡迎。兩個歌迷組織亦時有接受傳媒訪問。

除了這兩個主要歌迷組織外，還有一些歌迷以個人身份經營社交媒體或網頁，俗稱「版主」。大部分「版主」都是習慣生活在社交媒體盛行年代的九十後和零零後，透過自己開設的社交媒體帳號分享梅艷芳的資料和個人感受。筆者就是這樣的一個「版主」，透過社交平台分享梅艷芳的相片、影片、訪問、舊報紙雜誌等，配合文字記錄梅艷芳的逸聞軼事和表達感想，目的是提供一個公眾可見的渠道讓大家認識梅艷芳的不同面貌，也讓梅艷芳的粉絲重溫偶像點滴。社交平台的帖文風格和經營帳號的方法因人而異，是一種比較新穎和個人化的傳承方法。除了在社交媒體分享，有些版主更會自發舉辦「應援」活動，如餐廳聚會、電影放映會、擺放「貼紙相」機讓歌迷拍攝有梅艷芳相框的照片、製作紀念品如應援手幅和印刷品在展覽場地向公眾派發等。

歌迷傳承偶像的角度是獨特的，當中包含崇拜心態，而梅艷芳的歌迷，尤其是曾經親身接觸，甚至認識梅艷芳的，多少還承載著難以淡忘的傷痛和思念。以歌迷身份發起的傳承，必然會包含很多主觀情緒，例如頌讚偶像的成就、體諒偶像的低潮、包容偶像的過失等，不是粉絲的人或許會不認同、不理解歌迷的某些想法，甚至會認為粉絲都是盲目的。粉絲的主觀情感對傳承有何影響呢？粉絲文化（fandom）其實是流行娛樂文化的重要一環，也是建構明星文本（star text）和明星身份（stardom）的關鍵因素。[25]粉絲崇拜偶像的意識和行為，都是在書寫偶像的文化遺產，是傳承的重要部分。

粉絲情感澎湃的崇拜行為可以是傳承的有效方法。首先，歌迷的活躍能對外宣示偶像是仍然深受愛戴的，以前熱切「追星」的歌迷到今天仍然一直追隨，而且偶像能吸納年輕的新歌迷，能向大眾發出一個鮮明訊號：我們的偶像還有很多粉絲，她是優秀的，時隔多年後仍然值得大家認識和愛戴的，從而吸引一些不是粉絲的外人一探究竟。筆者就曾經在社交平台上收過讀者的訊息，他們說明自己不是梅艷芳的迷，但見到我們這班歌迷在平台上討論梅艷芳談得這麼投入，覺得挺有趣，也受歌迷的熱情感動，於是就繼續追蹤筆者的專頁看看梅艷芳的東西。再者，歌迷組織和社交平台能建立社群（community），讓歌迷之間保持聯繫，互相維持對偶像的熱情，亦有助不同年代的歌迷交流，促進歌迷圈子之間的傳承。以筆者為例，自三年前開設專頁後，很多經歷過梅艷芳當紅年代的歌迷主動和筆者接觸，轉贈珍藏，分享自己的追星故事，為筆者搜集的資料缺漏補遺，也是口述歷史的傳承。歌迷組織亦有聯誼的重要作用，例如歌迷會每年在梅艷芳生忌舉行的聚餐，都是不同年代歌迷同聚一堂的難得機會，亦能讓在社交網絡上認識的歌迷朋友建立現實聯繫，是重要的跨世代傳承橋樑。

不過，以上提及的歌迷傳承方法各有其掣肘。

歌迷組織多以歌迷之間聯誼為主要目的，不一定視傳承推廣梅艷芳為首要任務。以歌迷會為例，它是在梅艷芳演藝事業活躍時成立的，即使在梅艷芳離世後，仍然承襲以往的模式，活動多以會員為中心，例如上述的年度聚會，雖然非會員也可以參加，但一直只有會員才會收到會訊，直到 2023 年 12 月梅艷芳離世二十週年，歌迷會始在社交平台張貼紀念活動的報名資料。[26] 歌迷會推出的產品也以歌迷為對象，例如以梅艷芳作主題的「大富翁」遊戲和座檯月曆。歌迷會亦曾經出版過幾本關於會內資深歌迷過往追星經歷的書籍，雖然對於傳承而言是非常珍貴的口述歷史資料，但印刷數量少，只發售予會員，不是外界可以輕易接觸到或搜尋到的資訊。

另一個歌迷組織面對的挑戰是籌辦公開活動所需的資金龐大，大型活動亦需要專業籌劃。芳心薈在梅艷芳離世後成立，對外推廣梅艷芳的意識相對明顯，辦過不少對外宣傳梅艷芳的活動，亦曾和不同機構合作。芳心薈成立初期在尖沙咀海旁星光大道豎立梅艷芳銅像，[27] 也辦過公開展覽、街頭表演，和《電影雙週刊》合作推出過公開發售的《海報集》，和參與《朝花夕拾 ‧ 芳華絕代》電影製作。不過，籌辦公開活動並非易事，芳心薈在 2023 年 12 月完成紀念梅艷芳逝世二十週年的「再續 ‧ 緣份」管弦樂慈善音樂會後，曾刊登告示向歌迷籌募資金和向歌迷徵集收藏義賣，亦透露自創會以來資金依賴歌迷、幹事捐款和紀念品銷售。[28] 由此可見，資金籌集會影響籌辦活動的能力，甚至會導致營運困難，長遠而言，單靠歌迷組織肩負傳承重任是難以持續的。

相比歌迷組織，歌迷開設的社交媒體專頁有其優勝之處，經營開支相對較少，受眾不限地域，接觸層面更廣，但弊處是運作模式受限於社交平台的規定。以筆者使用的 Instagram 為例，用家不能自訂介面或資訊分享方式，說明文字字數亦有上限，不適宜作資料庫存或詳細研究分享。社交平台亦能隨意改動分享方式，直接影響版主的營運。筆者在 Instagram 經營專頁將近三年期間，平台分享模式多次改動，單是影片上載便已最少推出過 video post、IGTV 和 Reels 三種截然不同的模式，每次變動都要重新摸索，相當費時，亦因要遷就平台分享方式而難以保持內容統一。社交平台的演算法（algorithm）亦大大影響版主們的經營方式，因為平台官方不會開誠公佈解釋演算法的運作，只能靠用家自行摸索。以 Instagram 而言，演算法大概操作就是越受讀者歡迎的內容，傳閱就會越廣，接觸率（reach）上升，互動率（engagement rate）亦會相應提高，[29] 就會吸引更多讀者到訪專頁，互動頻繁又會再提升專頁接觸率，是一個正向回饋（positive feedback）的運作。演算法主宰的社交平台無形中鼓勵版主投讀者所好，亦變相懲罰不跟隨「遊戲規則」的用家，筆者就經常掙扎於我行我素與要不要為了擴張專頁而向演算法獻媚之間，很難取得平衡。即使取得中庸之道，演算法一改又要再重新尋找合適方向。當然，版主可以選擇不顧演算法隨心經營，但就等於放棄社交媒體傳播廣遠的優勢和意義。

歌迷主導的傳承還有另一限制。歌迷崇拜偶像的熱情為傳承提供情感養分，對外推廣的活動如展覽、音樂會、放映會等能增進公眾認識和興趣，但不能取代傳承需要建立完整、有系統、可開放使用的資料庫的需要。而社交媒體偏重受眾喜好會令分享內容易傾向主觀和情緒煽動，雖然情感共鳴有助傳承，但就難以推動客觀分析研究，何況社交媒體本來就不是學術討論的場合，也不是用來作資料整存的地方。社交平台的受眾雖然可以擴展至極廣，也迴避了不少歌迷組織面對的難題，但亦不能覆蓋傳承的所有層面。流行文化的資料搜集整存和研究分析需要與歌迷主觀情感保持一定距離，以達致客觀持平。

六、傳承還有什麼可以做？

既然商業帶領和歌迷主導的傳承都有覆蓋不盡的範圍，那麼，我們還可以做什麼去積極傳承梅艷芳、傳承流行文化呢？

有一次，筆者在社交平台上寫了一篇關於梅艷芳 1980 年代初在海城和海洋皇宮夜總會開演唱會的帖文，[30] 引來很多年輕讀者私訊筆者，他們都很驚訝原來大歌星如梅艷芳竟然會在夜總會演唱。細談之下，原來他們認識香港最早的演唱會場地就是香港體育館（即紅館），喜歡梅艷芳的年輕讀者尚仍知道利舞臺，但很多年輕人不知道幾家大型夜總會曾是香港頂級的演唱會場地，而且紅館在 1981 年啟用後紅歌星仍然會光臨夜總會演唱。其實，筆者為這篇帖文搜集資料時亦感困難重重，網上資料極少，只能從零散的梅艷芳剪報中嘗試找尋相關條目，甚至要請教相熟的資深歌迷才知一二。這個例子只是冰山一角，筆者為社交平台專頁帖文搜集資料的時候遇到的困難比比皆是，主要原因是缺乏搜尋資料的渠道。

筆者剛開始喜歡梅艷芳的時候是 2003 年 9 月初，那時梅艷芳剛公佈患癌噩耗，一時之間娛樂報道都將焦點集中於她的一言一行，自 9 月起她出席過的公開活動都有詳盡報道，直至 12 月底她撒手塵寰，各大媒體鋪天蓋地報道她的生平往事，電視台紀念節目日夜播放，市面到處都見到梅艷芳的唱片影碟，筆者就從這些渠道開始認識梅艷芳。此外，當年有好幾個歌迷建立的網頁，記載了梅艷芳昔日的報道、訪問，雜誌、電台錄音和演出影片，資料相當齊全，是筆者青蔥時期日夜瀏覽的寶庫。自梅艷芳離世後的二十年間，主流媒體報道除了生辰忌日外漸漸減少，歌迷網頁亦逐一關閉，要不是筆者已將部分資料備份，實在不知如何追尋偶像的足印、從何認識偶像的事蹟。筆者當年接觸的已是梅艷芳人生後期的資料，而梅艷芳八九十年代的資料唯有靠公共圖書館館藏，雖然大部分昔日雜誌和關於梅艷芳的書籍都是參考書目不能外借，但仍是珍貴的資料庫存。多年來，筆者也自掏腰包從舊唱片店、拍賣網站等搜購了不少梅艷芳的舊物。自筆者開始經營社交平台，結識了不少自 1980 年代起已經追隨梅艷芳的歌迷，他們割愛送了很多梅艷芳的收藏品予筆者，珍藏五花八門，有娛樂雜誌、剪報、海報、限量版唱片、錄影帶等，讓筆者能補缺拾遺，逐點拼湊梅艷芳的文化遺產大拼圖。

以上看來，資源似乎尚算充裕，其實不然，現時公眾可查閱而來源可靠的梅艷芳資料很少。歌迷提供的資料除了一兩個仍然能瀏覽但近十年都沒有更新的歌迷網站，就只剩連筆者在內的一班社交平台版主，當中恆常更新的大概只有十至十五人，而社交平台的不足之處上文已述。上文提及過歌迷組織出版的刊物很多都不是公開發售，而且多年前出版的刊物沒有再版，莫說是公眾，連新近成為歌迷的人都難以購得。至於其他網上資訊，大多都是近期的新聞報道，例如和梅艷芳共事過的人談起梅艷芳、關於梅艷芳逝世二十週年紀念活動等，鮮有梅艷芳生前事蹟同時期（contemporaneous）的資料。即使某些報章的網站有提供昔日報道搜尋的功能，八九十年代的報道大多沒有上載至網站，極為稀少。另外有部分則是網上論壇的討論和媒體評論，亦不完全算是梅艷芳資料的紀錄。影音資料比文字資料更難搜尋，主要是因為影音資料例如電影、電視台片段、音樂等，未獲授權上載於影音分享平台大多會因侵犯知識產權而遭嚴厲打擊，亦無可厚非。

其次，即使機構如公共圖書館或大專院校有存檔，也非公眾可查閱的，大學資料庫大多需要學籍或圖書館會籍才能瀏覽。其中有香港浸會大學的「中港電視。電影刊物資料庫」，庫藏豐富，但刊物掃描影像和文章內容只供指定大專院校以網際網路通訊協定位址（IP address）形式參閱，公眾不能瀏覽完整資料。香港公共圖書館的報刊存檔公眾可以參閱，而圖書館網站亦有一個名為「香港舊報紙」的數碼資料庫，上載了將近十四多萬個香港開埠以來舊報紙的數碼掃描檔案，不過沒有以流行文化或粵語流行曲文化作資料分類，要搜尋專門資料不易，不過總算有據可依，搜尋「梅艷芳」三個字還是能夠找到不少有用資料的。還有一個名為「香港記憶」的多媒體資料庫，由康樂及文化事務署和香港賽馬會慈善信託基金合辦，獲得多個政府部門、商業機構、民間團體提供珍貴史料，涵蓋面極廣，儲存大量香港歷史和文化各個範疇的資料，包括文獻、圖片、海報、錄音、電影、錄像等，公眾可以免費瀏覽。「香港記憶」關於流行文化的欄目主要是香港文化博物館的館藏，例如羅文家人捐贈的珍藏、梅艷芳的形象設計師劉培基設計的舞台服飾，亦有著名填詞人林振強家人捐贈予香港中央圖書館的手稿。「香港記憶」網站算是現時最完備的香港歷史文化網上資料庫，雖然不是以流行文化為中心，但也是建立流行文化網上資料庫的良好參考。

網上資源貧乏，實體紙本資料更堪虞。梅艷芳活躍的八九十年代，雜誌報紙都是紙本實體，當時沒有數碼存檔，也沒有互聯網分享。如果同時期的紙本資料沒有歌迷翻找出來再上載至網站或社交平台、沒有掃描成數碼檔案儲存於圖書館或大學之類的資料庫，想要獲得資料就只能找尋實體紙本，而實體紙本資料獲得的途徑基本上只有靠歌迷轉贈、舊物拍賣收購和到公共圖書館查閱。筆者幸得歌迷們割愛送出珍藏，但亦聽過不少歌迷懺悔，因為搬家或各種原因將收藏多年雜誌報紙丟棄了，如今追悔莫及，筆者和一眾無緣經歷梅艷芳當紅年代的年輕人聽著心痛不已；實體紙本數量有限，弄丟弄壞了就少一份了。梅艷芳離世才不過二十年，又是香港其中一位最受歡迎、歌影迷最多的巨星偶像，資料散失已是這麼嚴重，何況是其他上一代歌手或是流行文化其他範疇的資料呢？

所以，整理網上資料，搜集實體資料，再數碼化存檔，建立流行文化資料庫，讓公眾能有系統地查閱，是傳承不可或缺的工作。由上述的幾個訪問可見，年輕歌迷認識梅艷芳多是透過被動接觸，例如父母和學校介紹、串流平台偶遇，和像《梅艷芳》電影無孔不入的曝光，繼而自行去搜尋有關資訊，認識加深後興趣漸生，慢慢開始了解梅艷芳的事蹟，再擴展至梅艷芳年代的各事各物，甚至成為粉絲。當大眾（尤其年輕一輩）對香港流行曲歷史和文化的認識淺薄，即使好奇心旺盛，缺乏進一步認識的途徑，熱情就會冷卻，談傳承就很艱難了。那麼，推動傳承至少有一件可以積極做的事，就是建立和推廣不同渠道，方便好奇的人去發掘資料，增加好奇心轉化至真興趣的機會。現有的歌迷組織活動和社交媒體分享需要繼續之餘，也可探討建立流行文化資料庫的長遠計劃，情理兼顧雙管齊下，或能將傳承的發展推進一大步。

建立資料庫的需要引申至學術研究的探討。學術研究也是傳承的要任，透過文化學者的專門知識，能為研究主體提供新養分，尤其是流行文化不斷演變，專業的研究能抽絲剝繭仔細分析現象，亦能發掘主流論述以外的新角度，是書寫流行文化的重要工具。故事要不斷書寫、反覆咀嚼，才能歷久彌新。不過，學術研究要發揮最大效用，就必須兼顧建立學術與大眾之間的橋樑，讓公眾能理解和善用研究成果。

香港大學中文學院香港研究在 2024 年 2 月舉辦了一場名為「變：梅艷芳與香港流行文化」的研討會，集合多位流行文化學者和電影研究專家探討梅艷芳對香港文化的意義，以梅艷芳的歌曲、電影、形象、事蹟作多角度討論香港時代意識、女性情慾覺醒、本土外來文化交集、電影和明星形象的文本互涉等，探索主流論述如「香港女兒」、「百變天后」、「歌女奮鬥史」以外的想像，重新審視梅艷芳對於香港文化研究的重要性。[31] 是次研討會是一次破天荒、集中討論梅艷芳一人的學術研討會，參與人數過百，是將學術研究推廣至公眾層面的一次好機會。研討會的其中一位主講李展鵬亦曾出版《夢伴此城：梅艷芳與香港流行文化》一書，[32]將有關梅艷芳的流行文化和媒體研究以大眾化的方式發表，在連鎖書店皆能購買。研讀學術文章和理解學術討論當然有其專業要求，外行人或許覺得太高深，但多位學者仍然有意識將研究以公眾能參與的形式發表，積極連接學術和大眾之間的隔閡，對傳承梅艷芳的文化遺產裨益良多。

除了學術研究結果需要好好發表外，研究的素材也是極為重要的。如果公眾也能參閱素材，有識之士就可以承研討結果繼續發掘，或許能有助推動更多人參與研討，豐富文化傳承，這也是建立公眾可瀏覽資料庫的原因。書籍《最後的蔓珠莎華：梅艷芳的演藝人生》[33]是一個素材發表的好例子，書中輯錄和梅艷芳共事過的台前幕後人的詳細訪問，不僅是談梅艷芳，也談了很多關於香港當代文化、娛樂工業和各個作品背後的意念和創作過程，是認識梅艷芳，甚至香港流行文化的珍貴資料集。

除了發表研究結果，另一道學術與公眾之間的重要橋樑是博物館。博物館的目的是透過展覽向公眾展示文物，策展人挑選展品和設計展覽時就像在為參觀的民眾寫故事，將研究展品得出的成果跟大眾分享，不僅是展示文物，讓對展覽主題不熟悉的人去認識，亦是提供機會讓公眾就展覽主題對話，鼓勵大家再去發掘和研究，是積極推動傳承的方法。

香港現時未有流行文化的專題博物館，與流行文化相關的藏品大部分藏於香港文化博物館（下稱「文化博物館」）。文化博物館對於傳承梅艷芳文化遺產而言角色獨特兼重要，不僅因為館內收藏了大量梅艷芳的珍貴文物，它亦是將梅艷芳文化地位得以提升的重要推手。梅艷芳昔日的拍檔兼摯友，時裝和形象設計大師劉培基在 2013 年梅艷芳逝世十週年紀念前夕，將二十多套為梅艷芳設計的舞台服飾和晚裝捐贈予文化博物館，全數連劉氏其他設計在「他 Fashion 傳奇 ・Eddie Lau　她 Image 百變 ・劉培基」的個人作品展覽中首度展出。到 2023 年底梅艷芳逝世二十週年，文化博物館再度和劉培基合作，精選了其中幾套服飾，在「絕代芳華 • 梅艷芳」紀念展覽中展出，展品亦包括梅艷芳的黑膠唱片、雜誌封面和獎座。除此之外，文化博物館亦有以香港流行文化為主題的常設展覽「瞧潮香港 60+」，宏觀由第二次世界大戰後至千禧初年的流行文化產物，展品超過一千件，包括梅艷芳於 2003 年人生最後一次紅館演唱會上穿著的紅金開場服飾和已成香港文化符號的壓軸婚紗、音樂和電影獎座、首飾、娛樂雜誌、電影海報、唱片等，是香港首個以流行文化為主題的博物館展覽。這些展覽亦連帶一系列講座和論壇，提供參觀展覽以外的討論空間。文化博物館現時的梅艷芳藏品大多是由梅艷芳的朋友和歌迷捐贈的，不少物品都是有心人從多年前不甚體面的遺物拍賣中購回，再捐予文化博物館。梅艷芳的遺物能收編在博物館館藏內有特殊意義，令她不只是一個曾經的流行偶像，更正正式式升格成為香港文化和歷史的一部分。再者，博物館擁有的資源與知識能更有系統整全梅艷芳的資料，能更深入研究梅艷芳的文化意義，亦具備專業保養和修復藏品的技能，這些功能都是其他傳承渠道難以比擬的。博物館可說是梅艷芳文物最合適不過的「歸宿」。[34]

無奈 2023 年 12 月傳出香港政府因計劃興建國家發展成就館而考慮將文化博物館的藏品重置於其他博物館，[35] 引來社會各界強烈反對。[36] 政府現重新考慮國家發展成就館選址，文化博物館或毋須遷拆。[37] 政府亦有提及設立「流行文化館」，計劃現在初步諮詢階段。[38]

文化博物館「殺館」一事惹來全城非議，卻間接揭示了香港人對於本地文化的珍視，對於傳承流行文化而言實是鼓舞。至於設立流行文化館的提議，也值得考慮，如果成事，流行文化地位再獲提升，甚至能促成流行文化資料庫的建立，也不失為美事。其實，政府近年已有一些以流行文化，甚至以梅艷芳為主題的推廣活動，例如於 2023 年開始的第一屆「香港流行文化節」，適逢梅艷芳和張國榮逝世二十週年，就有一個名為「芳華再續」的大型影展，重播梅艷芳和張國榮的電影。香港流行文化節亦在2024年續辦，以「也文也武」為主題，[39] 官方對流行文化日益重視相信是傳承工作者樂見的。

博物館定期籌辦展覽，官方繼續發起活動，配合學術研討和其成果的公開發表，能將梅艷芳的文化遺產和整體流行文化地位提升至香港歷史、香港文化的「正史」層面，[40] 相信會有助大眾明瞭流行文化的價值，不再懷有舊歌舊人舊事物不過是老土的偏見，傳承工作就會更有系統、有更多面向、更能持續發展。

七、結語：傳承尚未成功，我們仍需努力

筆者希望本文以梅艷芳作為切入點的分析能有助傳承工作者探索粵語流行曲文化和香港流行文化整體的傳承路向。梅艷芳不僅是香港文化、流行文化的寶庫，亦可作為傳承的指路明燈。

文化傳承是一趟漫長的旅程，但千里之行始於足下，要是我們不趁大家還記得還愛戴梅艷芳的時候為她留個盡可能全面的紀錄，不好好把握香港流行文化歷代還有不少人事物仍然安在的時候，加把勁鞏固和提升各方面的傳承工作，光陰彈指就過，到我們意識到歷史資料丟失、大眾興趣冷卻時，文化遺產已是煙消雲散了。

註

1 筆者的 Instagram 帳號是 @anita.mui_，開設於 2021 年 4 月 2 日，取自 https://www.instagram.com/anita.mui_?igsh=MThiN3NkMmk1bDl4Yw%3D%3D&utm_source=qr，2024 年 3 月 23 日擷取。

2 李展鵬、卓男：《最後的蔓珠莎華：梅艷芳的演藝人生》增訂版（香港：三聯書店（香港）有限公司，2023 年）。

3 例子：（一）香港大學學生發展及資源中心：「從梅艷芳看香港文化、聽大眾心聲」講座，取自 https://www.cedars.hku.hk/ge/newsevents/detail?id=930，2024 年 1 月 8 日擷取；（二）李展鵬：《夢伴此城：梅艷芳與香港流行文化》（香港：三聯書店（香港）有限公司，2019 年）；（三）梁偉怡、饒欣凌：〈「百變」「妖女」的表演政治 梅艷芳的明星文本分析〉，《數位典藏與數位學習聯合目錄》，2014 年，取自 http://catalog.digitalarchives.tw/item/00/4a/dc/4f.html，2023 年 1 月 10 日擷取。

4 2024 年 3 月 2 日至 4 日，筆者在社交平台上和讀者以私信形式進行的簡短訪問。

5 Chill Up：〈唔識張國榮？ 00 後認識八十年代香港明星嗎？｜［街頭唱歌挑戰］張國榮 / 梅艷芳 / 陳百強 / 達明一派 / Beyond〉，YouTube，上載日期：2021 年 1 月 19 日，取自 https://youtu.be/OQ0bKEgFODs?si=TDrZAv3eFMsESiY2，2024 年 3 月 18 日擷取；CS 實驗室：〈梅艷芳金曲街頭接唱挑戰！ 00 後都識唱！靚聲歌手都被考起？〉，YouTube，上載日期：2021 年 11 月 24 日，取自 https://youtu.be/8n65V1IzrhE?si=ZfcVYgYKh6LfCniR，2024 年 3 月 18 日擷取。

6 同註 4。另外，筆者亦曾進行另一調查，調查於 2022 年 8 月 8 至 9 日在筆者的 Instagram 平台上以限時動態（story）公開問答模式進行，所有答案刊登於平台限時動態精選（story highlights）「入坑普查」一項內。文中引用部分答案，用詞略為修飾，如將口語轉作書面語和使文句通順。

7 李展鵬：〈《梅艷芳》：從一部電影變成一個社會現象〉，香港電影評論學會，2021 年 11 月 22 日，取自 https://www.filmcritics.org.hk/zh-hant/node/2971，2023 年 11 月 25 日擷取。

8 安樂影片：〈《梅艷芳》名人特集 - 1:99 演唱會〉，YouTube，上載日期：2021 年 11 月 16 日，取自 https://youtu.be/jTLR5xvVVrM?si=ZX2Q-0g1_PnUKoWp，2024 年 3 月 5 日擷取。

9 筆者和留情在 2023 年 2 至 3 月期間討論何謂「老土」，討論承接以下文章：留情：〈傳承就是現在〉，載黃志華、彭得豐、蔡梓淇、廖志強、黃念欣、馮應謙、何穎琪、朱耀偉、留情合著《粵語流行曲七十年》（香港：亮光文化有限公司，2024 年）。

10 同註 4。

11 Josephine Seto：〈MOOV 姜濤　夕陽之歌〉，YouTube，上載日期：2021 年 12 月 8 日，取自 https://youtu.be/oY-pjddmxt4?si=sgzD-k4DArsbR0po，2024 年 1 月 11 日擷取。

12 參見留情：〈傳承就是現在〉，載黃志華、彭得豐、蔡梓淇、廖志強、黃念欣、馮應謙、何穎琪、朱耀偉、留情合著《粵語流行曲七十年》（香港：亮光文化有限公司，2024 年）。

13 同註 6，於 2022 年 8 月 8 至 9 日進行的調查。

14 香港電影發展局：《香港電影資料彙編 2021》（香港：香港影業協會，2021 年），頁 11、20，取自 https://www.fdc.gov.hk//tc/publication/Hong_Kong_Film_Industry_Data_2021.pdf，2024 年 2 月 12 日擷取。

15 安樂影片：〈《梅艷芳》ANITA　2021　忘不了　終相見〉，YouTube，上載日期：2021 年 5 月 26 日，取自 https://youtu.be/0VcPpH06bOw?si=S1Z9iJ6za7pJyJ8f，2024 年 3 月 8 日擷取。

16 電影梅艷芳：〈《梅艷芳》路演影片〉，微博，上載日期：2021 年 11 月 15 日，取自 https://weibo.com/6879655004/4703736368204173，2024 年 3 月 8 日擷取。

17 〈商場追星主題推廣迎聖誕　利舞臺重溫梅艷芳巨星風采〉，《頭條日報》，2021 年 11 月 19 日，取自 https://hd.stheadline.com/life/hotpicks/20211119/878873/%EF%BB%BF 商場追星主題推廣迎聖誕 %20 利舞臺重溫梅艷芳巨星風采 %20 朗豪坊人氣網紅創聖誕歌，2024 年 3 月 3 日擷取。

18 〈梅艷芳逝世 18 週年　電影公司 12.30 請港人免費搭電車　共緬情懷〉，《香港 01》，2021 年 12 月 22 日，取自 https://www.hk01.com/article/715287?utm_source=01articlecopy&utm_medium=referral，2024 年 3 月 3 日擷取。

19 同註 14，頁 60-62。

20 香港電影金像獎協會：〈特別公告：因疫情影響第四十屆香港電影金像獎將延後一年舉行〉，取自 https://www.hkfaa.com/news200928.html，2024 年 2 月 25 日擷取。

21 香港電影金像獎協會：〈第四十屆香港電影金像獎提名及得獎名單〉，取自 https://www.hkfaa.com/winnerlist40.html，2024 年 2 月 25 日擷取。

22 《追憶似水芳華》在 2021 年第四十七至四十八週和 2022 年第十五週重新登上香港唱片商會銷量榜十大。

23 《Faithfully》獲得 2009 年「香港唱片銷量大獎」、「十大銷量廣東唱片」。國際唱片業協會（香港）：「2009 年香港唱片銷量大獎」，取自 https://www.ifpihk.org/zh/hong-kong-top-sales-music-award-presented#2009，2024 年 1 月 24 日擷取。《追憶似水芳華》獲頒 2014 年「香港唱片銷量大獎」、「十大銷量廣東唱片」。國際唱片業協會（香港）：「2014 年香港唱片銷量大獎」，取自 https://www.ifpihk.org/zh/hong-kong-top-sales-music-award-presented#2014，2024 年 1 月 24 日擷取。

24 〈《拾芳》揚威中美電影節　高志森奪最佳導演〉，《成報》，2018 年 11 月 2 日，取自 https://www.singpao.com.hk/index.php/index.php?fi=news4&id=86742，2024 年 1 月 29 日擷取；〈《拾芳》奪四大獎項 胡杏兒封后〉，《明周娛樂》，2019 年 8 月 18 日，取自 https://www.mpweekly.com/entertainment/?p=166137，2024 年 1 月 29 日擷取。

25 洛楓：〈情感聯盟：偶像文化的議題〉，《虛詞》，2021 年 9 月 20 日，取自 https://p-articles.com/works/2470.html，2024 年 2 月 12 日擷取。

26 @anitamuifanclub1010：〈梅艷芳國際歌迷會通告〉，Instagram，上載日期：2023 年 12 月 5 日，取自 https://www.instagram.com/p/C0fP_FcypNC/?igsh=OXdkaTl5b2tnYm93，2024 年 2 月 5 日擷取。

27 〈星光大道銅像 再現「芳」華絕代〉，《文化者》，2019 年 5 月 7 日，取自 https://theculturist.hk/2019/05/ 文化 / 星光大道銅像 - 再現「芳」華絕代【文化者•專訪】，2024 年 2 月 5 日擷取。

28 芳心薈：〈請給我們支持〉，微博，上載日期：2024 年 1 月 9 日，取自 https://weibo.com/1750365663/4988264054526892，2024 年 3 月 5 日擷取。

29 Instagram：〈關於 Instagram 洞察報告〉，取自 https://help.instagram.com/788388387972460?cms_id=788388387972460 ，2024 年 3 月 12 日擷取。

30 @anita.mui_：〈一線紅歌星在大酒樓夜總會開 concert ？〉，Instagram，上載日期：2023 年 6 月 14 日，取自 https://www.instagram.com/p/Ctea3-GoI_i/?igsh=MWh0YjFnODlrMzV5aQ==，2024 年 3 月 12 日擷取。

31 李展鵬：〈談論梅姐與香港的 N 種方式：記香港大學梅艷芳研討會〉，《明報新聞網》，2024 年 2 月 18 日，取自 https://news.mingpao.com/pns/ 副刊 /article/20240218/s00005/1708186176940/ 周日話題 - 談論梅姐與香港的 n 種方式 - 記香港大學梅艷芳研討會，2024 年 2 月 1 日擷取。

32 同註 3。

33 同註 2。

34 〈文化博物館梅艷芳展或成最後一次〉，《大城誌》，2023 年 12 月 7 日，取自 https://hkcitycreation.com/2023/12/07/ 文化博物館梅艷芳展或成最後一次 %e3%80%80 歌迷：本以為 /，2023 年 12 月 15 日擷取。

35 〈科學館變介紹國家發展新展館　沙田文化博物館「殺館」重置科學館〉，《香港 01》，2023 年 12 月 6 日，取自 https://www.hk01.com/article/968875?utm_source=01articlecopy&utm_medium=referral，2024 年 2 月 6 日擷取。

36 〈文化博物館殺館｜梅艷芳演唱會婚紗等館藏往何去　歌迷憂無處容身〉，《香港 01》，2023 年 12 月 8 日，取自 https://www.hk01.com/article/969485?utm_source=01articlecopy&utm_medium=referral，2024 年 2 月 6 日擷取；〈文化博物館殺館｜料保存展品不難　康文署顧問倡西九建新館方案〉，《香港 01》，2023 年 12 月 8 日，取自 https://www.hk01.com/article/969655?utm_source=01articlecopy&utm_medium=referral，2024 年 2 月 6 日擷取；〈楊潤雄稱可另覓地建國家成就館　反駁「殺」文化館移除港文化說法〉，《香港 01》，2023 年 12 月 11 日，取自 https://www.hk01.com/article/970401?utm_source=01articlecopy&utm_medium=referral，2024 年 2 月 6 日擷取。

37 〈國家成就館另覓新址　文化館保留〉，《明報》，2024 年 3 月 8 日，取自 https://news.mingpao.com/pns/%E6%B8%AF%E8%81%9E/article/20240308/s00002/1709835125660，2024 年 2 月 6 日擷取。

38 〈楊潤雄：與西九管理局、發展局物色流行文化館選址　短期先辦展覽〉，《香港 01》，2024 年 1 月 24 日，取自 https://www.hk01.com/article/984210?utm_source=01articlecopy&utm_medium=referral，2024 年 2 月 6 日擷取。

39 香港流行文化節 2024，取自 https://pcf.gov.hk/tc，2024 年 3 月 20 日擷取。

40 〈梅艷芳版主同行紀念展：流行文化反映時代人情　察看歷史要兼聽好奇〉，《大城誌》，2023 年 12 月 30 日，取自 https://hkcitycreation.com/2023/12/30/ 梅艷芳版主同行紀念展：流行文化反映時代人情 %e3%80%80/，2024 年 1 月 17 日擷取。

4

永遠高唱我歌：
黃家駒的搖滾世界及精神傳承

朱嘉欣

黃家駒敢於創新、題材多元、堅持理念的特質，組合成他由始至終一直貫徹執行的音樂精神。

一、引言

時光荏苒，歲月如梭，香港殿堂級樂隊 Beyond 主音黃家駒已經離開了我們有三十年。這位出自有「華語流行樂教父」之稱的台灣歌手羅大佑口中的音樂天使在 1993 年被上帝召回身邊，成了香港人乃至華人地區中的粵語搖滾樂代表人物。作為一位九十後，在筆者對 Beyond 產生興趣並有意深入了解這隊樂隊及黃家駒這位樂隊靈魂人物時，已無緣得見其人。Beyond 餘下成員多以個人發展為主，自 2005 年的告別演唱會後亦很少再有以 Beyond 之名舉辦演唱會，[1] 實在令人深感遺憾。

時至今日，Beyond 雖已解散，但其作品一直傳唱甚廣，而當中 Beyond 的經典名曲〈海闊天空〉（1993）承載著「為了夢想永不放棄」的精神出現在各種各樣的場合活動中，[2] 不論是何年紀，即使不知黃家駒是何許人，也或多或少聽過又或懂得唱上一兩句「今天我」、「原諒我這一生不羈放縱愛自由」。2022 年，於 2011 年 9 月上架至 YouTube 的〈海闊天空〉滾石唱片官方 MV 點擊次數衝破一億次，成為 YouTube 首個播放一億次的廣東歌 MV，[3] 不少 Beyond 歌迷均「一穀眼淚」，與有榮焉，可見 Beyond 和黃家駒在華人社會心目中的地位不低。

筆者自 2020 年開始於 Instagram 平台上經營專頁「Beyond Forever（@beyond.wongkakui.forever）」，以分享與 Beyond 早期歷史相關資訊及樂隊主音黃家駒事蹟為主。當初經營專頁的原因，僅僅來自一個心血來潮的念頭。此前筆者也只是聽 Beyond 的歌，但無特意深究歌曲當中的含意以至有關 Beyond 的故事，有日突然好奇想了解 Beyond 的事蹟，於是搜尋與 Beyond 有關的網站專頁，發現大多是紀念性質的專頁，又或者是來源不明的內容農場文章，間或有些花邊新聞，說得天花亂墜、似是而非，讓人難以辨清真假。此情況令筆者大感震驚，不曾想這樣一隊香港的著名樂隊現存資料竟如此零散。透過訪尋與 Beyond 有關的網站專頁、新聞訪問、紀念特輯、年長歌迷隻言片語的描述，諸如專輯大碟珍藏、影片、剪報等分享，東拼西湊出 Beyond 當年的面貌。

或者會唱「今天我」的人很多，但講出有關 Beyond 和黃家駒故事的人卻不多，雖未至於像羅文般正面臨傳承的危機，[4] 但由於各種因素以致新舊歌迷之間出現斷層，甚至是中國內地及其他華人地區的歌迷越來越多，香港本地的歌迷卻越來越少，若如此下去只怕若干年後會只剩「今天我」。因此設立一個以廣東話為主的平台將各方資料集中分享，好讓 Beyond 及黃家駒的故事和精神得以傳承，正是當初設立專頁的用意。

在經營專頁期間筆者亦有與來自本地、馬來西亞、中國內地、日本等地的樂迷交流分享，發現一個值得探討反思的問題：人們常提到 Beyond、家駒的精神，到底什麼是「家駒的精神」呢？家駒對音樂的看法和內心世界又是什麼樣的呢？在這裡筆者想探討一下黃家駒的搖滾世界及精神，以及這些精神（價值觀）如何影響社會，以及在傳承方面的成效。

二、天生你是個不屈不撓的男子：踏入搖滾世界的啟蒙

「屋邨仔」黃家駒在蘇屋邨長大，[5] 小時候的家駒跟其他細路一樣，經常與弟弟家強到蘇屋邨的後山玩，煨番薯、捉草蜢、去水塘游水，在家駒、家強兩兄弟心目中都是簡單而美好的快樂。[6] 適逢 1964 年英國著名樂隊披頭四訪港，[7] 掀起香港年輕人自組樂隊的熱潮，可以說是香港第一波「勁 band」浪潮，其中 Teddy Robin、馮添枝、許冠傑等人更是「譜寫了香港流行樂壇的第一頁」。[8] 雖然有部分樂隊開始自己創作，嘗試演繹獨特的個人風格，但大部分樂隊仍處於模仿外國歌手樂隊風格的階段，多以唱英文歌為主，因此當其時香港仍是以歐美流行音樂為主流。[9] 及至 1970

年代雖然有溫拿樂隊（The Wynners）、玉石樂隊（Jade）、新特樂樂隊（The New Topnotes）等等的樂隊冒起，只是當時粵語流行曲已開始在大眾之間興起，樂隊浪潮開始式微，由溫拿樂隊的譚詠麟和鍾鎮濤、玉石樂隊的林子祥和威利、新特樂樂隊的陳潔靈和葉振棠在其後以歌手身份作個人發展可見一斑。[10]

少年時期的黃家駒，偶然從大家姐黃小琼的派對和身邊的朋友中認識了當時（1970 年代）的歐美搖滾音樂，如 Deep Purple、Pink Floyd、Led Zeppelin 等，令他打開搖滾世界的大門，[11] 更成為英國搖滾歌手大衛．寶兒（David Bowie）的狂熱粉絲，[12]1970 年代的歐美搖滾樂深深影響黃家駒早期的創作風格，由 Beyond 早期作品中如專輯《再見理想》（1986）可以窺見有這些樂隊的影子。

三、一起高呼 rock and roll：Beyond 的誕生

黃家駒十多歲時一次無意中在家附近的垃圾堆拾到一把木結他，本想送給玩音樂的朋友，但由於那把結他實在太殘舊，那位朋友不要，他只好留下自己在家亂彈。到大一些時，黃家駒開始加入一些地下樂隊參與演出，有一次被樂隊的主音批評結他技術太差，令他下定決心苦練結他。在十七歲那年，黃家駒用了接近三千元積蓄買下第一把木結他，[13] 從此開啟他的搖滾生涯。

1983 年，黃家駒與朋友葉世榮、鄧煒謙及李榮潮因為要參加《結他雜誌》舉辦的比賽，臨時組成樂隊，這就是 Beyond 的雛形，Beyond 這個名字是第一代主音結他手鄧煒謙所改，意思是「超越」。[14] 經過幾次人事變動後，1984 年，黃家駒的弟弟黃家強加入成為低音結他手；[15]1985 年，Beyond 在堅道的明愛中心自資舉辦「永遠等待演唱會」，主音結他手黃

貫中加入。[16] 翌年再推出自資卡式帶專輯《再見理想》，[17] 過後被經理人陳健添（Leslie Chan）發掘，正式從地下樂隊登上商業流行樂壇這個大舞台。[18]

四、知否我也有個夢要我醉倒：黃家駒的搖滾精神

搖滾樂在濃厚的歷史背景底下誕生，很難將其定性為任何一個類型，搖滾樂是創作者表達自我、對抗現實、表達對生活感受的媒介。搖滾音樂作為一種反叛、自由、真實的表達形式，深深影響人們的價值觀和生活方式。[19] 黃家駒作為華人搖滾音樂歷史上的一個重要人物，亦通過他的音樂展示其獨特的搖滾精神和價值觀。由 1983 年 Beyond 成立到 1993 年意外逝世，黃家駒在那十年間致力追求音樂上的發展和突破，他的音樂作品充滿對生活的獨特觀察和情感表達；他的歌詞探討愛與別離、友情、對社會不公等議題；他以搖滾的方式表達出對世界的反思和觸動。黃家駒的音樂不單只是音樂，更是一種對現實社會及主流價值觀的思考，體現其對音樂和人文的理解和觀點。

黃家駒作為 Beyond 的主音，其音樂作品體現出多元而深入的價值觀和特質，這些元素相結合，構成了他特有的音樂精神，使他的音樂作品獨具魅力和影響力：

（一）真摯情感

黃家駒的音樂總是充滿著真摯的情感，這些情感在他的歌聲和歌詞中得到最好的表達。結合他獨特的嗓音將歌曲中的情感傳遞給聽眾，從而引起共鳴。例如早期作品〈再見理想〉（1986），這是一首家駒寫完後好幾晚都睡不著覺的歌，[20] 透過歌詞和幽怨的唱腔表現出那失落無助的感覺，要與

理想說再見的絕望，但又有幾分不甘心的忿忿；〈天真的創傷〉（1988）唱出對心中那個「她」的懷念，可惜佳人已不在身邊的無奈；〈又是黃昏〉（1989）用溫暖慵懶的聲線唱出都市人的迷惘；[21]〈早班火車〉（1992）展現一個暗戀者的心情，描述每次遇上心上人的甜蜜和幻想能與對方停留在這美好時光的心情；〈繼續沉醉〉（1992）講述人在異鄉的感悟和唏噓等，[22] 黃家駒透過將自身經歷和感受寫入音樂作品中，當中的情感連繫引起不少人的共鳴。

（二）社會批判與反思

黃家駒的不少歌詞中都有反映對社會議題的關注，以及對社會現況的批判、諷刺、關注弱勢群體及對人性的理解。使他的歌曲不僅僅是音樂作品，更是一種屬於他的個人宣言。例如〈現代舞台〉（1988）諷刺世人虛偽卻又無奈要擠身「舞台」的現象；〈午夜迷牆〉（1988）展示那種屬於八九十年代黑社會恩怨情仇那種躁動不安的感覺；[23]〈送給不知怎去保護環境的人（包括我）〉（1990）是少有地涉及環保課題的作品，包括家駒自己都是造成環境破壞的一員，呼籲別人要愛護環境；〈妄想〉（1993）描繪人與魔鬼之間的靈魂交戰，理智與欲望之間的抗衡；[24]〈長城〉（1992）借古諷今，[25] 提醒人不要只沉溺在昔日的輝煌中；〈命運是你家〉（1993）描寫九龍皇帝曾灶財，那種獨自向前的勇氣；〈農民〉（1992）影射基層農民生活中的辛酸等，[26] 令人多少會透過這些歌詞去思考背後的社會議題，從而引起對相關議題的關注。

（三）堅持理想

在黃家駒的音樂中，經常可以感受到對理想的堅持和追求，他有不少作品題材都與「理想」有關，有對理想的堅持；有理想仍未達到時的失落；

也有向人闡述自己的理想。他通過歌詞表達了對未來的憧憬、對信念的堅持。第一首中文作品〈永遠等待〉（1987）表達在追求理想的路途有如一場永遠的等待；〈戰勝心魔〉（1990）自我勉勵要戰勝心魔，克服一切苦難，實現自己的目標；[27]〈午夜怨曲〉（1989）表達與 Beyond 其他成員並肩追求音樂理想的決心；〈不再猶豫〉（1991）表達出樂觀向上、只要努力便會成功的精神；[28]〈堅持信念〉（1991）展現自我鞭策和自省；其中膾炙人口的代表作〈海闊天空〉講述 Beyond 成立十週年的心路歷程，即使中間遇到不少挫折，仍然堅持繼續追求夢想的態度，[29] 這種正能量和積極態度深深觸動了許多人的心靈，也是很多人（包括筆者）在情緒低落時的心靈良藥。

（四）創新與突破

黃家駒在音樂創作中不斷嘗試新的音樂風格、編曲方式，將不同元素融入於音樂作品中，展現出其創新思維和實驗精神，創造出獨特的音樂風格，對於當時的樂壇來說十分具前瞻性。早期的 Beyond 作品裡多少有些 Pink Floyd、Black Sabbath、Paco De Lucia、Jethro Tull 的影子，主要玩實驗性音樂、迷幻搖滾、太空搖滾、藝術搖滾等，[30] 如《結他雜誌》比賽參賽歌曲〈腦部侵襲〉（1983）、〈大廈〉（1983）、〈Myth〉（1986）、〈Dead Romance〉（1986）、〈Long Way Without Friends〉（1986）等，當中有比起一般流行曲結構中較長的器樂段落，甚至整首作品都是純器樂，作品較著重使用器樂展示出作品主題的氛圍感，概念性元素很重，自資卡式帶專輯《再見理想》可以說是概念化的專輯；簽了 Kinn's Music Ltd 之後，《亞拉伯跳舞女郎》（1987）專輯充滿中東風情，大膽地將中東及印度音樂元素與搖滾結合，於當時的香港樂壇來說可謂前無古人；[31]〈冷雨夜〉（1988）以低音結他作主調，這樣的編排於當時的香港樂壇來說也是非常少見；[32]〈大地〉（1988）講主人公近鄉情怯，講對神州大地的看法，是充滿浪漫主義的東方搖滾；〈繼續沉醉〉運用雷鬼音樂（reggae）為基調展現出慵懶的感覺；〈狂人山莊〉（1993）用非常狂野的硬搖滾（hard rock）營造出家駒眼中的武俠世界；〈妄想〉是一首酸性搖滾（acid rock），其帶有迷幻搖滾的特色與歌曲主題一拍即合；〈爸爸媽媽〉（1993）是 Beyond 首次在作品中加入 funk 及 rap 元素；〈海闊天空〉一別以往 Beyond 的風格，以琴聲作前奏及主要樂器，可見家駒在音樂上勇於突破自己，但同時又保留了個人特色。

（五）愛與和平

黃家駒的音樂作品亦有宣揚愛與和平的理念，透過歌曲傳達了對世界和平、和諧相處的期望。他們的音樂作品中包括呼籲對不同種族的包容、理解和溝通，反映出對人文社會的關懷。例如〈光輝歲月〉（1990）致敬推動民主及廢除種族隔離制度的南非總統曼德拉；[33]〈Amani〉（1991）表達對戰爭的控訴，關注受戰爭影響的兒童；[34]〈和平與愛〉（1993）宣揚和平與愛，希望世界和平；〈全是愛〉（1993）歌頌大愛，傳遞出關愛、無私與奉獻的理念等，足見黃家駒的音樂精神包含個人及社會層面。Beyond 在 1993 年 5 月 2 日於香港電台一號錄音室舉行的「Beyond 我哋呀！Unplugged 音樂會」，亦是家駒生前於香港舉辦的最後一場演唱會，在當日的訪問中家駒曾提到自己平日喜歡留意本地及國際社會時事新聞，並將自己的感受融入創作中，[35] 這種「忙碌」反而是他所喜愛的。

諸多例子未能盡錄，但由此亦充分證明黃家駒敢於創新、題材多元、堅持理念的特質，組合成他由始至終一直貫徹執行的音樂精神。正如家駒所講：「冇音樂，我會死㗎，真係會死㗎。」[36] 體現出他對音樂的熱愛和追求。

香港於 1980 年代中後期至 1990 年代前期改編歌曲大行其道，當時樂壇除了少數創作歌手外，其他歌手有很大一部分的歌改編自歐美、日本等熱門歌曲，當中以日本歌最多。[37] 這和前輩音樂人如顧嘉煇、黎小田等退休或半退休，香港後起之秀創作能力不足，數量和質量下降有關。1993 年以前的十大中文金曲的得獎歌曲中十有八九都是改編歌，不少大歌星如譚詠麟、張國榮、梅艷芳等以改編歌為主打歌，即使像樂隊如太極、達明一派亦無可避免地有一兩首改編歌，只有黃家駒所在的 Beyond 堅持原創，少有的翻唱也是因為尊重許冠傑而翻唱其作品，亦曾批評香港樂壇改編歌盛行的現象不健康，未有推動本地音樂創作發展。[38] 無獨有偶，在黃家駒離世後同年，香港歌壇的創作人聯合各大傳媒掀起一場提倡原創的運動，並規定從此每年的十大金曲不接受改編作品。[39]

黃家駒的離世無疑對當時香港社會帶來了極大震撼。Beyond 是香港流行樂隊中具影響力的樂隊之一，黃家駒的作品因他的成長經歷及個人見解而賦予了深刻的情感和意義，感動了數以百萬計的樂迷。2007 年由香港電台製作的《不死傳奇：黃家駒》紀念特輯中，講述了 1990 年代大中華地區 Beyond 作品的流行情況。當時內地的 Beyond 歌迷在缺乏宣傳、電台媒體播放及互聯網的情況下，靠翻錄卡式帶將 Beyond 的音樂流傳，縱使 Beyond 的歌曲普遍以粵語演唱，然而作品當中所傳遞的正能量卻深深慰藉了正值改革開放時期對未來感到迷惘的年輕人，有受訪者甚至稱呼主唱黃家駒為藝術家，並非單純的偶像，這應了「音樂無疆界」這句話。

此外，Beyond 的作品常反映對社會的思考和對個人情感的表達，探討的主題涉及愛情、友情、人生意義等，黃家駒的作品與他個人的價值觀交織，形成了一種獨特的香港文化象徵，也建立了 Beyond 的社會形象。對許多人來說，Beyond 的音樂，或者說黃家駒是 1970 至 1990 年代的人青春的回憶和心靈寄託，包括筆者也是聽 Beyond 的歌長大。因此他的離世無疑引起了歌迷們的悲痛和懷念，[40] 當時其離世消息震驚全港，直到現在仍有小部分歌迷未能接受他的離世。

另一方面，Beyond 對後來的音樂人影響也頗大，除了同輩或先輩的音樂人，有不少後來的音樂人（尤其是樂隊）多少受到 Beyond 的啟發而接觸音樂。內地組合羽泉的陳羽凡、水木年華、董成鵬、馬來西亞歌手曹格、中國香港歌手謝霆鋒、香港樂隊 KOLOR、Supper Moment、台灣歌手周蕙等都受 Beyond 影響而投身音樂事業。當中，香港歌手盧凱彤、謝安琪亦深受 Beyond 影響。[41]

六、永遠高唱我歌：黃家駒的精神傳承

「傳承」二字，意指為一些由上一代人或上一班人流傳下來的事物或傳統，由下一批人接收和承繼。筆者認為，黃家駒的精神在某種層面上已得到傳承。現有幾方面可以證明：

（一）致敬活動

黃家駒逝世後，除了 Beyond 剩餘成員以樂隊名義開的演唱會外，黃貫中、黃家強及葉世榮亦不時舉辦紀念家駒的大大小小音樂會，此外還有坊間一些音樂團體組織紀念活動或演出來致敬家駒，透過演唱他的音樂作品或舉辦音樂會來表達敬意和懷念。例如 2008 年的「別了家駒十五載：海闊天空音樂會」、2016 年「家駒愛心延續慈善演唱會」、2023 年的「向 beyond 致敬：紀念家駒三十音樂會」及「627 紀念家駒音樂會」等等；除了音樂會，一些團體組織亦曾舉辦紀念或致敬性質的展覽活動，如 2008

年於土瓜灣牛棚藝術村舉行「舊日的足跡：別了家駒十五載」紀念展覽、2018 年啟航娛樂及恒健娛樂展覽（香港）有限公司於荔枝角 D2 Place TWO 舉辦的「Beyond 傳奇三十五週年展覽」、[42] 2021 年深水埗文化屋雜貨店舉辦「我們的樂與怒」音樂回顧展，[43] 這些紀念或致敬性質的活動和音樂會對上一代的歌迷來說是懷念過去集體回憶的機會，對新一代年輕人則是認識 Beyond 的音樂作品的好機會，有助將 Beyond 的音樂傳承到年輕一代。

（二）對後輩的影響

Beyond 一路走來，當中樂隊和家駒的心路歷程，形成一股屬於黃家駒屬於 Beyond 的核心信念，這多少令後來的一些音樂人在不同程度上受到黃家駒的音樂風格、歌詞內容及價值觀所影響，並在自己的音樂創作中展現出相類似的特質，以表達對他音樂精神的崇敬。例如歌手謝安琪曾表示，家駒和 Beyond 對做音樂的堅持和時刻超越自己的信念深深影響到她對做歌手的態度；[44] at17 離世成員盧凱彤亦曾表示從家駒的音樂中學到憑歌寄意，紓解心中愁緒的正向態度；[45] Supper Moment 指出家駒堅持自己的音樂理念，一直想在香港推廣搖滾文化，並表示會跟隨家駒的步伐繼續推廣搖滾音樂，期望「樂隊」在香港並不只是「潮流」，而是作為文化傳承下去。[46] 可見 Beyond 對後來的音樂人的影響，也是屬於音樂精神方面的傳承。除香港的音樂人，一些海外的音樂人都曾翻唱 Beyond 的歌表達過他們對這隊樂隊和黃家駒的欽佩和敬意，如也有一些 YouTube 頻道會翻唱 Beyond 的歌，例如〈海闊天空〉、〈光輝歲月〉等至今也是華人地區大型歌唱比賽中常被翻唱的作品。

（三）粉絲活動和紀念

雖然 Beyond 國際歌迷會現在已經停止運作，但在各個社交平台如 Facebook、Instagram、微博、Bilibili 均有 Beyond 的粉絲所設立的專頁供新舊歌迷討論有關 Beyond 的資訊，這些歌迷組織各種活動來紀念黃家駒，如組織義工隊[47]宣揚愛與和平、舉辦歌迷聚會、在社交媒體上分享回憶和感想等，以表達對他的愛戴和懷念。其中遠東廣播更是長期有由資深 Beyond 歌迷 Leslie Lee 主持一系列有關 Beyond 的電台節目。[48]透過歌迷之間的交流分享，Beyond 的音樂精神在一定程度上流傳下去。

（四）紀念報道

黃家駒的影響力遍及整個華人地區，因此幾乎每年（或隔幾年）逢家駒的忌辰都會有媒體作相關報道或製作特輯，簡單講解家駒的生平及經典作品，無疑也是一個讓人認識家駒和 Beyond 的途徑。2005 年 11 月 8 日，黃家駒與陳百強、羅文、張國榮和梅艷芳分別成為香港郵政「香港流行歌星」郵品系列中獲致敬推出郵票的五位已逝世歌手，[49]可見其音樂成就獲社會肯定。

就上述各項示例，筆者認為黃家駒的精神在同行後輩、歌迷、社會層面上已達到一定程度的傳承。

七、願能與你編織一個夢：影響傳承的因素

雖然前面講到黃家駒的精神已有一定程度的傳承，但仍有一些隱憂值得留意：

Beyond 在成立初期的成功主要歸功於黃家駒的音樂才華和領導能力，但隨著家駒的離世和 Beyond 解散，就樂隊本身已經難以傳承，即使有新歌迷也沒有途徑欣賞 Beyond 的演出。另外隨著時代的變遷和音樂潮流的轉變，令本身在香港不算是在主流音樂市場中的搖滾樂更難以傳承其文化精神，同樣地社會上普遍的喜新厭舊的風氣也會影響人們對音樂的看法和喜好，這令 Beyond 的「老餅歌」不容易被年輕一代接受。

另外，對於黃家駒所代表的音樂文化和價值觀的保護和推廣也是一個不小的挑戰。Beyond 的歌迷出現青黃不接的現象，由於官方歌迷會不再運作、資料散失、有歌手翻唱 Beyond 作品時沒有介紹作品背景、上一代歌迷在社交平台大多以分享相片影片為主，以懷念性質談論黃家駒，卻甚少有資訊性的資料或深入討論，寥寥幾句帶過，讓新歌迷難以在一堆零散的資訊中篩選出自己想要的內容。加上網上嘩眾取寵的假文章和八卦新聞氾濫，影響人們對 Beyond 的觀感，這些困難反映了文化傳承和價值觀傳播過程中的一些現實挑戰。如何在當今社會中有效地傳承和推廣 Beyond 和黃家駒的音樂作品，讓更多年輕人認識和欣賞，是需要我們思考和繼續努力的課題。

八、總結

黃家駒作為 Beyond 的主音，不僅在音樂創作和表達方面展現出有別於當時其他歌手的個人特色，為八九十年代的香港樂壇創造出一道獨特的風景線。黃家駒更是一位富有個人魅力的音樂人。他的音樂作品蘊含著對社會關懷、真摯情感、追求自由理想和文化價值觀的表達，這些價值觀不僅激勵了當代樂迷和樂手，更在當今社會中仍然具有重要意義，其經典作品〈海闊天空〉及〈光輝歲月〉更是常在各種場合活動中被傳唱，其中〈光輝歲月〉更是被重新填詞改編為校歌、[50]〈海闊天空〉被重新填詞改編為大型活動主題曲等，[51] 影響深遠。

黃家駒的音樂精神在音樂界、歌迷、媒體間得到了一定程度上的傳承和發展，主要通過音樂傳承、文化價值觀延續、價值觀推廣和社會慈善事業等途徑。他代表的音樂風格和文化價值觀對後世音樂人、藝術家和社會運動者產生了深遠影響，激勵人們堅持理想、表達信念，亦為現代社會帶來積極的能量和靈感。

不過由於 Beyond 已解散，上一代歌迷大多無意識將自己所得傳給新一代歌迷，光自己「圍爐」已影響新一代歌迷獲取有用的資訊，現時內地的 Beyond 歌迷比香港還要多，有許多影音只能在內地的網站才找到，令人情何以堪；加上搖滾文化在香港音樂市場中並不是主流等因素，在傳承上也造成隱憂，單靠其中一方的力量並不足以將黃家駒的音樂精神延續。這是一個值得反思的問題。總括來說，雖然黃家駒的音樂精神至今在各個層面上達到一定程度上的傳承，但傳承的狀況仍須持續關注。

黃家駒的音樂作品和文化價值觀持續影響著音樂界和社會，展現出一種永恆的影響力和魅力，是大家心目中「永遠年輕」的黃家駒。

註

1 2005 年 Beyond 舉行「Beyond The Story Live 2005」世界告別巡迴演唱會，最後一站為新加坡。及後樂隊因團員間多有糾紛而解散，Beyond 三人以個人身份繼續發展音樂事業。參考 Yahoo 娛樂圈：〈八十年代樂隊熱潮 Beyond 散 band 最可惜　達明一派前衛 35 年　Raidas 快紅快散〉，《Yahoo 新聞》，2021 年 3 月 5 日，取自 hk.news.yahoo.com/ 八十年代樂隊熱潮 -beyond 散 band 最可惜 - 達明一派前衛 -35- 年 -raidas 快紅快散 -060506119.html，2024 年 3 月 8 日擷取。

2 李穎欣：〈誰人的海闊天空？——從黃明志〈我們的海闊天空〉看歌曲再現的精神與香港社運的關係〉，文化研究文學碩士課程學生作業（香港中文大學，年份不詳），取自 https://www2.crs.cuhk.edu.hk/f/page/312/5490/5201%20Good%20Paper%20Li%20Wing%20Yan%20Amber.pdf，2024 年 3 月 8 日擷取。

3 劉傳謙：〈Beyond《海闊天空》YouTube 點擊破 1 億　首個廣東歌 MV 達成里程碑〉，《香港 01》，2022 年 4 月 14 日，取自 hk01.com/ 眾樂迷 /759351/beyond- 海闊天空 -YouTube 點擊破 1 億 - 首個廣東歌 mv 達成里程碑，2024 年 3 月 10 日擷取。

4 @lau4cing4：〈羅文與傳承〉，Instagram，上載日期：2021 年 8 月 23 日，取自 https://www.instagram.com/p/CS6OsfmAvZA/?hl=cs，2024 年 3 月 5 日擷取。

5 蘇屋邨是香港歷史悠久的公共屋邨之一，除了黃家駒、黃家強兄弟，許冠傑、許冠文及許冠英三兄弟、蔡楓華、伍衛國、謝天華、周啟生等人也曾於蘇屋邨居住，可謂人才輩出。參考香港房屋委員會及房屋署：〈藝術 × 生活系列：蘇屋邨〉，取自 https://hos.housingauthority.gov.hk/50A/TreasureHunt/tc/souk.html，2024 年 3 月 10 日擷取。

6 余燕儀、王連連：〈追憶家駒　舊日的足迹〉，《蘋果日報》，2018 年 6 月 30 日，取自 https://collection.news/appledaily/articles/V7VZEHFHVK3QFJ5YMCDMFDZGXI，2024 年 3 月 2 日擷取。

7 港識多史：〈1964 年披頭四訪港　風靡萬千少男少女〉，2022 年 6 月 10 日，取自 https://www.wetoasthk.com/ 披頭四訪港 /，2024 年 3 月 2 日擷取。

8 李信佳：《港式西洋風：六十年代香港樂隊潮流》（香港：中華書局（香港）有限公司，2016 年）。

9 黃志華：《粵語流行曲四十年》（香港：三聯書店（香港）有限公司，1990 年）。

10 Mussen Hann：〈Rock'n Roll Never Die! 在香港組樂團不得不知的事〉，KKBOX，2015 年 5 月 28 日，取自 https://www.kkbox.com/tw/tc/column/features-0-1600-1.html，2024 年 3 月 2 日擷取。

11 黃皓頤：〈青春的記憶 Beyond　忘不了的靈魂人物黃家駒〉，《當代中國》，2023 年 6 月 8 日，取自 https://www.ourchinastory.com/zh/6361，2024 年 3 月 2 日擷取。

12 某日家駒從電視中看到 David Bowie 的音樂影帶，從此成了小粉絲，除了購買唱片、雜誌，甚至會模仿 David Bowie 的衣著打扮，狂熱程度不亞於現今追星一族。娛樂新聞組：〈黃家駒辭世 30 周年 一把棄琴開啟音樂路〉，《世界新聞網》，2023 年 7 月 23 日，取自 https://www.worldjournal.com/wj/story/123621/7295051。

13 香港文化博物館：《瞧潮香港 60+》（香港：康樂文化事務處，2021 年），取自 https://www.heritagemuseum.gov.hk/documents/HKPOP60_Booklet_02.pdf，2024 年 3 月 10 日擷取。

14 鄧煒謙：《我與 BEYOND 的日子》（香港：知出版有限公司，2010 年）。

15 黃家強加入 Beyond 前與樂隊浮世繪主音梁翹柏一起組成樂隊，有趣的是，當時家強是擔任鍵琴手，加入 Beyond 後才專注擔任低音結他手。

16 RONNIE.C ：〈黃家駒「不死傳奇」完整版〉，YouTube，上載日期：2021 年 6 月 24 日，取自 https://www.YouTube.com/watch?v=FRoazbULN28，2024 年 3 月 10 日擷取。

17 關栩溢：《踏著 Beyond 的軌跡 I：歌詞篇》（香港：非凡出版，2023 年）。

18 當時陳健添和潘先儀開了經理人公司 Kinn's Music Ltd，Beyond 是公司簽下的第二支樂隊。參考陳健添：《真的 Beyond 歷史 1》（香港：廣東星外星文化傳播有限公司，2015 年）。

19 〈搖滾樂是甚麼？〉，《中大學生報》，2009 年 5 月，取自 https://cusp.hk/?p=1062，2024 年 3 月

20 日擷取。

20 1987 年 Beyond「超越亞拉伯演唱會」中，黃家駒演唱前有簡單介紹過此曲。

21 原本是寫給小島樂隊，後來在 1989 年的專輯《真的見証》中重新編曲演繹。

22 當時 Beyond 已到日本發展，但因語言不通，多少覺得孤獨，黃家駒的好友劉宏博表示，家駒有一次在電話中告訴他，在日本很辛苦。因此歌詞中「聽不見 途人說什麼」及「繁榮暫借的海港」分別代指日文和日本。

23 〈午夜迷牆〉是 1989 年香港黑社會題材電影《黑色迷牆》的主題曲，Beyond 除了擔任配樂及主唱電影主題曲，還客串演出。

24 千千闋歌與我常在（朱米高）：〈《妄想》Beyond 也來一首酸性搖滾〉，Medium，2018 年 6 月 29 日，取自 https://michaelchu-73917.medium.com/ 妄想 -beyond 也來一首酸性搖滾 -704daf04ee59，2024 年 3 月 20 日擷取。

25 同註 16。

26 〈農民〉為一曲兩用，另一首是〈文武英傑宣言〉，卻能展現不同氛圍。

27 〈戰勝心魔〉是 1990 年 Beyond 有份主演的電影《開心鬼救開心鬼》的主題曲。

28 千千闋歌與我常在（朱米高）：〈《不再猶豫》意想不到的軟實力〉，Medium，2018 年 6 月 29 日，取自 https://michaelchu-73917.medium.com/ 不再猶豫 - 意想不到的軟實力 -fa955f20f93d，2024 年 3 月 20 日擷取。

29 雷旋：〈《海闊天空》25 年：超越時代的黃家駒絕唱〉，《BBC 中文網》，2018 年 6 月 30 日，取自 https://www.bbc.com/zhongwen/trad/chinese-news-44654158，2024 年 3 月 16 日擷取。

30 1987 年黃家駒及當時的 Beyond 成員劉志遠出席無綫電視音樂節目《新地任你點》接受訪問，並講述 Beyond 玩的音樂類型。

31 同註 16。

32 千千闋歌與我常在（朱米高）：〈《冷雨夜》家強擔大旗〉，Medium，2020 年 6 月 20 日，取自 https://michaelchu-73917.medium.com/ 冷雨夜 - 家強擔大旗 -bda525f5d6f8，2024 年 3 月 20 日擷取。

33 陳志芬：〈專訪黃家強：Beyond《光輝歲月》獻曼德拉〉，《BBC 中文網》，2013 年 12 月 6 日，取自 https://www.bbc.com/zhongwen/trad/china/2013/12/131206_mandela_pop-song_beyond，2024 年 3 月 16 日擷取。

34 1991 年 Beyond 隨世界宣明會前往非洲肯亞探訪，其後創作了〈Amani〉。參考香港電台：〈港樂．講樂：第三十九集：懷念黃家駒〉，YouTube，上載日期：2023 年 6 月 25 日，取自 https://www.YouTube.com/watch?v=3MLIZRww_Q0，2024 年 3 月 17 日擷取。

35 淡然：〈1993 年 Beyond 我哋呀音樂會採訪〉，YouTube，上載日期：2021 年 6 月 28 日，取自 https://www.YouTube.com/watch?v=DsgWXqF2fNw&t=91s，2024 年 3 月 22 日擷取。

36 Raymond Ng：〈Beyond- 黃家駒 - 成長 90〉，YouTube，上載日期：2007 年 6 月 28 日，取自 https://www.YouTube.com/watch?v=uufp7n4wA-E，2024 年 3 月 10 日擷取。

37 Duncan Lau：〈改編歌：廣東歌的一頁歷史〉，Medium，2022 年 1 月 9 日，取自 https://duncanlau.medium.com/ 改編歌 - 廣東歌的一頁歷史 -c7ae5ca91aaa，2024 年 3 月 20 日擷取。

38 〈BEYOND 向高難度挑戰！批評香港樂壇不健康〉，《大眾電視》，1991 年，參考自新 Facebook 專頁「beyond 打手」，上載日期：2020 年 5 月 21 日，取自 https://www.facebook.com/photo?fbid=113184153735044&set=pcb.113194360400690，2024 年 3 月 10 日擷取。

39 戴小橦：〈數碼音樂產業年代　廣東歌從神壇跌落華語樂壇邊緣〉，《香港 01》，2022 年 7 月 18 日，取自 https://www.hk01.com/ 深度報道 /932901/ 數碼音樂產業年代 - 廣東歌從神壇跌落華語樂壇邊緣，2024 年 3 月 20 日擷取。

40 1993 年黃家駒出殯新聞片段中看到，大批歌迷在靈堂外送別家駒，痛哭失聲。

41 商業電台 Hong Kong Toolbar：〈謝安琪深受 Beyond 影響 @ 遙望家駒超越 20 年（30.6.2013）〉，

YouTube，上載日期：2013年6月28日，取自 https://www.YouTube.com/watch?v=btyXozrJ-84&t=5s，2024年3月10日擷取。

42 Winson Lam：〈見證黃家駒出道至全盛期：《Beyond 傳奇 35 周年展覽》！〉，《Yahoo! 新聞》，2018年4月29日，取自 https://hk.news.yahoo.com/ 見證黃家駒出道至全盛期 -beyond- 傳奇 -35- 周年展覽 -060845225.html?guccounter=1，2024年3月20日擷取。

43 張榮熹：〈深水埗文化屋展出大量 Beyond 珍藏　包括家駒在世時最後一張唱片〉，《香港 01》，2021年6月30日，取自 https://www.hk01.com/article/644604?utm_source=01articlecopy&utm_medium=referral，2024年3月20日擷取。

44 同註41。

45 商業電台 Hong Kong Toolbar：〈盧凱彤因家駒的精神看到希望@遙望家駒超越20年（30.6.2013）〉，YouTube，上載日期：2013年6月29日，取自 https://www.YouTube.com/watch?v=NO5stNvC3jo&t=1s，2024年3月10日擷取。

46 商業電台 Hong Kong Toolbar：〈Supper Moment 堅持搖滾文化@遙望家駒超越20年（30.6.2013）〉，YouTube，上載日期：2013年6月29日，取自 https://www.YouTube.com/watch?v=oNoVkihhyoM&t=28s，2024年3月10日擷取。

47 Facebook 專頁「Beyond Love（超越愛）義工隊」，取自 https://www.facebook.com/groups/beyondlove610/?locale=zh_HK，2024年3月10日擷取。

48 Leslie Lee：《Beyond 導賞團》，Soooradio 遠東廣播有限公司，2020年，取自 https://soooradio.net/blog/tag/leslie-lee/，2024年3月23日擷取。

49 香港郵票策劃及拓展處：〈發行「香港流行歌星」特別郵票〉，2005年11月2日，取自 https://web.archive.org/web/20090310234835/http://www.hongkongpoststamps.com/chi/newsletter/2005/10/20051012a.htm，2024年3月10日擷取。

50 香港富商李嘉誠買下〈光輝歲月〉的版權，由林夕重新填詞，成為汕頭大學非官方校歌〈大學問〉。參考自聶非池：〈《光輝歲月》被改編成大學校歌，林夕歌詞卻被黃家駒原詞秒成渣？〉，《每日頭條》，2017年11月29日，取自 https://www.epochtimes.com/b5/8/6/2/n2139371.htm，2024年3月23日擷取。

51 2008年5月，四川汶川發生八級大地震，香港演藝人協會選用〈海闊天空〉，劉德華填國語版歌詞，取名〈承諾〉，作為籌款賑災的主題曲之用。參考自〈兩岸三地演藝界義演為地震災區籌款〉，《大紀元》，2008年6月2日，取自 https://www.epochtimes.com/b5/8/6/2/n2139371.htm，2024年3月23日擷取。

5

未來之歌（上編）

從 AI 尹光看 AI 傳承香港流行歌的可能

李紫桐

AI 熱潮之下令尹光突破自己一向的曲風，唱抒情歌感慨多年演唱生涯，乘機道出「尹光精神」。

一、前言

2023年6月6日，VirtualTours於YouTube上載AI尹光翻唱林家謙〈一人之境〉影片，得到極大迴響，獲過百萬人觀看。正職為人工智能策略顧問的VirtualTours本來為完善AI的訓練過程及探索高端技術而製作AI翻唱歌曲影片，[1]卻未料這會掀起一波AI尹光熱潮。AI尹光翻唱林家謙〈一人之境〉影片得到迴響後，VirtualTours陸續推出大量AI尹光作品，當中包括〈一人之境〉二次創作版本〈一人支莖〉、〈菩提之境〉及〈一人查經〉等，亦有AI尹光翻唱林志美〈初戀〉及姜濤〈Dear My Friend,〉等著名歌曲。隨後其他AI歌手翻唱廣東歌的影片陸續於VirtualTours的頻道出現，包括AI元華唱〈少理阿爸〉，以及AI羅家英唱〈勁浪漫超溫馨〉。

筆者希望傳承粵語流行曲的想法始於中學時期。當時喜歡哥哥張國榮被同輩認為老土、口味「獨特」，筆者認為人們對粵語流行經典有很大誤解，一直希望為粵語流行經典「平反」。因緣際會之下，2022年以統籌身份與策展人留情及熱愛七八十年代歌手的年輕人朋友們舉辦「今夜真暖：樂壇經典舊物展」，分享年輕人喜愛樂壇經典路上點滴，以及我們和舊物的故事，希望同齡人了解我們珍愛的樂壇經典。

我們實踐傳承時，一致發現新一代認為經典歌手形象老土的想法根深蒂固，產生負面觀感，因而不願接觸。如留情於書籍《粵語流行曲七十年》所言，「舊歌」似乎與老土掛鉤，而且新一代對經典只有片面的認識（例如Beyond總是與「今天我」劃上等號）。[2]筆者自幼喜歡搞怪有趣歌曲，童年經常聽〈荷里活大酒店〉（1991）及〈你阿媽大減價〉（2006）等經典歌曲，中學時期更愛上〈少理呀爸〉（2002）。喜歡尹光的過程當中，發現他經常被人誤以為只唱色情歌，心有不服，一直希望可以為尹光平反。是次AI熱潮為尹光這個資深歌手帶來更多機會，如他本人所言：「近幾個月真的變得最快是，單單訪問都有一百幾十個。」[3] 與此同時，尹光與 AI 尹光—— Wan K. 合唱，推出新歌〈Dear Myself〉（2023），訴說演唱生涯；又以 AI 尹光為主題，舉辦尹光 Wan K. 宇宙巡邏演唱會。有見及此，本文希望透過 AI 尹光熱潮思考其迴響極大之原因及對傳承的影響，一探人類與 AI 科技在傳承的空間。

二、AI 尹光掀起尹光精神傳承的新浪潮

（一）AI 尹光前的尹光：廟街歌王

尹光由越南來港，曾唱粵曲及國語流行曲。因鄭錦昌的〈唐山大兄〉（1971）及許冠傑帶動粵語流行曲風潮之下，他乘機轉唱粵語流行曲，1973 年與鍾叮噹合唱〈天涯客〉（1973）後開始成名，其後又與鍾叮噹合唱〈啼笑因緣〉（原唱：仙杜拉；1974）及〈分飛燕〉（原唱：陳浩德、甄秀儀；1973）等著名歌曲。儘管尹光當時在香港娛樂界嶄露頭角，但歌曲被認為低俗，電視台及電台都不播他的歌，因此市面上較少有尹光的唱片，只有廟街才可見到他作品的蹤影，故有「廟街歌王」之稱。[4]

尹光的幽默諧趣、市井地道的形象一向深入民心，這早見於〈十四座〉（1975）、〈荷里活大酒店〉（1991）、〈少理阿爸〉（2002）等歌曲。例如〈十四座〉訴說小巴司機難處，包括「受盡多條嚴禁例」、「幾千牌費 / 仲更加惡捱」、「窮人的確係太慘 / 我唯盼個天公救助」等，令小市民在歌曲之中得到共鳴（另，據筆者母親所言，公公當年做小巴司機時經常唱這首歌，可見尹光的歌確實令一些市民得到共鳴）。〈荷里活大酒店〉以幽默諧趣方式道出「主人翁相救落水肥婆，反被冤枉非禮」的故事，歌中「所以我地廣東人嘅俗語講得好呀 / 好心著雷劈」使用地道句子，令聽眾覺得更有親切感，又例如「好彩我讀過詩書不易發火 / 否則我又再兜腳

踢佢落河」，以幽默方式表示對肥婆的不滿，使尹光有鬼馬的形象。又例如被稱為「紅遍全港的士高」[5]的〈少理阿爸〉，以擦邊打球方式講粗口或色情訊息，帶來「[illegible]鬼」的形象，例如：「我熱愛睇肉／點樣界女我最熟」、「你未出世係一條精蟲／另一半係卵／估唔到你唔精／反而做咗一粒懵卵」、「冇銀用又要欄街」，都是語帶相關和粗口諧音，這些都令尹光幽默而市井的形象留在普羅大眾的腦海之中。

以下將簡述尹光傳承的情況。他早在千禧年代已經有打入年輕人市場跡象，剛才提及的〈少理阿爸〉就是一個好例子，如環星公司指這首歌令尹光「以 rapper 界始祖之勢，成功打進年輕潮人市場」。[6]另外，這首歌除了是「紅遍的士高」之外，更從發行以來一直有二次創作版本，例如 2010 年〈少理阿爸嗶嗶嗶〉（尹光 × 謝金燕），[7]合併兩首當年街知巷聞的歌曲；2018 年香港警察推出〈少理距離咪出街〉，提醒市民道路安全；2020 年 YouTube 頻道 Oh My Guts 重製〈少理阿爸〉MV，向尹光和〈少理阿爸〉致敬，並指「2002 年嘅少理阿爸，到咗 2020 年都仲可以依然風行……」[8]可見尹光雖然出道多年，仍然有不少年輕人粉絲。這首歌除了成為熱潮之外，亦帶動尹光開始嘗試 rap 歌[9]（例如他與新一代香港 rapper KZ 合唱〈Mr. One〉和〈你老闆〉，與阿肥合唱〈潮神〉），都是以地道廣東話入詞，而且諷刺時弊，深受大眾歡迎。

（二）AI 尹光後的尹光：光 B 與 Wan K.

多年後，AI 尹光的出現再令「尹光」這個大名在年輕一代當中掀起浪潮，這次觸及的不只是在「的士高」載歌載舞的年輕人，而是更廣闊的層面。從網絡媒體、演唱會嘉賓及選曲、2023 年度叱咤樂壇流行榜選舉、廣告機遇及演唱生涯突破五方面可見尹光精神得以進一步傳承的情況。

1. 網絡媒體

在網絡媒體盛行的年代，尹光於網絡媒體頻頻現身，使年輕人更易了解尹光的演唱生涯及理念，認識「AI 尹光」、「少理阿爸」以外的尹光。例如網台 HEBEFACE YouTube 短片訪問尹光多年演唱經歷、介紹廟街表演歷史，以及討論對 AI 尹光的看法。[10] 從觀眾留言中可見他們對尹光的理解加深，並尊重他與時並進、謙虛及幽默的態度。另一網台艾力 Eric 短片指出尹光的作品富有香港特色，充滿地道廣東話文化，再訪問尹光的演唱經歷。尹光亦在訪問分享近來喜歡的香港樂壇新人，亦澄清自己的作品從不帶色情意味，只是為大家帶來正能量，[11] 影片加深大眾對尹光的認識，了解尹光唱「搞笑歌」以外的面向。除網絡媒體訪問外，娛樂型影片亦可見尹光的身影，例如網台小薯茄短片當中，以幽默方式討論 AI 寫學術論文、AI 尹光唱歌、AI 製圖等等功能對人類生活的影響。[12] 從以上例子可見，尹光在是次熱潮之下比以往觸及更多年輕人，而且在訪問透露歌唱及人生理念，令觀眾對尹光精神有進一步認識。

2. 演唱會嘉賓及選曲

AI 尹光熱潮之後，尹光演唱會嘉賓及選曲有年輕化的跡象。先以近年尹光演唱會為例，再作出對比。「尹光戲曲光輝 2022 演唱會（補場）」嘉賓包括張美峯、鄧美玲及鄭詠梅等戲曲演唱者；2023 年 7 月「尹光閃亮新輝粵曲演唱會」嘉賓包括梁非同、鄧有銀、鄭詠梅等粵曲演唱者，一同演繹多首經典戲曲。2023 年 5 月「尹光掂呀 2023 演唱會」嘉賓包括瑪姬、楊詩敏（蝦頭）、鄭雅琪及李麗儀。以上資訊可見尹光舉辦戲曲演唱會居多，演唱會嘉賓亦是公司合約藝人及戲曲演唱者，相信受眾是以老一輩為主。

在 AI 推波助瀾之下，全城焦點放在尹光身上，他揚言「如果今次無 AI 就不開紅館」，[13] 而且 AI 作為熱門的新科技，更容易打入年輕人市場，有助傳承。例如環星音樂國際有限公司有關「尹光 Wan K. 宇宙巡邏演唱會」廣告可見尹光是次演唱會以年輕人為目標，而且凸顯尹光與時並進的精神：「演唱會的創作概念以現今話題 multiverse、AI 等年輕人話題打造「WanKongverse」〔……〕盡情表達出尹光的我行我素，我有我個性，與年輕一代的接軌，AI、rap、搞笑、貼地，都完全是尹光音樂的元素，打造出 2023 年的尹光 #Wan K. 時代〔……〕光哥與時並進的轉變，永不老土……」[14]

演唱會除了以 AI 新科技為主題，亦邀請大量年輕嘉賓和特意選擇迎合年輕人的歌曲，可見尹光藉 AI 熱潮打入年輕人市場。是次演唱會嘉賓包括各個網絡媒體的年輕人，如小薯茄男團 FINALLY、JFFT 及試當真等人，吸引年輕觀眾之餘，更凸顯尹光「貼地」、與時並進的形象。演唱會亦著重多元化歌唱方式，包括大量 rap 歌，尹光亦指「後生歌又有不少」，例如〈一人之境〉、〈Dear My Friend,〉。[15] 可見演唱會以年輕人為目標，因此在嘉賓及選曲方面有所改動。傳承重要一步是新一代有意欲理解，相比以往演唱會受眾大多數為老一輩，是次演唱會首先吸引年輕人入場，令他們藉此了解尹光的演唱生涯、理念，亦可親身聽他唱歌，尹光對於新一代來說不再只是「少理阿爸」和「AI 一人之境那個人」，而是真真正正的尹光。

3. 2023 年度叱咤樂壇流行榜

回溯尹光在大型音樂盛事榜上有名已經是 1981 年憑大碟《話俾家鄉知》獲香港金唱片本地金唱片獎。時隔多年，尹光打入 2023 年度叱咤樂壇流行榜「我最喜愛的男歌手」最後五強，其餘四位男歌手包括姜濤、陳卓賢、張敬軒及盧瀚霆，年齡層介乎於八十和九十後，相對年輕，以資深的歌手之姿打入「我最喜愛的男歌手」的情況實在鮮有，可見 AI 的幫助之下令尹光再次受大量年輕人關注。

「我最喜愛的男歌手」五強由大眾於網上投票，網絡平台可見網民為尹光拉票的足跡，例如 LIHKG 討論區就有人以「我呼籲全世界票投尹光！」為題發帖文，亦有報道指截至投票之前，「我最喜愛的男歌手」五強當中，尹光在社交媒體討論熱度最高。[16] 同時，尹光粉絲仿效現時歌手粉絲應援方法，設立 Telegram 群組「光酥餅　光 B 應援區」，為尹光拉票及討論尹光作品。另外，尹光粉絲名為「光酥餅」，稱尹光為「光 B」，都是對新一代歌手的慣常做法，例如姜濤粉絲名為「姜糖」，稱姜濤為「姜 B」，可見粉絲有年輕化的跡象。另外，尹光亦開設 Instagram 社交媒體專頁（@silly.father）以作記錄生活及宣傳之用，其中一則帖子感謝歌迷為他在叱咤拉票，而且表示欣賞歌手張敬軒。張敬軒本人亦留言指出尹光是好榜樣而且啟發了他，從這個互動中可見兩代歌手互相欣賞和交流，有傳承作用。可見是次 AI 熱潮之後及媒體影響之下，網民關注尹光程度上升，更成功打入叱咤這個大型頒獎典禮。

4. 廣告機遇

AI 熱潮之後，顯然為尹光增加不少廣告機遇，宣傳方法、平台及商品受眾亦趨向年輕化。例如 HKTVmall 宣傳，唱〈Deal 你阿爸〉（二次創作版本〈少理阿爸〉），有尹光一貫擦邊打球、諧趣的風格，更調侃「HKTVmall 你正仆街」；3HK 請尹光本尊唱〈一人之境之人人自肥版〉（二次創作版本〈一人之境〉）；為 M&M'S 朱古力宣傳，唱賀歲歌〈你最紅〉（M&M'S Fun 享版），宣傳片中開首有年輕人指「光 B 世一」；為「杜蕾斯 001 系列」代言，於旺角銀行中心街頭 busking，尹光 Instagram 專頁上亦可見大量年輕人欣賞表演。除此之外，他的 Instagram 專頁上亦可見不少宣傳帖子：例如與年輕藝人阿正（黃正宜）及 Kakit（鄧家杰）合作，宣傳譚仔雲南米線；與女團 Me& 合作，宣傳置富 Malls；宣傳昂坪 360 纜車，訴說自己對香港的情感、個人演唱生涯，以及被稱「登不上大雅之堂」的時刻，宣傳帖子文案更寫：「但就算遇到唔同嘅困難，我都係一樣繼續向前行，繼續同大家一齊嘗試唔同嘅音樂，連 rap 同 AI 都玩埋！」[17] 反映尹光與時並進的精神，廣告滲透個人價值觀令大眾對尹光了解更深。

尹光由以往宣傳精油膏布，到現時宣傳網購、電話服務、朱古力、安全套這些產品，可見受眾本來以老一輩為主，現時增加年輕受眾，更為廣闊。加上，社交媒體廣告增加，而且經常與年輕人合作也是廣告方式年輕化的表現。廣告大量增加證明尹光有宣傳力，亦間接反映產品和尹光受年輕人歡迎，以年輕觀眾為目標。另外，廣告一般由尹光演唱廣告歌，一來證明尹光的價值在於演唱，二來有更多渠道令大眾了解他的歌曲，達至傳承效果。

5. 演唱生涯突破

AI 熱潮之後，尹光打鐵趁熱唱出演唱生涯第一首抒情歌〈Dear Myself〉，講述自己的演唱生涯，把焦點由 AI 尹光轉移在尹光上。歌詞可見尹光對年老的感慨、價值觀，以及細數歷年來的音樂作品。例如「並未進軍 Hollywood 但過足口癮／十四座那坐客就快歸隱」引用〈荷里活大酒店〉及〈十四座〉，「就快歸隱」與下句「唱著最後餘韻」表示時間流逝。後面有引用〈數波波〉（1991）及〈數毛毛〉（1991）等經典歌曲。「廟街篤下波搵下老友／有乜睇化唔化／玩個夠」表示他的出身和及時行樂、豁達的人生觀。「我在唱日日夜夜願搏你一笑」指出唱歌原因是希望為大家帶來歡樂。其後「到了我聲線亦折舊了／我把這個使命過繼 AI 了」，筆者認為此處「聲線折舊」是指年紀老去，聲音可能變得沙啞，而不是他的音樂變得老土。當尹光唱到「過繼 AI」之後，變為 Wan K.（AI 尹光）唱下一句，由此可見此處「過繼 AI」是指 AI 代唱。

環星音樂於〈Dear Myself〉的 YouTube 簡介指出：「尹光重新思考自己，挑戰流行的港式抒情曲風〔……〕經歷歲月洗禮聲線也會折舊，但科技卻可讓人人成為尹光，找來另一個次元的自己——Wan K.，跨越次元合唱，讓『尹光精神』在世界上長存。」[18] 可見 AI 熱潮之下令尹光突破自己一向的曲風，唱抒情歌感慨多年演唱生涯，乘機道出「尹光精神」，例如歌詞滲透他的代表作、價值觀和唱歌經歷等資訊，令聽眾在歌曲之中了解尹光這個人，有效傳承。

以上五點可見 AI 尹光熱潮使尹光再次受年輕人歡迎，在不同新興媒體出現之餘，亦順勢舉辦演唱會吸引年輕觀眾，更於叱咤榜上有名，亦增加廣告機遇，演唱生涯突破可見熱潮的威力強大，有效推廣尹光精神。

三、AI 尹光迴響極大之原因

前言談及 VirtualTours 的 AI 歌手翻唱系列只是冰山一角。筆者蒐集資料時在 YouTube 上搜尋「AI」二字，已出現大量不同 YouTube 頻道製作 AI 歌手翻唱的短片，包括香港及台灣歌手，而且年代橫跨幾十年，由陳百強、王菲、陳奕迅，以至 MC（張天賦）亦有 AI 版本。早在 AI 尹光之前，已有不同 AI 歌手翻唱，例如 KaKuiAI 這個 YouTube 頻道，顧名思義是 AI 模仿家駒的聲音翻唱歌曲，當中包括：Supper Moment 的〈無盡〉及 Beyond 的〈十八〉等等。當中最多觀看次數為 AI 家駒翻唱陳奕迅的〈單車〉，有六十多萬人觀看。影片於 2023 年 5 月推出，換言之是在 AI

尹光之前出現，但迴響卻沒有 AI 尹光如此大。

另外，YouTube 頻道 AI 創作實驗室上載 AI 梅艷芳翻唱李克勤的〈月半小夜曲〉，但反應未如理想，有觀眾認為 AI 模仿不了梅艷芳的聲音，有些觀眾則認為李克勤的影子仍揮之不去。於留言觀察可見觀眾焦點放在唱腔，認為以梅艷芳的聲音再加上李克勤的腔調，稍有突兀之感。除此之外，AI 陳奕迅及 AI 孫燕姿翻唱的影片，分別有約十萬及七萬觀看次數。對比觀眾對不同 AI 歌手及 AI 尹光的反應，可見 AI 尹光帶來的迴響尤其顯著，以下將淺析 AI 尹光迴響極大之原因。

（一）香港樂壇語境

香港樂壇多元化的需求令尹光突圍而出。如香港恒生大學社會科學系助理教授鄧鍵一所言，從 2021 年叱咤頒獎禮開始有人討論「廣東歌復興」，近年樂壇開始有新面孔，曲風和題材亦相對多樣化。[19] 在推崇多元化的樂壇語境下，AI 尹光熱潮喚醒大家對尹光的記憶，他的另類、諧趣以及地道，成為市場推崇的類型之一，因此是次熱潮後除了 AI 尹光成為當紅「人物」之外，尹光順勢推出新歌等行為令本來認識尹光的大眾在樂壇茫茫人海之中想起他，亦提供機會令不認識尹光的人了解這個歌手。

（二）時機成熟

AI 被討論多年，近年 ChatGPT 瞬間普及加速普羅大眾對 AI 的了解，一般市民只要在電子設備簡單操作即可獲得大量 AI 提供的資訊，而且不少工作亦會借助 AI。大眾本來以為 AI 只能做計算、資料整理等單一工作，但科技日新月異，文學和哲學等具有「創作性質」的 AI 工具頻頻出現，AI 尹光冒出為 AI 提出多一個可能：歌手也可以用 AI 製作，因此引起大眾的迴響，思索 AI 在流行文化發展的可能。

（三）選曲

原唱林家謙〈一人之境〉是近年大熱歌曲，有過千萬觀看人數，翻唱此曲較易吸引觀眾。另外，〈一人之境〉的主題適合做「實驗」，這首歌不是典型「大路」情歌，而是講述與自己相處之道。若然失戀歌配上尹光的聲線和腔調，又未免太過突兀離奇；如果 AI 尹光唱輕鬆搞笑歌曲，又與尹光本來風格相同，未有新意。綜合以上原因，〈一人之境〉的主題及風格與尹光形象有恰到好處的距離，因此選擇 AI 尹光唱〈一人之境〉是一個不錯的決定。

（四）幽默感

林家謙與尹光兩人年紀相距四十多年，而且形象可謂「風馬牛不相及」，前者是溫文爾雅，後者幽默鬼馬，無論唱腔、形象、年代都有很大距離，相信聽過兩位的作品都能輕易分辨兩者不同之處。是次 AI 尹光模仿尹光的腔調，唱林家謙的歌，造成強烈對比，形成幽默感。觀眾亦指 AI 尹光在副歌前喊一聲「hey」是畫龍點睛。以「尹腔」唱〈一人之境〉帶出「無厘頭」的感覺，全新演繹〈一人之境〉之餘又可以突出尹光幽默鬼馬的形象，因此，幽默效果亦是令 AI 尹光「一歌而紅」的原因之一。

（五）AI 尹光全新演繹〈一人之境〉

AI 尹光全新演繹〈一人之境〉為歌曲帶來新鮮感，令觀眾感到很有趣。如觀眾解讀，〈一人之境〉原唱的演繹為求自我安慰，而 AI 尹光的演繹確實有「一個人原來都可以盡興」，自得其樂之感，令一首歌有不同的可能。當然，真人翻唱亦有重新演繹的效果，但如果有些歌手已不再唱歌，或者未必唱觀眾想聽的歌之時，AI 可以模仿其聲音，因此，觀眾想指定某歌手唱某首歌時，就可以利用 AI，打開創作空間。

總結以上原因，可見這次熱潮是「天時地利人和」構成，種種原因加上尹光本來在樂壇活躍而且形象「貼地」，因此迴響較大。

四、AI 傳承的可能

（一）以 AI 尹光為例看 AI 傳承的可能

如前文所言，作為希望傳承經典精神的人，談及傳承之時心中有些疑問：傳承目標為何？何為成功傳承？新一代認出某歌手？大眾能指出該歌手的代表作？抑或要了解一個人、一首歌的精神才稱之為成功傳承？

就現階段觀察和上文提及 AI 尹光熱潮後尹光的情況而言，尹光及 AI 尹光能達成傳承首兩步。至少筆者身邊朋友知道「尹光」是誰，而且大部分聽過或者知道尹光〈少理阿爸〉及〈荷里活大酒店〉等著名歌曲。在了解尹光和他作品的精神方面，這次 AI 熱潮及迴響有機會令大眾對尹光有更深認識，至於是否持續有效令年輕一代了解尹光，則有待商榷。

（二）利用 AI 傳承之掣肘

從以上熱潮及迴響可見 AI 有效令大眾了解尹光，但利用 AI 技術傳承音樂仍充滿顯而易見的掣肘。其中之一是版權問題，如尹光及他所屬的環星音樂國際有限公司已禁止他人未經同意不能取用尹光的聲音製作歌曲，[20] 若然希望利用 AI 模仿歌手聲音，則要經所屬公司及歌手同意，作品亦視乎公司的取向及所提供資源。另外，記者實測 AI 的粵語作詞能力時，希望以舊曲新詞方式創作，但因為歌詞受版權保護，無法直接提供重寫的歌詞，可見除了歌手聲音之外，歌詞亦受版權影響。[21] 根據報道，其他地方已有人利用 AI 翻唱來滿足自己的喜好，例如 AI 孫燕姿翻唱周杰倫、伍佰等歌手的經典作品，但事件引起 AI 翻唱侵犯版權的爭議。因此，是次推行 AI 尹光的 VirtualTours 在影片下會註明「合理使用版權聲明」及表示「尊重創造力和原創性」，不作盈利之途，並承諾作品在《版權條例》及 AI 技術的法律和道德界限內運作。[22] 從以上資訊可見 AI 翻唱涉及版權問題，無法隨心製作不同作品，成為製作人的掣肘之一。若要製作 AI 翻唱，則要仿效 VirtualTours 的做法，以免構成法律責任。

另外是道德問題，利用 AI 技術對藝人作出不敬行為變得輕易。如 VirtualTours 所言，有 AI 技術之後，「任何公眾人物都可能成為戲仿、諷刺、營造滑稽等二創作品的對象，這是他們身處公眾視野時不可避免的」。[23] 控制權似乎全部落在創作者身上，加上未有實質指引指導 AI 技術的用途，唯一能控制的只有創作內容時的意圖。[24] 因此，若然有人故意利用 AI 曲解歌手形象，令大眾對歌手有誤解，例如把尹光營造成一個只會唱色情、粗口歌曲的形象，這不但違背他的宗旨，影響歌手形象，一旦大眾信以為真，則無法真正傳承歌手的精神，成為傳承一大問題。

另外，使用 AI 技術令過世藝人「重生」也成為道德議題。AI 模仿歌手出現多年，其中一個受人注目的是 AI 鄧麗君。這個技術不但重現鄧麗君的歌聲，更在節目「表演」，如「鄧麗君再現雲林浮空投影音樂會」使用 AI 投影，讓她在台上「表演」，另外在江蘇衛視跨年晚會和歌手「同台合唱」。表演之外，有人為鄧麗君設立 Instagram 專頁（@terraslife.0129），上傳「鄧麗君」每日生活點滴，更與造型師合作，似乎與現時藝人無別。有些公司利用 AI 技術使過世歌手或演員在新作品出現，例如英年早逝的保羅・獲加（Paul William Walker IV）在電影《狂野時速 7》（*Fast & Furious 7*）出現。一方面，有些觀眾會覺得感動，欣然接受。另一方面，有人認為這種行為對死者不尊重，或有「發死人財」之感。筆者可以預想，如果 AI 模仿過世歌手普及的話，有些公司可能會創作大量新作品、產品去消費該名歌手，這亦是我們需要思考的問題。

第三個問題是傳承的使命能否真的「過繼 AI」。筆者從〈Dear Myself〉歌詞「到了我聲線亦折舊了 / 我把這個使命過繼 AI 了」得到一些啟發，反思 AI 幫助傳承的可能——如果一首歌由作曲、填詞以至演唱都由 AI 創作，結果會是如何？傳承的使命可以交給 AI 嗎？

基於現時 AI 歌手的資源垂手可得，大眾隨時隨地可以聽 AI 歌手表演，而 AI 作曲工具暫時未能普及，因此筆者做了 AI 寫歌詞的小實驗，以觀察 AI 幫助傳承的可能。是次實驗利用由 gpt-3.5-turbo 提供技術支援的 Chat Poe Assistant 免費版本。筆者對 AI 的指令如下：（一）選擇目標詞人；（二）加上指令，使 AI 寫與該詞人風格相似的作品。第一個指令為「試寫一首充滿黃霑風格的歌詞」，以下是 AI 結果的節錄：「千山萬水我走過 / 那些年的情感如潮流 / 黃霑風格的旋律迴蕩著 / 把我帶回那段時光裡」。部分歌詞是在黃霑的作品有跡可尋，例如「千山萬水」是希望對照「萬水千山縱橫」，但直接在歌詞寫「黃霑的風格」實在令人不解。第二個指令為「試以林夕的角度寫一首歌詞」，效果如下：「在這個瞬息萬變的世界裡 / 我們彷徨尋找著答案的軌跡 / 每一刻都是一段詩的旅程 / 每一行歌詞都是心靈的映照」。最後的指令為「試模仿林夕，寫一首歌詞」，結果為：「愛情的旋律在心中翩躍 / 詩句如歌詞編織成深情的樂章，用溫柔的筆觸描繪著情感 / 林夕的風格，在歌聲中綻放」，這例子與第一個指令有同樣問題，就是直接道出「林夕的風格」，令人懷疑 AI 有否充分了解指令。最後，筆者利用獲林夕參與開發的 Lyricist.ai 靈魂寫手寫一首歌詞，AI 可以設定關鍵字句、歌詞風格及歌詞生成方式，輸入的關鍵字句為：傳承廣東歌；歌詞風格：林夕風格；歌詞生成方式：指定韻腳。生成結果節錄如下：「中華民族的快感 / 如何分清楚誇張 / 明媚月亮 / 每一位都有限期 / 從來未曾幸福過 / 歷史角力」。筆者認為這段歌詞與傳承廣東歌無關，風格是否與林夕相似亦有待商榷。

從以上簡單實驗可見，AI 寫歌詞技術仍有進步空間。當然，如果有進階版本可以輸入大量香港粵語流行歌詞的數據，或者先提供歌曲給 AI，相信效果會較好。但 AI 只是參考過往作品，無法做到真正創作。筆者能預想的是 AI 可以創作大量「K 歌」（簡單易唱，歌詞琅琅上口的歌），畢竟這類流行歌是大同小異，容易模仿。但如果要以 AI 寫出令人感動，有效傳承歌手精神的歌曲，以現階段來說是未能做到。值得留意的是，現時 AI 提供的資訊未必可信，如果單憑 AI 傳承，而 AI 傳達錯誤資訊或對歌手理解錯誤的話，則會令人對歌手有誤解，後果不堪設想。

另一問題是 AI 不能像歌手一樣把感情注入歌曲中，AI 為人詬病原因之一是沒有人類的感情，在講求情感表現的媒介之中，AI 則略為遜色。正如周耀輝及陳詠謙兩代知名填詞人於訪問所言，他們一致認為 AI 填詞沒有感情而且不懂押韻，質素欠奉。另外，周耀輝受藝發局邀請，負責教 AI 寫歌詞，但 AI 表現不佳，而且進步緩慢，令他感到苦惱，亦同時希望 AI 無法取代人類寫歌詞。[25] 除了兩位填詞人之外，AI 尹光的創造者 VirtualTours 亦不相信 AI 翻唱可以取代真人歌手。VirtualTours 指出歌手成名關鍵在於他是否有獨特個性、動人的個人故事，能否把情感、故事及藝術表達注入作品之中，使觀眾共鳴，而 AI「明顯在這些其他更重要的方面有所欠缺」。[26] 故此，AI 有所進步的話，或許可以寫到更好的歌詞和歌曲，成為傳承重要一步，但不能代替一個活生生、有感情和經歷的歌手或是創作者。

五、結語

AI 尹光打開了 AI 傳承的想像空間，使我們了解 AI 在流行文化當中的威力。AI 尹光熱潮及其迴響可見這是個頗成功的例子。成功原因除了是尹光形象向來親民，「天時地利人和」亦是重要因素，令大眾留意及有意傳承尹光精神的仍是靠各個媒體訪問。無可否認，AI 尹光熱潮確實幫助到尹光的傳承工作，但仍然存在不同掣肘。科技日新月異，可能 AI 或其他新科技在傳承佔的地位可以越來越大，但就現況而言，AI 在流行文化的發展仍有待進步。當然，現時的情況都只是階段性的結果，不可以完全否定 AI 作為傳承工作其中一環的可能。

文末，感謝香港大學香港研究課程及留情邀請筆者到「未來之歌：粵語流行曲傳承研討會」彙報，令筆者有機會向大家分享淺見，亦感謝講者及觀眾對粵語流行曲的熱誠和專業的彙報，給予寶貴意見和思考空間。尚記得彙報完畢後，其中一位觀眾指：假使 AI 技術越來越發達，人類能夠利用 AI 連結不同世代的人，讓後世才有途徑認識經典，否則經典只會變成書本上冷冰冰的兩行字。無論 AI 能成為傳承的工具與否，筆者都希望人們可以利用不同方法傳承我們所珍愛的經典，令他們歷久不衰。

六、後話

筆者趕稿之時，網上突然開始討論 AI 作曲填詞網站 Suno，只要有一段文字及選擇歌曲風格，就可以生成一首歌。雖然結果未如理想，例如網民指歌曲不押韻、「唔啱音」等問題，而且現時生成歌曲都是惡搞歌為主，未對香港樂壇有很大影響。但科技進步之快實在令人驚訝，半年前說現時未有成熟而普及的科技可以負責作曲填詞，轉過頭來又泛起 AI 音樂熱潮，看來，再過幾個月 AI 包辦曲詞編監面世亦不見怪。

註

1 蘇哈妮：〈「AI 尹光」創造者 VirtualTours：我們該如何定性「AI 歌手」？〉，《Wave. 流行文化誌》，取自 https://wavezinehk.com/2023/07/04/kwongb/，2024 年 2 月 11 日擷取。

2 留情：〈傳承就是現在〉，載黃志華、彭得豐、蔡梓淇、廖志強、黃念欣、馮應謙、何穎琪、朱耀偉、留情合著《粵語流行曲七十年》（香港：亮光文化有限公司，2024 年），頁 194-195。

3 Nic Wong：〈尹光 WAN.K 專訪｜挑戰 AI 成為樂壇抒情新人　半世紀不煙不酒不賭不講粗口〉，《JET》，取自 https://jetmagazine.com.hk/wan-kwong-aka-wank-interview-2023/#google_vignette，2024 年 2 月 15 日擷取。

4 同上。

5 同上。

6 環星音樂國際集團有限公司：〈尹光戲曲光輝 2022 演唱會（補場）〉，取自 https://wsmmusic.com/concerts-detail.php?id=185，2024 年 2 月 15 日擷取。

7 wongmingkyun：〈（嗶嗶嗶惡搞）少理阿爸嗶嗶嗶【尹光 × 謝金燕】〉，YouTube，上載日期：2010 年 10 月 9 日，取自 https://www.YouTube.com/watch?v=HBZKt7ans5I，2024 年 2 月 15 日擷取。

8 Oh My Guts：〈【MV 重製】少理阿爸｜ Oh My Guts〉，YouTube，上載日期：2020 年 5 月 1 日，取自 https://www.YouTube.com/watch?v=2XhQtXXoGxk，2024 年 2 月 15 日擷取。

9 艾力 Eric：〈尹光：唱歌 53 年，我只想觀眾開心！被指低俗遭電台封殺？再踏紅館唱 AI 歌，要向姜濤、林家謙學唱歌？〉，YouTube，上載日期：2023 年 9 月 30 日，取自 https://www.YouTube.com/watch?v=wsZ5f4Lwz2Q，2024 年 2 月 15 日擷取。

10 HEBEFACE：〈光 B 來了！尹光笑稱想用「尹腔」唱《Dear My Friend,》望與張敬軒開 Show　如姜濤邀請他必當演唱會嘉賓｜城市遊走 - 與尹光重遊廟街昔日賣唱之地！〉，YouTube，上載日期：2023 年 6 月 18 日，取自 https://www.YouTube.com/watch?v=f8yIv0NeQ2c&t=416s，2024 年 2 月 15 日擷取。

11 同註 9。

12 Pomato 小薯茄：〈【人工智能】AI 真人版 ChatGPT，尹光 AI，Photoshop ft. 尹光｜ Pomato 小薯茄〉，YouTube，上載日期：2023 年 7 月 24 日，取自 https://www.YouTube.com/watch?v=OjMeagCXKAU，2024 年 2 月 15 日擷取。

13 〈尹光演唱會｜相隔 14 年再踏紅館感激姜濤林家謙　三代同堂孫女激罕現身好驚喜〉，《星島頭條》，2023 年 11 月 5 日，取自 https://www.stheadline.com/realtime-entertainment/3288308/ 尹光演唱會｜相隔 14 年再踏紅館感激姜濤林家謙 - 三代同堂孫女激罕現身好驚喜，2024 年 2 月 17 日擷取。

14 環星音樂國際集團有限公司：〈尹光 Wan K. 宇宙巡邏演唱會〉，取自 https://wsmmusic.com/concerts-detail.php?id=199，2024 年 2 月 15 日擷取。

15 同註 3。

16 數因斯坦：〈叱咤 5 強｜最新網絡熱度 預測得獎名單　尹光、張敬軒聲勢暫超姜濤叱咤 5 強｜最新網絡熱度 預測得獎名單 尹光、張敬軒聲勢暫超姜濤｜香港 01〉，《香港 01》，2024 年 1 月 1 日，取自 https://www.hk01.com/ 研數所 /963901/ 叱咤 5 強 - 最新網絡熱度 - 預測得獎名單 - 尹光 - 張敬軒聲勢暫超姜濤？utm_source，2024 年 2 月 20 日擷取。

17 @silly.father，Instagram，上載日期：2023 年 12 月 4 日，取自 https://www.instagram.com/p/C0asrBzvHgl/，2024 年 2 月 20 日擷取。

18 環星音樂／環星娛樂 WSM M：〈尹光 feat. Wan K. ｜《Dear Myself》｜ Official Music Video〉，YouTube，上載日期：2023 年 9 月 11 日，取自 https://www.YouTube.com/watch?v=hDSft4Ah1Qw，2024 年 2 月 15 日擷取。

19 鄧鍵一：〈香港流行音樂復興：剖析頒獎禮數據〉，《明報新聞網》，2022 年 5 月 26 日，取自 https://news.mingpao.com/ins/ 文摘 /article/20220526/s00022/1653485488146/ 香港流行音樂復興 - 剖析頒獎禮數據，2024 年 2 月 24 日擷取。

20 Viu1 HK：〈尹光已申請版權 禁 AI 尹光再唱自己 紅館騷準備唱姜濤　林家謙金曲｜ Viu1 娛樂新聞〉，YouTube，上載日期：2023 年 9 月 11 日：取自 https://www.YouTube.com/watch?v=qqQHLr-K4LU，2024 年 2 月 24 日擷取。

21 同註 1。

22 同註 1。

23 同註 1。

24 同註 1。

25 甄梓鈴：〈香港詞人對談｜周耀輝 × 陳詠謙：AI 作詞，識得春和秋中填夏與冬嗎？〉，《Wave. 流行文化誌》，取自 https://wavezinehk.com/2024/02/29/ai_lyricists/，2024 年 2 月 24 日擷取。

26 同註 1。

6

「我愛你」：香港粵語流行曲歌名的縱向分析

蘇鑰機

從過去七十年的歌名用詞也可見一些明顯變化，例如消失了的「春花秋月」類的風景描述，近年出現的虛無主義傾向，除了反映樂壇的疲態，又或會和社會的大環境有關。

一、粵語流行曲的發展

粵語流行曲是大眾的生活的一部分，同時是個社會文化現象，一直都受到學術界關注。在相關研究文獻中，有不少人評述了香港粵語流行曲的發展歷程，讓大家知道它在過去近百年的變遷。[1] 粵語流行曲源於二十世紀初已經出現的粵曲和粵劇唱腔，一直存在到 1940 年代。隨著社會時局改變，二次大戰後有很多大陸人士移居香港，令香港在 1950 年代起的社會形態有頗大變化。

不少人認為香港粵語流行曲是始於 1950 年代，黃霑曾稱之為「夜上海」、「不了情」和「今天不回家」時代。[2] 大陸很多音樂家和歌者從上海等地到了香港，帶來了國語時代曲的潮流。上海電影人來到香港開展電影製作，隨電影衍生的歌曲順勢興起，但這些國語時代曲主要的影響在東南亞等地及歐美華人圈子，香港本身並不是最主要的市場。[3]

當時的歌手頗多都有粵曲背景，例如周聰、呂紅、朱老丁、何大傻、冼劍麗、許艷秋等。後來流行開拍青春歌舞片，主要有陳寶珠、蕭芳芳、呂奇、鄭君綿等演員和歌手。到了 1960 年代，香港開始輸入台灣歌手唱的國語時代曲，此時又有西方的流行音樂出現，特別是披頭四在 1964 年訪問香港，帶動了香港年輕人「夾 band」熱潮。在這段時期，歌壇仍受中國戲曲傳統影響，加上西方流行音樂，還有菲籍樂師參與音樂製作。香港社會當時的電子傳媒並不發達，粵曲地位相對低下，一些歌詞甚至頗為粗俗，而年輕人的音樂口味比較西化。[4]

到了 1970 年代，香港經濟開始起飛，年輕一代成長，於是較為親切的廣東話歌抬頭，配合了青年人尋找自我表達的聲音。電視台開始製作本地劇集，並帶動廣東歌的熱潮。顧嘉煇和黎小田是其中兩位主力作曲人，前者承襲了國語時代曲年代的傳統，加上歐美的編曲手法，以及粵劇流行的歌詞。[5]

1974 年的歌曲〈啼笑因緣〉可說是一個分水嶺，還有電影《鬼馬雙星》及其相關歌曲。在這個「啼笑因緣」和「問我」時代，[6] 此時歌曲的作者開始有新嘗試，他們有較高的教育程度，所寫的歌較為口語化及新詩化，其影響逐漸遍及內地及其他地方。作詞人和作曲人開始專業化，成立了一些行業團體，他們吸收歐美流行曲及台灣國語時代曲的經驗，歌手由唱這兩種曲目轉為唱粵語流行曲，又將外國的歌曲中詞化。除了電視和電影之外，電台唱片騎師對廣東歌的流行也有很大推動作用，此時經濟迅速起飛，文化生活隨而豐富起來。許冠傑唱〈鬼馬雙星〉及〈鐵塔凌雲〉，帶來了樂與怒的曲風，口語化的歌詞唱出小市民心聲和人生哲理。當時有很多不同風格的歌手如鄭少秋、汪明荃、羅文、徐小鳳等，作詞人主要有黃霑、鄭國江、盧國沾、黎彼得等。

1980 年代持續之前的氣勢，歌壇人才輩出，大家充滿朝氣和自信，催生了不少音樂評獎和演唱會文化，唱片銷量屢創新高。歌手和歌曲更多樣化，例如男歌手有譚詠麟、羅文、陳百強、林子祥、關正傑、張國榮、盧冠廷等，女歌手則有甄妮、梅艷芳、汪明荃、陳慧嫻、葉德嫻、林憶蓮等。此時日本改編歌曲盛行，加上本地的城市民歌也異軍突起，一些樂隊組合紛紛出現，包括太極、草蜢、達明一派、夢劇院、Raidas、Beyond 等。[7]

黃霑稱 1990 年代為「滔滔兩岸潮」時代，[8] 此時香港、大陸和台灣在人員及歌曲的交流很多，歌壇的視野更為開闊。但一些不利因素開始浮現，例如有主要歌手、作曲人及作詞人宣佈退出樂壇；中文原創歌曲運動影響了國際視野和歌曲的質素；電影市道不佳，電視劇收視也在下降；唱片翻版情況嚴重，打擊了唱片業的收益；歌迷開始年輕化，他們對歌曲質素要求不高，家喻戶曉、不同年齡層都受歡迎的歌曲減少；廣州的歌手開始加入競爭。幸好當時仍有「四大天王」(張學友、劉德華、郭富城、黎明）穩住陣腳，加上其他歌手仍很受歡迎，例如鄭秀文、王菲、葉蒨文、容祖兒、李克勤、陳奕迅、許志安等。[9]

到了千禧年之後，內地的歌唱、唱片市場更為成熟，對香港粵語歌壇造成影響，歐美日韓的流行音樂也是重要的競爭對手。隨著香港電影電視業的下滑，本地的大眾市場似乎消失了，只餘下年輕人喜歡聽流行曲。歌曲水準持續下降，歌手人數及種類均減少。翻版問題是全球現象，香港也不能獨善其身。網路歌曲開始出現，香港歌手並非主要靠唱歌，還要兼顧電影、電視劇、廣告等方面的工作，有些轉向內地市場，因而令歌壇運作和實力都受到影響。香港粵語歌壇繼續演變，正在尋找新時代、新環境下的出路。[10]

二、研究路向、目的與方法

粵語流行曲作為一個研究課題，可以有不同的取向路徑。首先是它可以作為一種文化現象。[11] 很多研究者著眼於粵語流行曲的歌詞和作詞人，他們包括朱耀偉、黃志華、梁偉詩。[12] 從音樂旋律和曲調著眼的研究者就有徐允清、楊漢倫、余少華，而黃志華的研究範圍則包括歌詞與曲調。[13] 也有研究者集中某個議題，例如簡嘉明著眼方言如何進入歌詞，陳嘉銘等分析歌詞的本土化現象，[14] 朱耀偉看中文歌運動帶來的影響，又分析了粵語流行曲面對的問題和衰落。[15]

有人分析個別歌手代表的意義和帶來的影響，[16] 也有研究者著眼粵語流行曲和政治、身份認同、另類音樂、性別文化等方面的關係。[17] 上述的專家和學者對香港粵語流行曲研究有重要貢獻，他們的研究成果遍及不同範疇。

以往的努力以文化研究的質化取向為主，主要是著眼現象分析、歷史回顧、個人訪談、歌詞歌曲風格點評等，較少用社會科學的量化方法，甚少作問卷調查或內容數據分析。其實質化和量化兩種研究可以互相補充，從各自的取向看到不同的風貌。本文希望建基於前人的眾多努力，用量化方法為香港粵語流行曲研究加添一些素材。

本研究的目的有兩個，首先是看粵語流行曲內容的種類和變化。之前有香港政策透視的實證研究，但只集中於某個時間點，未能立體地檢視過去和現在的情況。[18] 粵語流行曲的內容在過去七十多年是否不同，有什麼模式趨勢，是個值得系統地探討的議題。另一個研究目的是看粵語流行曲的內容和社會的關係，看它能否反映不同時代的特色。流行曲植根於時代生活，應該和當時的社會有若干連繫，而這種連繫究竟有多強，就要有實證的數據來說明。

本研究採用量化內容分析方法，因為橫跨年代廣闊，涉及歌曲數目眾多，不可能對所有歌詞作具體分析，於是選擇以歌名作為切入點。歌名其實是一首歌最濃縮的描述，就如新聞標題概括了新聞故事內容一樣。[19] 分析歌名的好處是可以同時處理不同年代很多的作品，而且資料較容易獲得，但不足之處是歌名所含的資訊量很少，未能充分表達歌曲的內容。當然最理想的做法是將歌名結合歌詞一起分析，這樣就有互補作用。本文首先用歌名的單字作為基本分析單元，然後看一些組合詞語的出現次數，再將常用的字連繫起來，建立字詞的網絡關係圖，並且分析比較這些字詞和關係在七十年來的變化。

研究資料來自三方面，第一是香港電台所編輯的一本書，[20] 它包括的歌曲數目極多，從 1950 年代到 1980 年代都有。第二個資料來源是 Muzikland 所編的三冊書籍，涵蓋面自 1974 至 1999 年，包括一百零一個唱片中的眾多歌曲。[21] 當然這些被選的唱片主要反映作者的個人口味，但它們大多屬於很合理的選擇。第三個來源是各電台和電視台的歌曲流行榜，包括香港電台的「中文歌曲龍虎榜」（1976 年起）、商業電台的「叱咤樂壇流行榜」（1989 年起）、新城電台的「新城勁爆流行榜」（1991 年起）和無綫電視的「勁歌金榜」（1986 年起）。它們創立節目後，每年都納入頗多作品，代表了較受歡迎的粵語中文歌曲。本研究並不包括英文歌和國語歌，一些較為冷門小眾的歌曲也沒有包括在內。

表一列出從上述三個資料來源在 1950 年代至 2010 年代選取的唱片、歌曲、歌名、歌手、作曲人、作詞人的數目。從香港電台的書共選取了一千三百零一首歌，Muzikland 的書貢獻了一千七百零七首歌，四個電台電視台的歌曲流行榜共有二千三百八十四首歌，總和就是五千三百九十二首歌。扣除不同來源重複了的歌曲，本研究所用的歌曲數目是五千零七十三首。從千禧年起，資料只依靠四個電子傳媒的中文歌曲流行榜，所以沒有唱片數目的數目。我們可見早年歌曲數目較少，特別是在 1950 年代，而且作曲人和作詞人的資料不全。後來所選的數目大增，資料也更為完備。最多的是在 1980 年代，這十年正好是香港粵語流行曲最顛峰的時期。有些歌曲的作曲人數超過一個，尤其是來自歐美的西曲，所以總體的作曲人數明顯較多。

表一｜不同年代唱片、歌曲、歌名、歌手、作曲人、作詞人數目

年代	唱片數目	歌曲數目 *	歌名總字數	歌手數目 *	作曲人數目 *	作詞人數目 *
1950	96	225	859	34	31	19
1960	144	530	2,147	112	72	40
1970	43	532	2,133	79	198	67
1980	103	1,120	4,339	89	650	157
1990	42	934	4,042	108	614	146
2000	--	786	2,976	175	359	161
2010	--	946	3,552	193	448	219

註：有「*」處表示重複的歌曲／歌手／作曲人／作詞人不作計算

三、歌手、作曲人與作詞人

表二列出不同年代的前二十名主要演唱者，以及由 1950 至 2010 年代各歌手在資料庫中歌曲出現的總數。在 1950 年代，主要的歌手是呂紅、周聰、何大傻、鄭君綿、馮玉玲。小部分歌手能夠在下一個十年仍然居於首二十位，例如鄭君綿、周聰、呂紅。1960 年代冒起的歌手有陳寶珠、蕭芳芳、林鳳、尹芳玲、崔妙芝等。1970 年代有很多歌手湧現，例如許冠傑、黃汝燊、鄭少秋、馮偉棠、關菊英、羅文、汪明荃，這個年代還有沈殿霞、區瑞強、威鎮樂隊、陳美齡、黃愷欣、廖小璇、甄妮等。

表二｜不同年代主要演唱者名單

1950 年代	1960 年代	1970 年代	1980 年代	1990 年代	2000 年代	2010 年代	總數
呂紅 (85)	鄭君綿 (81)	許冠傑 (41)	譚詠麟 (54)	劉德華 (67)	劉德華 (41)	容祖兒 (33)	鄭君綿 (121)
周聰 (38)	陳寶珠 (51)	黃汝燊 (27)	羅文 (50)	張學友 (62)	容祖兒 (37)	許廷鏗 (33)	劉德華 (117)
何大傻 (30)	蕭芳芳 (37)	鄭少秋 (24)	陳百強 (49)	黎明 (48)	李克勤 (35)	周柏豪 (27)	譚詠麟 (114)
鄭君綿 (29)	林鳳 (26)	譚炳文 (24)	甄妮 (49)	鄭秀文 (44)	陳奕迅 (29)	陳奕迅 (27)	呂紅 (107)
馮玉玲 (28)	周聰 (24)	馮偉棠 (21)	林子祥 (43)	郭富城 (41)	楊千嬅 (29)	陳柏宇 (27)	張學友 (105)
許艷秋 (22)	尹芳玲 (23)	關菊英 (17)	梅艷芳 (42)	譚詠麟 (36)	陳慧琳 (28)	張敬軒 (24)	李克勤 (86)
朱老丁 (19)	呂紅 (22)	羅文 (17)	關正傑 (35)	草蜢 (34)	Twins (25)	謝安琪 (23)	羅文 (73)
梁靜 (12)	崔妙芝 (22)	汪明荃 (16)	汪明荃 (33)	李克勤 (33)	何韻詩 (24)	吳若希 (22)	鄭秀文 (72)
廖志偉 (11)	鄭幗寶 (20)	陳浩德 (15)	陳慧嫻 (33)	王菲 (32)	許志安 (24)	C AllStar (19)	容祖兒 (71)
伍木蘭 (10)	薛家燕 (20)	麗莎 (15)	張國榮 (33)	林憶蓮 (29)	古巨基 (23)	洪卓立 (18)	陳奕迅 (71)
白瑛 (9)	呂奇 (18)	徐小鳳 (13)	鍾鎮濤 (32)	彭羚 (23)	梁詠琪 (20)	李克勤 (17)	黎明 (67)
鄧寄塵 (9)	冼劍麗 (18)	區瑞強 (13)	葉德嫻 (30)	Beyond (20)	謝霆鋒 (18)	許志安 (17)	周聰 (64)
李銳祖 (7)	芳艷芬 (15)	袁麗嫦 (13)	盧冠廷 (30)	許志安 (18)	鄭秀文 (17)	楊千嬅 (17)	鍾鎮濤 (61)
辛賜卿 (6)	南紅 (15)	許冠英 (13)	張學友 (28)	溫拿 (16)	黎明 (17)	鄭欣宜 (17)	郭富城 (60)
李寶瑩 (6)	鄭碧影 (15)	陳秋霞 (13)	曾路得 (26)	李蕙敏 (15)	郭富城 (16)	胡鴻鈞 (16)	許志安 (59)
何倩兒 (5)	譚炳文 (15)	陳麗斯 (13)	葉麗儀 (26)	梅艷芳 (15)	張敬軒 (15)	菊梓喬 (16)	許冠傑 (59)
鄭幗寶 (5)	許艷秋 (14)	張德蘭 (13)	蔡楓華 (24)	陳奕迅 (15)	衛蘭 (15)	王菀之 (15)	梅艷芳 (59)
鄧蕙珍 (4)	鄧寄塵 (14)	華娃 (13)	鄭少秋 (23)	關淑怡 (15)	譚詠麟 (15)	吳雨霏 (15)	林憶蓮 (56)
紅霞女 (3)	秦敏 (12)	甄香儀 (13)	林憶蓮 (22)	杜德偉 (14)	梁漢文 (13)	鄭俊弘 (15)	張國榮 (54)
鄧白瑛 (3)	馮寶寶 (12)		陳潔靈 (22)	葉蒨文 (14)	關心妍 (13)	吳業坤 (14)	陳百強 (53)
鍾志雄 (3)	陳齊頌 (10)		麥潔文 (22)	劉美君 (14)		李幸倪 (14)	
				鄭伊健 (14)		林奕匡 (14)	
						泳兒 (14)	

註：( ) 內的數字是歌曲數目；總數是各人在不同年代所出現次數的總和。
某些年代出現次數的數值可能較低，就沒有顯示在個別的年代欄目之中。

到了 1980 年代，新出現的歌手很多，包括譚詠麟、陳百強、林子祥、梅艷芳、關正傑、陳慧嫻、張國榮、鍾鎮濤、葉德嫻、盧冠廷、張學友、林憶蓮。這個年代有大量歌手湧現，還有林志美、夏韶聲、泰迪羅賓、葉蒨文、盧業瑂、雷安娜、葉振棠、杜麗莎、杜德偉、呂方、王傑、李龍基、鄧麗君、關淑怡等。除了個別歌手，樂壇也有一些冒起的樂隊組合，例如達明一派、Beyond、Cocos、夢劇院、太極、Blue Jeans。

1990 年代同樣有很多歌手進入名單，包括劉德華、黎明、鄭秀文、郭富城、草蜢、李克勤、王菲、許志安、陳奕迅。接下來還有吳倩蓮、陳慧琳、黃耀明、劉以達、羅大佑等。在 2000 年代，新加入的歌手有容祖兒、楊千嬅、Twins、何韻詩、張敬軒、衛蘭等。然後在 2010 年代，又有另一批新歌手湧現，例如許廷鏗、周柏豪、陳柏宇、謝安琪、吳若希、洪卓立、鄭欣宜、AGA（江海迦）等，又有樂隊組合如 Dear Jane、C AllStar、RubberBand、Supper Moment 等。

表二最右邊的欄目，是所有年代一起計算的歌手總數。排得較前的歌手，一般都活躍於超過一個年代，甚至有少數人能在三個年代都出現。鄭君綿和呂紅分別排名在第一和第四位，他們活躍於 1950 年代及 1960 年代，此時的歌手都頗為多產，令他們擁有的歌曲數目大增，所以在總排名榜上的名次較高。劉德華、譚詠麟和張學友的歌曲數目也很多，分別排在第二、第三和第五位，他們主要活躍於 1980 年代至 2000 年代。接下來的一組歌手包括李克勤、羅文、鄭秀文、容祖兒、陳奕迅、黎明，他們的活躍期由 1980 年代至 2010 年代不等。

回顧這七十年來主要歌唱者名單的變化，可以看到 1950 年代和 1960 年代比較雷同，演唱者主要有周聰、呂紅、鄭君綿，此外還有許艷秋、鄧寄塵、鄭幗寶。由 1960 年代到 1970 年代是主要的分界線，後者是香港粵語流行曲的轉型期和起飛期，唯一的連繫歌手是譚炳文。1970 年代和 1980 年代的共同藝人是鄭少秋、汪明荃、羅文。1980 年代是粵語流行曲的最黃金期，一大批新歌手冒起，他們部分到了 1990 年代仍然活躍，例如譚詠麟、梅艷芳、張學友、林憶蓮。

到了 1990 年代，可以說是「四大天王」的年代，劉德華、黎明、郭富城、張學友雄據歌壇，當然另有不少其他歌手存在。由 1990 年代過渡到千禧年代，四大天王仍然活躍，還包括譚詠麟、鄭秀文、李克勤、許志安、陳奕迅等歌手。由 2000 年代進入 2010 年代，有容祖兒和張敬軒繼續閃耀，同時活躍的歌手還有李克勤、陳奕迅、楊千嬅、許志安等。除了歌手之外，作曲人在樂壇也扮演了重要角色。

表三列出七十年來不同年代主要的作曲人名單。1950 年代的主要作曲人有呂文成、馬國源、周聰、林兆鎏、新丁、朱頂鶴、何大傻等。個別作曲人也活躍於下一個年代，在 1960 年代冒起的就有龐秋華、于粦、李願聞、侯湘、鄺天培、顧嘉煇等。

1970 年代是粵語流行曲的關鍵時期，冒起的作曲人包括許冠傑、黎小田、黃霑、陳秋霞、馮添枝、鍾肇峰等。到了 1980 年代，又加入了盧冠廷、林敏怡、鮑比達、林子祥、劉以達等。他們和上一個十年仍然活躍的作曲人，主宰了粵語流行曲的音樂創作。但這批作曲人中，有些開始退出樂壇，於是有空間讓新一批年輕的作曲人接棒。1990 年代的接力者包括雷頌德、江志仁（C.Y. Kong）、李迪文（Dick Lee）、倫永亮、陳光榮、黃尚偉、陳輝陽等。到了 2000 年，又有伍樂城、伍仲衡、Eric Kwok、王雙駿、王菀之、方大同等加入作曲行列。到了近十年，在 2010 年代出現的作曲人包括張家誠、Cousin Fung、Howie@Dear Jane、林奕匡、林家謙、藍奕邦等。再看表三最右邊的總數欄目，顧嘉煇在七十年來的作曲上榜數

表三｜不同年代主要作曲人名單

1950 年代	1960 年代	1970 年代	1980 年代	1990 年代	2000 年代	2010 年代	總數
呂文成 (29)	龐秋華 (8)	顧嘉煇 (55)	顧嘉煇 (84)	雷頌德 (34)	雷頌德 (70)	張家誠 (66)	顧嘉煇 (155)
馬國源 (7)	于粦 (6)	許冠傑 (31)	盧冠廷 (42)	江志仁 (19)	伍樂城 (43)	Eric Kwok (32)	雷頌德 (120)
周聰 (5)	李願聞 (6)	黎小田 (16)	黎小田 (39)	李迪文 (17)	陳輝陽 (34)	Cousin Fung (30)	張家誠 (72)
林兆鎏 (4)	新丁 (6)	黃霑 (9)	黃霑 (33)	倫永亮 (17)	伍仲衡 (19)	伍樂城 (22)	伍樂城 (68)
新丁 (4)	侯湘 (5)	陳秋霞 (9)	林敏怡 (22)	陳光榮 (14)	Eric Kwok (17)	Howie@Dear	黎小田 (57)
朱頂鶴 (3)	鄺天培 (5)	劉家昌 (7)	鮑比達 (22)	黃尚偉 (14)	王雙駿 (15)	Jane (20)	Eric Kwok (53)
何大傻 (3)	王粵生 (4)	文就波 (6)	林子祥 (20)	劉以達 (14)	陳光榮 (15)	林奕匡 (19)	許冠傑 (51)
竹岡信幸 (1)	周渠 (4)	陳健義 (5)	劉以達 (18)	林慕德 (13)	謝霆鋒 (13)	林家謙 (19)	黃霑 (49)
何柳堂 (1)	姚敏 (4)	馮添枝 (5)	鍾鎮濤 (18)	李偲菘 (12)	王菀之 (11)	藍奕邦 (18)	陳輝陽 (48)
李志興 (1)	柳生 (4)	史丹 (4)	鍾肇峰 (17)	吳國敬 (12)	江志仁 (11)	雷頌德 (16)	盧冠廷 (48)
金流 (1)	洪衍 (4)	李初 (4)	趙文海 (16)	杜自持 (12)	Edward	Larry Wong (16)	江志仁 (35)
周藍萍 (1)	梁樂音 (4)	許冠英 (4)	徐日勤 (15)	許冠傑 (12)	Chan (11)	周柏豪 (15)	劉以達 (33)
姚敏 (1)	馮錦華 (4)	陸堯 (4)	黃家駒 (14)	譚國政 (11)	Charles Lee (11)	周國賢 (15)	Cousin
唐滌生 (1)	劉宏遠 (4)	筒美京平 (4)	周啟生 (12)	蔡一智 (10)	方大同 (10)	徐洛鏘 (14)	Fung (32)
徐朗 (1)	顧嘉煇 (4)	鍾肇峰 (4)	林慕德 (12)	羅大佑 (10)	徐繼宗 (10)	馮翰銘 (14)	呂文成 (30)
梁日昭 (1)	謝君儀 (3)	鄺天培 (4)	區新明 (11)	巫啟賢 (9)	梁詠琪 (10)	黃雙俊 (14)	倫永亮 (26)
梅霞 (1)	方植 (2)	冼華 (3)	馮添枝 (9)	陳輝陽 (9)	側田 (9)	王菀之 (13)	林子祥 (25)
莊宏 (1)	叮噹 (2)	陳昌壽 (3)	吳秉堅 (8)	陳大力 (8)	陳奐仁 (9)	方大同 (12)	林慕德 (25)
陳歌辛 (1)	胡文森 (2)	都倉俊一 (3)	曾路得 (8)	陳秀南 (8)	周杰倫 (8)	徐浩 (11)	鮑比達 (25)
瀟淺 (1)	鄧雨賢 (2)			張宇 (8)	鄧智偉 (8)	Kenix Cheang (11)	藍奕邦 (25)
嚴老烈 (1)	駱明道 (2)			黃家強 (8)	Edmond		黃家駒 (23)
				黃貫中 (8)	Tsang (8)		
				譚詠麟 (8)			

註：（ ）內的數字是歌曲數目；總數是各人在不同年代所出現次數的總和。
某些年代出現次數的數值可能較低，就沒有顯示在個別的年代欄目之中。

量最多，其次是雷頌德。之後是張家誠和伍樂城，他們是近二十多年來出現的年輕作曲人。接下來的主要作曲人有黎小田、Eric Kwok、許冠傑、黃霑、陳輝陽、盧冠廷等，他們在不同年代都有作品。

縱觀過去七十年，有些作曲人跨越不同年代，例如新丁和姚敏在 1950 年代和 1960 年代都很活躍。顧嘉煇更是由 1960 年代到 1990 年代都有作品。1970 年代至 1980 年代的作曲人有黎小田、馮添枝、鍾肇峰。許冠傑和黃霑則跨越 1970 年代至 1990 年代。劉以達和林慕德則主要活躍於 1980 年代至 1990 年代。到了 1990 年代和 2000 年代，跨越者包括江志仁、陳光榮、陳輝陽。雷頌德則活躍於 1990 年代至 2010 年代。近二十多年的活躍者由 2000 年代到 2010 年代，包括伍樂城、Eric Kwok、王菀之、方大同。

不同年代的主要作詞人名單可見表四。在 1950 年代，主要的作詞人包括周聰、胡文森、朱老丁、吳一嘯、盧迅。在 1960 年代出現的就有柳生、羅寶生、龐秋華、蘇翁。在 1970 年代有新一批的作詞人冒起，包括盧國沾、鄭國江、黎彼得、許冠傑、黃霑、葉紹德、詹惠風、潘偉源。這一批作詞人到了 1980 年代仍然活躍，又加入了林振強、林敏驄、潘源良、向雪懷、葉漢良、陳少琪、小美、林夕、鄧偉雄等，陣容十分龐大鼎盛。

1990 年代的作詞人除了部分來自 1980 年代的主力之外，又加入了新的一批包括周禮茂、黃偉文、劉卓輝、李敏、張美賢、周耀輝、劉德華、李克勤。到達 2000 年代後，有些作詞新秀加入，例如林若寧、甄健強、李峻一、周博賢。在 2010 年代，又有陳詠謙、楊熙、小克、林寶、藍奕邦、梁柏堅等。不少主要作詞人的活躍年期比歌手和作曲人來得更長，很多人都超越兩個年代，甚至更長。1950 年代和 1960 年代的作詞人，主要是周聰、胡文森、吳一嘯、盧迅、禺山、朱頂鶴等人。從 1960 年代到 1970 年代，主力作詞人變成是羅寶生、龐秋華、蘇翁、鄭錦昌。

1970 年代和 1980 年代的重要作詞人繼續是黃霑和潘偉源，又有林振強、潘源良、向雪懷、陳少琪、小美、林夕、恩萘。再踏入 1990 年代和 2000 年代的作詞人，除了林夕、陳少琪、小美、潘源良繼續發熱之外，又有周禮茂、黃偉文、張美賢、周耀輝、劉德華、李克勤。由 2000 年代到 2010 年代，黃偉文、林夕、陳少琪、周耀輝、潘源良繼續活躍，再加上林若寧和陳詠謙等新晉作詞人。

唱歌、作曲和作詞本來是三個不同的音樂範疇，大多數藝人都是專攻某個領域。但有些藝人在不同領域都有成就。在 1950 年代及 1960 年代，周聰在唱歌、作曲和作詞都有表現。在作曲及作詞兩方面，1950 年代的朱頂鶴和 1960 年代的龐秋華及柳生都是表表者。1970 年代和 1980 年代，許冠傑在唱歌、作曲和作詞都有傑出成就，演藝生涯甚至延續到 1990 年代。黃霑也是活躍於 1970 年代和 1980 年代的三棲藝人。此外還有許冠英在 1970 年代唱歌和作曲。盧冠廷、林子祥、鍾鎮濤、曾路得在 1980 年代均有唱歌和作曲。自 1990 年代起至 2010 年代，李克勤在唱歌和作詞方面均有作品。劉德華則在 1990 年代至 2000 年代中有唱歌和作詞。到了 2000 年代時，梁詠琪和謝霆鋒均有唱歌和作曲，王菀之則在 2000 年代和 2010 年代成為唱歌和作曲的兩棲藝人。

除了唱歌、作曲和作詞之外，有些歌手更參與了電視和電影演出，例如鄭君綿、鄧寄塵、鄭少秋、汪明荃、梅艷芳、張學友、張國榮、黎明、郭富城、陳奕迅、陳慧琳、容祖兒、劉以達等。另一些表演者就更厲害，包括周聰、許冠傑、黃霑、劉德華、謝霆鋒等，他們本來已經在樂壇的兩三個領域有建樹，並且參與了影視製作，成為三四棲全能藝人。

表四｜不同年代主要作詞人名單

1950 年代	1960 年代	1970 年代	1980 年代	1990 年代	2000 年代	2010 年代	總數
周聰 (61)	周聰 (28)	盧國沾 (83)	鄭國江 (183)	林振強 (82)	林夕 (241)	黃偉文 (115)	林夕 (384)
胡文森 (15)	柳生 (17)	鄭國江 (81)	林振強 (140)	周禮茂 (75)	黃偉文 (134)	陳詠謙 (106)	黃偉文 (290)
朱老丁 (5)	吳一嘯 (15)	黎彼得 (44)	黃霑 (112)	陳少琪 (49)	陳少琪 (47)	林若寧 (98)	鄭國江 (267)
吳一嘯 (5)	羅寶生 (12)	許冠傑 (42)	盧國沾 (73)	小美 (46)	周耀輝 (34)	林夕 (87)	林振強 (226)
盧迅 (5)	龐秋華 (12)	黃霑 (36)	林敏驄 (56)	黃偉文 (41)	林若寧 (32)	張美賢 (76)	黃霑 (163)
朱廣 (4)	胡文森 (10)	葉紹德 (26)	潘源良 (48)	潘源良 (41)	劉德華 (24)	周耀輝 (33)	盧國沾 (158)
禺山 (4)	禺山 (10)	詹惠風 (26)	潘偉源 (46)	潘偉源 (40)	甄健強 (18)	楊熙 (23)	林若寧 (130)
朱頂鶴 (3)	蘇翁 (10)	羅寶生 (15)	向雪懷 (45)	向雪懷 (39)	李峻一 (16)	小克 (22)	陳少琪 (128)
何大傻 (3)	李願聞 (6)	蘇翁 (12)	葉漢良 (32)	林夕 (34)	方杰 (10)	林寶 (22)	陳詠謙 (111)
廖志偉 (2)	鄭錦昌 (6)	鄭一川 (9)	陳少琪 (24)	劉卓輝 (29)	夏至 (10)	藍奕邦 (22)	張美賢 (108)
方鈴 (1)	呂永 (4)	鄭錦昌 (9)	小美 (23)	李敏 (27)	周禮茂 (9)	梁柏堅 (20)	潘源良 (101)
王粵生 (1)	盧迅 (4)	顏寶珠 (8)	盧永強 (23)	張美賢 (23)	張美賢 (9)	Tim Lui (11)	周聰 (97)
牧野 (1)	羅馬 (4)	周聰 (7)	林夕 (22)	周耀輝 (20)	小美 (8)	Supper	周禮茂 (92)
姚敏 (1)	冼華 (3)	潘偉源 (5)	鄧偉雄 (21)	簡寧 (20)	李克勤 (8)	Moment (10)	潘偉源 (91)
秦冠 (1)	陳直康 (3)	尹光 (4)	湯正川 (14)	劉德華 (16)	周博賢 (7)	火火 (9)	向雪懷 (89)
陳伯定 (1)	劉大道 (3)	許冠英 (4)	黎彼得 (14)	鄭國江 (14)	游思行 (7)	周博賢 (9)	周耀輝 (87)
陳歌辛 (1)	王粵生 (2)	郭炳堅 (4)	唐書琛 (12)	李克勤 (13)	梁芷珊 (6)	陳少琪 (8)	小美 (80)
馮華 (1)	左兒 (2)	文采 (3)	區新明 (11)	許冠傑 (13)	李安修 (5)	潘源良 (8)	黎彼得 (66)
譚元 (1)	朱頂鶴 (2)	龐秋華 (3)	恩葵 (9)	恩葵 (12)	陳詠謙 (5)	劉卓輝 (8)	林敏驄 (65)
	朱廣 (2)		夢劇院 (9)	黃霑 (12)	何啟弘 (4)	鄧紫棋 (8)	許冠傑 (62)
	崔然 (2)				潘源良 (4)	喬星 (7)	
	梅天柱 (2)					C 君 (7)	

註：( ) 內的數字是歌曲數目；總數是各人在不同年代所出現次數的總和。某些年代出現次數的數值可能較低，就沒有顯示在個別的年代欄目之中。

四、歌名單字和詞語的分佈

我們首先看看在不同年代，歌名中使用的單字的分佈情況。如表五所示，從 1950 年代到 2010 年代，有些單字用得較多，而且在不同年份都會出現，當中有些不同的模式。讓我們從最早期開始每十年來作檢視。

1950 年代和 1960 年代所用的字較為相似，可以合併一起來看。最多出現的單字包括：「花」、「情」、「歌」、「春」、「人」、「心」。到了 1970 年代，「情」、「心」、「人」、「歌」仍然在前列，「花」則開始墮後，「春」的下降就更明顯了。有三個字的頻率在上升：「你」、「我」、「的」。

到了 1980 年代，「的」、「我」、「你」成為用得最多的字，「愛」也明顯上升。「人」和「情」仍然在前列，但「花」、「春」和「歌」就排在二十名之後了。1990 年代上升的包括「一」、「不」、「天」。「你」、「我」、「愛」、「的」仍然佔主導地位，排在前六名。「情」和「人」仍能緊守在前十名。

2000 年代最主要的字包括「愛」、「我」、「你」、「一」、「的」。「不」、「人」、「有」、「天」也守在前十名。2010 年代的情況近似，「一」升至首名，接下來的是「我」、「的」、「愛」、「人」、「你」、「不」、「天」、「生」、「無」。

將最常見的單字總數作排列，結果可參看表六。最常見的四個字依次是「愛」、「你」、「的」、「我」，接下來是「一」、「情」、「人」，然後是「不」、「心」、「天」。這些單字在不同年份大都排在前列，但個別字的位置會隨不同時代有所變化。

表五｜不同年代歌名單字分佈

排名	1950 年代 (N=859)*	1960 年代 (N=2,147)*	1970 年代 (N=2,133)*	1980 年代 (N=4,339)*	1990 年代 (N=4,042)*	2000 年代 (N=2,976)*	2010 年代 (N=3,535)*	總數
1	花 (19)	情 (66)	你 (34)	的 (127)	你 (156)	愛 (84)	一 (78)	愛 (419)
2	情 (17)	花 (40)	情 (31)	我 (93)	愛 (116)	我 (74)	我 (77)	你 (418)
3	歌 (17)	歌 (40)	我 (30)	你 (92)	一 (103)	你 (67)	的 (76)	的 (406)
4	春 (15)	人 (33)	心 (29)	愛 (92)	的 (102)	一 (49)	愛 (67)	我 (395)
5	人 (12)	女 (31)	人 (28)	心 (74)	我 (99)	的 (49)	人 (62)	一 (344)
6	心 (11)	春 (31)	的 (27)	情 (73)	不 (79)	不 (47)	你 (52)	情 (313)
7	郎 (11)	心 (29)	歌 (27)	人 (68)	情 (74)	人 (44)	不 (48)	人 (306)
8	愛 (11)	愛 (27)	愛 (22)	一 (67)	天 (72)	有 (31)	天 (47)	不 (258)
9	月 (9)	曲 (22)	花 (21)	不 (52)	人 (59)	天 (30)	生 (34)	心 (246)
10	曲 (9)	一 (20)	不 (20)	夜 (42)	心 (55)	大 (28)	無 (28)	天 (223)
11	夜 (9)	之 (20)	夢 (20)	是 (38)	是 (54)	情 (28)	有 (26)	歌 (159)
12	的 (9)	月 (18)	一 (19)	天 (36)	有 (43)	心 (24)	好 (25)	有 (155)
13	相 (9)	青 (18)	天 (18)	風 (30)	生 (28)	歌 (24)	心 (24)	花 (138)
14	一 (8)	郎 (18)	春 (17)	再 (27)	戀 (27)	無 (23)	情 (24)	是 (134)
15	之 (8)	天 (17)	月 (16)	中 (26)	了 (26)	是 (20)	最 (21)	生 (124)
16	樂 (8)	相 (17)	夜 (16)	生 (26)	這 (26)	日 (19)	後 (20)	夜 (119)
17	快 (7)	的 (16)	相 (15)	有 (26)	夜 (24)	自 (18)	起 (20)	女 (107)
18	我 (7)	我 (15)	風 (14)	在 (24)	想 (24)	花 (18)	之 (18)	之 (104)
19	賣 (7)	樂 (14)	中 (13)	雨 (23)	世 (23)	生 (17)	歌 (18)	風 (97)
20	聲 (7)	思 (13)	生 (13)	要 (23)	夢 (22)	女 (15)	年 (17)	無 (94)
21	你 (6)	家 (13)	雨 (13)	個 (23)	女 (21)	世 (15)	見 (17)	戀 (90)
22	風 (6)	大 (12)	日 (12)	無 (23)	再 (21)	之 (13)	是 (17)	春 (89)
23	家 (6)	有 (12)	有 (12)	想 (22)	來 (21)	下 (15)	光 (16)	大 (87)
23	歸 (6)	舞 (12)	家 (12)	之 (21)	等 (21)	好 (15)	在 (16)	好 (87)
25	大 (5)	不 (11)	上 (11)	日 (21)	如 (20)	來 (14)	時 (16)	相 (86)
26	女 (5)	你 (11)	再 (11)	誰 (21)	好 (20)	得 (14)	來 (15)	日 (84)
26	山 (5)	夜 (11)	好 (11)	戀 (20)	個 (20)	年 (13)	了 (14)	月 (84)
28	有 (5)	小 (10)	小 (10)	星 (19)	日 (19)	如 (13)	再 (14)	再 (83)
29	青 (5)	風 (10)	大 (10)	色 (18)	今 (19)	家 (13)	忘 (14)	想 (79)
30	思 (5)	賣 (10)	水 (10)	花 (18)	只 (18)	個 (13)	開 (14)	了 (77)
30	添 (5)	戀 (10)	曲 (10)	歌 (18)	地 (18)	他 (12)	過 (14)	世 (77)
30	萬 (5)	少 (9)	星 (10)	夢 (18)	最 (18)	地 (12)		個 (77)
30	新 (5)	金 (9)	笑 (10)	女 (17)	下 (17)	明 (12)		夢 (77)
34		哥 (9)		相 (17)	自 (16)	時 (12)		中 (76)
35		新 (9)		真 (17)	風 (16)	會 (12)		在 (72)
36		聲 (9)		路 (17)				來 (71)

註：( ) 內的數字是歌名單字數目，* 處的數字是該年代歌名單字的總和，總數是各字在不同年代所出現次數的總和。某些年代出現次數的數值可能較低，就沒有顯示在個別的年代欄目之中。

在過去七十年，有上升趨勢的字是「你」、「的」、「我」、「一」、「不」、「天」、「有」、「是」、「生」、「無」、「大」、「個」。「愛」和「人」在不同年代都相對穩定。下降的字就有「情」、「心」、「花」、「風」、「春」、「相」、「月」。表六的其他字在不同年份的排位出現浮動，沒有明顯的升降趨勢。「的」是結構助詞，在歌名句子中有其用處，但本身沒有內容意義。其他一些字也較為特別，包括「無」、「不」、「有」、「是」、「個」，它們除了作為名詞或形容詞外，還有副詞、助詞、量詞等功能。

從 1980 年代開始，「我」、「你」、「愛」、「的」成為粵語流行曲歌名中最常出現的單字，如果用這幾個字來做歌名，最能表達粵語流行曲主旨的歌名應該就是「我愛你」。原來在 1978 年就有一首名為〈我愛你〉的中詞西曲，由許冠傑和陳秋霞合唱。在台灣，S.H.E（2004 年）、盧廣仲（2009 年）和曾沛慈（2017 年）都分別唱過同名的歌，最近日本的 Cody・Lee（2020 年）又唱了不同內容的〈我愛你〉。如果再加入「的」字，相關的歌名有台灣劉大美人（2017 年）唱的〈你是我愛的人〉，和香港陳小春（2015 年）唱的〈我愛的人〉。內地方面，也有阿華（2008 年）唱的〈我最愛的人〉和李昀澤（2014 年）唱的〈你是我今生最愛的人〉。

在歌名中，單字是最基本的組成部分，但其意義可能要和其他字組成詞語才變得清楚，於是我們將在歌名中同時出現的一些字詞抽出來。由兩個字組成的詞語當中，它們同在一些歌名中出現，但先後次序可能不一致，甚至並不連續，未必如表六所顯示，但它們一起帶出的意思是較為容易辨識的。

表七列出在每個年代出現最多的雙字詞語。我們可以看到 1950 年代和 1960 年代的詞語頗為相似，特別是在較前位置的詞語，它們包括「相思」、「快樂」、「愛情」、「風光」、「歌聲」、「心情」、「郎歸」、「情郎」、「開

表六｜不同年代歌名單字數目及趨勢

排名	單字	1950 年代（N=859）	1960 年代（N=2,147）	1970 年代（N=2,133）	1980 年代（N=4,339）	1990 年代（N=4,042）	2000 年代（N=2,976）	2010 年代（N=3,535）	總數	趨勢
1	愛	11 (8)	27 (8)	22 (8)	92 (3)	116 (2)	84 (1)	67 (4)	419	穩定
2	你	6 (21)	11 (25)	34 (1)	92 (3)	156 (1)	67 (3)	52 (6)	418	上升
3	的	9 (9)	16 (17)	27 (6)	127 (1)	102 (4)	49 (4)	76 (3)	406	上升
4	我	7 (17)	15 (18)	30 (3)	93 (2)	99 (5)	74 (2)	77 (2)	395	上升
5	一	8 (14)	20 (10)	19 (12)	67 (8)	103 (3)	49 (4)	78 (1)	344	上升
6	情	17 (2)	66 (1)	31 (2)	73 (6)	74 (7)	28 (10)	24 (13)	313	下降
7	人	12 (5)	33 (4)	28 (5)	68 (7)	59 (9)	44 (7)	62 (5)	306	穩定
8	不	1 (--)	11 (25)	20 (10)	52 (9)	79 (6)	47 (6)	48 (7)	258	上升
9	心	11 (6)	29 (7)	29 (4)	74 (5)	55 (10)	24 (12)	24 (13)	246	下降
10	天	3 (48)	17 (15)	18 (13)	36 (12)	72 (8)	30 (9)	47 (8)	223	上升
11	歌	17 (2)	40 (2)	27 (6)	18 (29)	15 (37)	24 (12)	18 (18)	159	浮動
12	有	5 (25)	12 (22)	12 (22)	26 (15)	43 (12)	31 (8)	26 (11)	155	上升
13	花	19 (1)	40 (2)	21 (9)	18 (29)	11 (--)	18 (17)	11 (46)	138	下降
14	是	1 (--)	1 (--)	3 (--)	38 (11)	54 (11)	20 (15)	17 (20)	134	上升
15	生	3 (48)	3 (--)	13 (19)	26 (15)	28 (13)	17 (19)	34 (9)	124	上升
16	夜	9 (9)	11 (25)	16 (15)	42 (10)	24 (17)	4 (--)	13 (32)	119	浮動
17	女	5 (25)	31 (5)	5 (--)	17 (33)	21 (21)	15 (20)	13 (32)	107	浮動
18	之	8 (14)	20 (10)	9 (34)	21 (24)	15 (37)	13 (27)	18 (18)	104	浮動
19	風	6 (21)	10 (28)	14 (18)	30 (13)	16 (34)	11 (36)	10 (52)	97	下降
20	無	2 (--)	3 (--)	3 (--)	23 (19)	12 (--)	23 (14)	28 (10)	94	上升
21	戀	2 (--)	10 (28)	9 (34)	20 (27)	27 (14)	11 (36)	11 (46)	90	浮動
22	春	15 (4)	31 (5)	17 (14)	10 (--)	7 (--)	1 (--)	8 (--)	89	下降
23	大	5 (25)	12 (22)	10 (28)	5 (--)	15 (37)	28 (10)	12 (41)	87	上升
24	好	4 (34)	5 (--)	11 (25)	7 (--)	20 (25)	15 (20)	25 (12)	87	浮動
25	相	9 (9)	17 (15)	15 (17)	17 (33)	14 (--)	6 (--)	8 (--)	86	下降
26	日	2 (--)	3 (--)	12 (22)	21 (24)	19 (28)	19 (16)	8 (--)	84	浮動
27	月	9 (9)	18 (12)	16 (15)	10 (--)	14 (--)	6 (--)	11 (46)	84	下降
28	再	1 (--)	1 (--)	11 (25)	27 (14)	21 (21)	8 (53)	14 (27)	83	浮動
29	想	0 (--)	6 (--)	7 (--)	22 (23)	24 (17)	8 (53)	12 (41)	79	浮動
30	了	3 (48)	5 (--)	7 (--)	13 (48)	26 (15)	9 (42)	14 (27)	77	浮動
31	世	0 (--)	5 (--)	8 (40)	16 (37)	23 (19)	15 (20)	10 (52)	77	浮動
32	個	0 (--)	3 (--)	6 (--)	22 (23)	20 (25)	13 (27)	13 (32)	77	上升
33	夢	2 (--)	7 (45)	20 (10)	18 (29)	22 (20)	4 (--)	4 (--)	77	浮動
34	中	2 (--)	7 (45)	13 (19)	26 (15)	13 (--)	9 (42)	6 (--)	76	浮動
35	在	0 (--)	2 (--)	9 (34)	24 (18)	14 (--)	7 (--)	16 (23)	72	浮動

註：（）外的數字是數目，（）內的數字是排名。

表七｜不同年代歌名詞語分佈

排名	1950 年代（N=859）	1960 年代（N=2,147）	1970 年代（N=2,133）	1980 年代（N=4,339）	1990 年代（N=4,042）	2000 年代（N=2,976）	2010 年代（N=3,535）	總數（N=20,031）
1	快樂 (5)	青春 (12)	你我 (8)	你我 (21)	你愛 (31)	你我 (20)	你我 (17)	你我 (98)
2	相思 (5)	相思 (9)	之戀 (7)	你愛 (12)	你我 (29)	你愛 (16)	我們 (10)	你愛 (70)
3	郎歸 (4)	女情 (8)	相思 (7)	一個 (11)	你有 (21)	我愛 (14)	一人 (9)	我愛 (63)
4	歌聲 (4)	愛情 (6)	人生 (6)	我心 (11)	一天 (18)	我是 (10)	不愛 (9)	愛情 (41)
5	心情 (3)	之戀 (5)	再見 (6)	我愛 (11)	我愛 (18)	一個 (8)	再見 (8)	我是 (37)
6	開花 (3)	少女 (5)	我愛 (6)	是愛 (10)	你是 (17)	自己 (8)	沒有 (8)	你是 (37)
7	之夜 (2)	心情 (5)	別離 (5)	一生 (9)	不愛 (13)	個人 (8)	我是 (8)	情人 (37)
8	之春 (2)	我愛 (5)	情人 (5)	我是 (9)	戀愛 (13)	我不 (7)	我愛 (8)	一個 (36)
9	花美 (2)	風光 (5)	一笑 (4)	愛情 (9)	一生 (12)	我們 (7)	最後 (8)	不愛 (35)
10	夜曲 (2)	情人 (5)	心人 (4)	不再 (8)	女人 (11)	不愛 (6)	你好 (7)	你有 (34)
11	青春 (2)	歌聲 (5)	月夜 (4)	人生 (7)	愛情 (11)	你是 (6)	你是 (7)	一生 (31)
12	美人 (2)	一心 (4)	快樂 (4)	不要 (7)	我是 (10)	情歌 (6)	一生 (6)	快樂 (31)
13	春風 (2)	大家 (4)	我心 (4)	再見 (7)	情人 (10)	愛情 (6)	一個 (6)	再見 (30)
14	秋月 (2)	快樂 (4)	你愛 (4)	你是 (7)	一個 (9)	不是 (5)	一起 (6)	沒有 (28)
15	風光 (2)	花月 (4)	不要 (3)	你想 (7)	天地 (9)	我有 (5)	人生 (6)	青春 (26)
16	添發 (2)	花娘 (4)	心中 (3)	情人 (7)	沒有 (9)	你有 (5)	不一 (6)	人生 (24)
17	情郎 (2)	春天 (4)	明月 (3)	之戀 (6)	不想 (8)	戀愛 (5)	男人 (6)	女人 (24)
18	情難 (2)	春情 (4)	明日 (3)	再想 (6)	今天 (7)	女人 (4)	青春 (6)	相思 (23)
19	冤家 (2)	情郎 (4)	明天 (3)	我要 (6)	只有 (7)	沒有 (4)	情人 (6)	戀愛 (23)
20	愛情 (2)	舞曲 (4)	雨夜 (3)	真愛 (6)	快樂 (7)	有人 (4)	情歌 (6)	之戀 (21)
21	賣花 (2)	年青 (3)	風雨 (3)	你有 (5)	我有 (7)	再見 (4)	女人 (5)	我們 (21)
22		有情 (3)	情歌 (3)	沒有 (5)	最愛 (7)	男人 (4)	忘記 (5)	情歌 (21)
23		郎歸 (3)	新春 (3)	快樂 (5)	不再 (6)	快樂 (4)	我好 (5)	我有 (20)
24		情花 (3)	夢人 (3)	我知 (5)	有愛 (6)	明日 (4)	我有 (5)	愛人 (19)
25		開花 (3)		我願 (5)	你沒 (6)	愛人 (4)	你在 (5)	男人 (18)
26		愛人 (3)		星夜 (5)	你好 (6)	十年 (3)	你愛 (5)	最愛 (18)
27		歌舞 (3)		要愛 (5)		大家 (3)	你想 (5)	不再 (17)
28				路人 (5)		不要 (3)	最好 (5)	最後 (17)
29						我心 (3)	愛情 (5)	不要 (16)
30						我來 (3)	一再 (4)	有情 (15)
31						你心 (3)	不是 (4)	不是 (14)
32						你要 (3)	生愛 (4)	
33						情人 (3)	時光 (4)	
34						無心 (3)		
35						最愛 (3)		
36						愛上 (3)		

註：（ ）內的數字是歌名詞語數目；總數是各詞語在不同年代所出現次數的總和。某些年代出現次數的數值可能較低，就沒有顯示在個別的年代欄目之中。

花」。到了1970年代，在前列的仍可找到「相思」和「快樂」。排得較前的詞語包括「你我」、「之戀」、「人生」、「再見」、「別離」、「情人」，而消失的詞語就有「郎歸」、「風光」、「心情」、「開花」。

1980年代排在前列位置的是「你我」、「你愛」、「我心」、「我愛」、「是愛」、「愛情」等，都是圍繞「你」、「我」、「愛」這三個字。一些新詞語包括「不再」、「不要」、「人生」、「再見」。到了1990年代，仍然站在前列的還是「你愛」、「你我」、「我愛」、「愛情」等詞，新增的就有「不愛」、「戀愛」、「女人」。

到了2000年代，「你我」、「你愛」和「我愛」依然為主，「自己」、「個人」、「我不」、「我們」、「男人」出現，「不愛」和「愛情」仍佔高位。在最近期的2010年代，「你我」和「我們」守在首兩位，「不愛」、「沒有」、「再見」、「我愛」排得很前，「你愛」和「愛情」就排得很後。

表八來自將這些常見的詞語按出現次數再作排列。出現得最多的首三個依次是「你我」、「你愛」、「我愛」。經常出現的詞語還有「愛情」、「情人」、「不愛」、「一生」、「快樂」、「再見」、「沒有」。在過去七十年逐漸上升的詞語包括「你我」、「你愛」、「我是」、「你是」、「一個」、「不愛」、「沒有」、「女人」、「我們」、「情歌」、「我有」、「男人」。「我愛」出現的趨勢穩定，「相思」和「之戀」則在下降。

似乎屬於負面或反向的詞語有上升趨勢，例如「不愛」和「沒有」。近年在歌名中有「男人」和「女人」出現得較多，較早年沒有這些有關性別的用詞。「你」、「我」、「我們」出現較多，但很少見到「他」、「他們」、「你們」。流行曲歌名都是以「我」為主，對象是「你」，極少涉及「他」，更不用說眾數的「你們」或「他們」了。

表八｜不同年代歌名詞語數目及趨勢

排名	單字	1950年代 (N=859)	1960年代 (N=2,147)	1970年代 (N=2,133)	1980年代 (N=4,339)	1990年代 (N=4,042)	2000年代 (N=2,976)	2010年代 (N=3,535)	總數	趨勢
1	你我	1(--)	2(--)	8(1)	21(1)	29(2)	20(1)	17(1)	98	上升
2	你愛	1(--)	1(--)	4(9)	12(2)	31(1)	16(2)	5(21)	70	上升
3	我愛	1(--)	5(5)	6(3)	11(3)	18(4)	14(3)	8(5)	63	穩定
4	愛情	2(7)	6(4)	2(--)	9(4)	11(8)	6(7)	5(20)	41	浮動
5	我是	0(--)	0(--)	0(--)	9(7)	10(12)	10(4)	8(5)	37	上升
5	你是	0(--)	0(--)	0(--)	7(11)	17(6)	6(10)	7(10)	37	上升
5	情人	1(--)	5(5)	5(6)	7(8)	10(10)	3(23)	6(11)	37	浮動
8	一個	0(--)	0(--)	2(--)	11(3)	9(14)	8(5)	6(12)	36	上升
9	不愛	0(--)	1(--)	2(--)	4(--)	13(5)	6(7)	9(2)	35	上升
10	你有	0(--)	0(--)	0(--)	5(21)	21(3)	5(14)	3(--)	34	浮動
11	一生	0(--)	1(--)	1(--)	9(4)	12(7)	2(--)	6(11)	31	浮動
11	快樂	5(1)	4(12)	4(8)	5(18)	7(15)	4(15)	2(--)	31	浮動
13	再見	0(--)	0(--)	6(3)	7(8)	5(--)	4(15)	8(4)	30	浮動
14	沒有	0(--)	1(--)	1(--)	5(18)	9(11)	4(15)	8(4)	28	上升
15	青春	2(7)	12(1)	1(--)	3(--)	1(--)	1(--)	6(11)	26	浮動
16	人生	1(--)	0(--)	6(3)	7(8)	3(--)	1(--)	6(11)	24	浮動
16	女人	0(--)	2(--)	0(--)	2(--)	11(8)	4(15)	5(20)	24	上升
18	相思	5(1)	9(2)	7(1)	2(--)	0(--)	0(--)	0(--)	23	下降
18	戀愛	1(--)	0(--)	0(--)	2(--)	13(5)	5(11)	2(--)	23	浮動
20	之戀	1(--)	5(5)	7(1)	6(14)	2(--)	0(--)	0(--)	21	下降
20	我們	0(--)	0(--)	0(--)	1(--)	3(--)	7(5)	10(1)	21	上升
20	情歌	0(--)	2(--)	3(14)	2(--)	2(--)	6(7)	6(11)	21	上升
23	我有	0(-)	0(--)	0(--)	3(--)	7(18)	5(14)	5(21)	20	上升
24	愛人	1(--)	3(21)	2(--)	4(--)	3(--)	4(15)	2(--)	19	浮動
25	男人	0(--)	1(--)	0(--)	4(--)	3(--)	4(15)	6(11)	18	上升
25	最愛	0(--)	2(--)	2(--)	2(--)	7(18)	3(26)	2(--)	18	浮動
27	不再	0(--)	0(--)	2(--)	8(7)	6(20)	1(--)	0(--)	17	浮動
27	最後	0(--)	0(--)	0(--)	3(--)	4(--)	2(--)	8(4)	17	浮動
29	不要	0(--)	1(--)	3(14)	7(8)	0(--)	3(23)	2(--)	16	浮動
30	有情	1(--)	3(21)	1(--)	4(--)	3(7)	1(--)	2(--)	15	浮動
31	不是	0(--)	0(--)	0(--)	1(--)	4(--)	5(14)	4(--)	14	浮動

註：（）外的數字是數目，（）內的數字是排名。

五、不同年代的用字關係圖

除了看詞語外，我們可以看字與字之間組成的網絡。圖一是早期 1950 年代主要歌詞用字的關係圖。字的圓圈大小顯示這個字的出現次數，次數越多就圓圈越大。字與字之間線的粗度反映兩者共同出現的次數，次數越多就線條越粗。出現得最多的字是「花」、「情」、「歌」、「春」，稍多的包括「人」、「心」、「郎」、「愛」。詞語方面較多的是「快樂」、「相思」、「郎歸」、「歌聲」、「心情」、「開花」。「情」和「愛」雖有連結，但其實很弱，而「情」才是主線。其他作為主線的核心有「花」、「春」、「郎」、「家」。圖一最主要的是「情／愛」，以及「郎歸」、「相思」。寫風景的「春／花／月」是另一重要主題。第三是談及「快樂」的「心情」。最後是「歌聲」和「夜曲」。圖一的整體結構比較鬆散，重點是以「情」、「愛」和「春」組成的較大結構群組。

圖一｜1950 年代歌名常用字關係圖

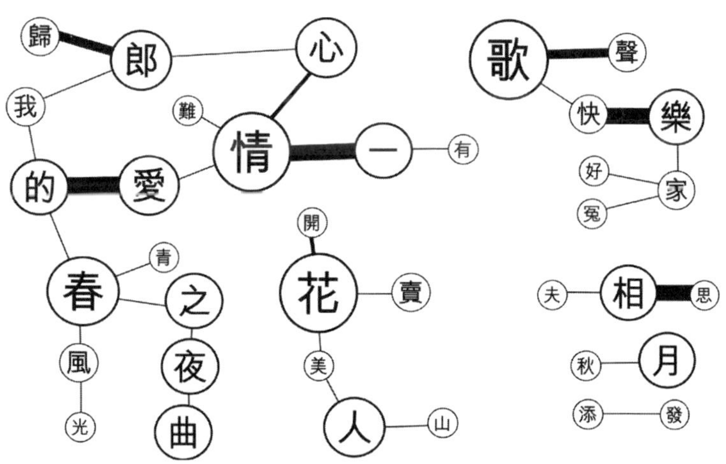

圖二是 1960 年代歌名用詞的關係圖，最多出現的單字是「情」、「花」、「歌」、「人」、「女」、「春」。詞語方面，最常見的是「青春」、「相思」、「女情」、「愛情」，還有「之戀」、「風光」、「心情」、「情人」、「歌聲」。「情」是最主要的節點，「春」、「歌」、「青」、「花」是另一些重要節點。圖二當然看到「愛情」（包括「相思」），其次是「青春」，接下來的是「歌聲」和「花月」。在結構上，圖二比上一個年代的較為緊密，這當然和歌曲的數目較多有關。

圖二｜1960 年代歌名常用字關係圖

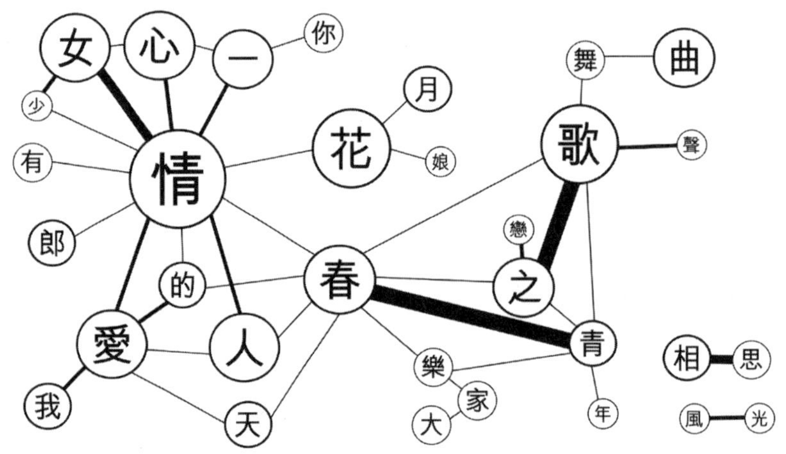

在 1970 年代的圖三中，出現最多的單字是「你」、「情」、「我」、「心」、「人」、「的」、「歌」。主要的詞語是「你我」、「之戀」、「相思」、「人生」、「再見」「我愛」。主要的核心是「人」和「我」。第一個主題是「情／愛」，第二個是「春／月」相關的風景描述。第三是「快樂」的「心情」。此外還有一些零碎的話題包括「別離」、「人生」、「風雨」等，但「歌唱」和「青春」這兩個之前的主題已經消失了。到了這個年代，網絡的結構以「你」、

「我」、「的」、「愛」作為四個主軸，加上一串有關「風雨」、「夜月」及「明天」的話題。

圖三｜ 1970 年代歌名常用字關係圖

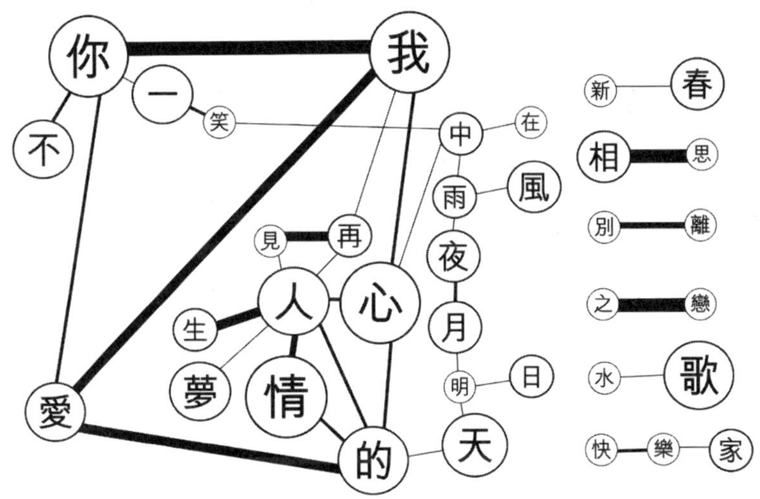

圖四是 1980 年代的網絡，「的」是最多連繫的，接下來是「我」、「你」、「愛」，然後是「心」、「情」、「人」、「一」、「不」。詞語以「你我」、「你愛」、「一個」、「我心」、「我愛」、「是愛」為主。「你」和「我」是主要中心，還有「愛」、「心」。這個年代的主題仍然有「愛情」，冒起的是「不要」和「不愛」，當然還有一些細碎的話題如「人生」、「風雨」、「再見」。但「相思」就沒有了蹤影，「風光」、「春月」和「心情」也消失了。結構上這個圖仍是以「你」、「我」、「的」、「愛」為主軸，整個圖的結構更為密集一體化。

圖四｜1980 年代歌名常用字關係圖

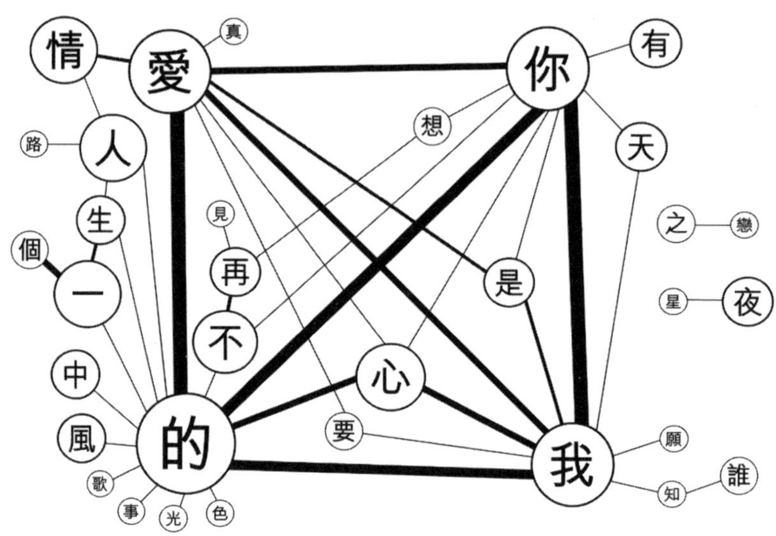

1990 年代的關係網可見圖五，「你」、「愛」、「一」、「的」、「我」是主要的單字，還有「不」、「情」、「天」。詞語方面就有「你愛」、「你我」、「你有」、「一天」、「我愛」、「你是」。「你」是最多連繫的中心字，「我」、「一」和「愛」也有很多連接，值得注意的是「不」字。主題中心方面，「愛情」仍然是主要的，其次是一些較為反面或消極的用詞例如「不在」、「不想」、「沒有」、「沒愛」。在結構上依然是「你」、「我」、「的」、「愛」為主。所有的字詞都連接在一起，其中也多了一些連詞、副詞等字，除了「的」外，還有「了」、「與」、「這」、「是」。

在 2000 年代的圖六中，以「愛」、「我」和「你」為最重要的字。之後包括「一」、「的」、「不」、「人」。詞語就主要是「你我」、「你愛」、「我愛」、「我是」。「你」、「我」、「愛」也是關係連接的中心，此外「人」是

圖五｜1990 年代歌名常用字關係圖

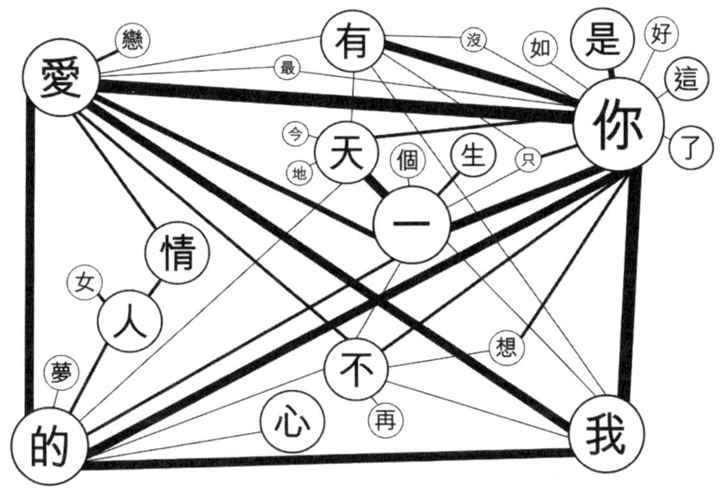

較為重要的。主題方面，離不開「愛情」和「不」這兩個延續自上一個年代的主題。副詞和連詞等繼續有不少，結構上仍然傳承了「你」、「我」、「的」、「愛」這四個主軸，並有一個密集的網路主體。

2010 年代的關係是圖七，「一」是出現得最多的單字，接下來是「我」、「的」、「愛」、「人」、「你」、「不」、「天」。詞語最多的是「你我」、「我們」、「一人」、「不愛」。上述的單字繼續是較主要的網路中心點。主題方面少不了「愛情」，其次是近年興起的「不」。連詞和副詞等仍然有，也有其他零散的話題。結構上承繼了「你」、「我」、「的」、「愛」這四個主軸，結構上很密集，和之前的幾個圖頗為相似。

圖六｜ 2000 年代歌名常用字關係圖

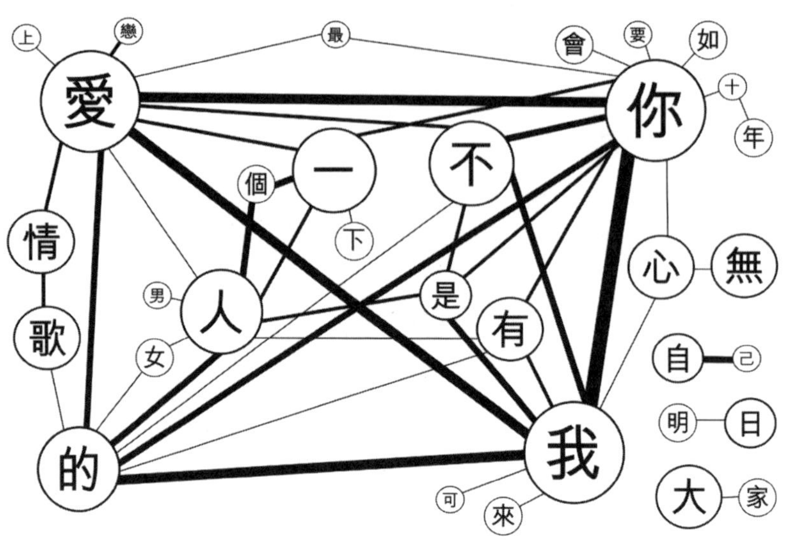

圖七｜ 2010 年代歌名常用字關係圖

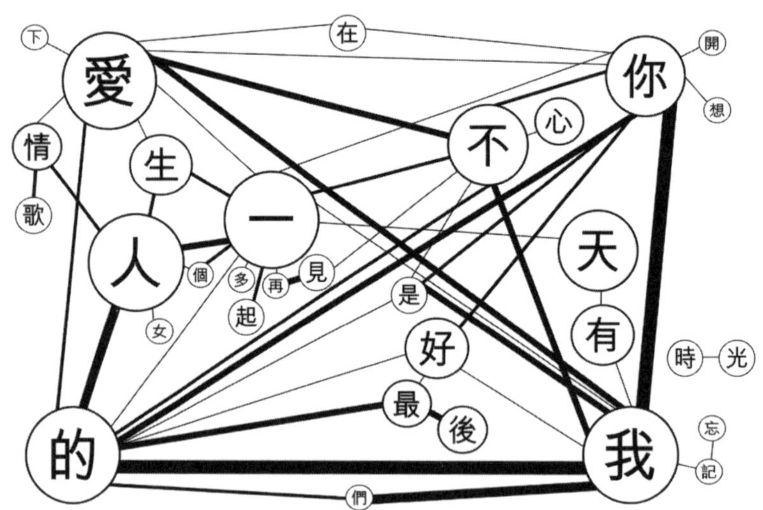

從1950年代到2010年代，似乎歌名用字和網絡關係圖均顯示，粵語流行曲關心的主題減少了，最後只剩下愛情這個恆常主題。最早的年代還有談及風景、感受、歌聲、青春，到了1970年代及1980年代仍有「別離」、「人生」、「風雨」等話題，1990年代起就一直只剩下愛情和「不」這兩樣東西。常用字當中，後期經常出現一些沒有明顯內容的虛字，除了「不」外還有「的」、「有」、「無」、「是」、「了」、「這」等。這是否意味近年流行曲的內容走向單一化，甚至趨向貧乏？

香港政策透視的研究報告發現，中文流行曲的內容有五類：愛情（74%）、人生歷程（12%）、親情／友情（9%）、宣揚和平／社會理想（3%）、無厘頭／串燒（3%）。佔了最大比例的愛情內容可細分為對舊愛思念和追憶、失戀或分手、情慾與性、單戀、相戀、痴戀／依戀、求愛、抒發對愛或愛人的感受。而人生歷程就可分為勵志或抒情兩種題材。這些發現並不只存在於1990年代，相信它們也適用於其他年代。

《「粵語流行曲與青年」研究報告》指出，初中生收聽流行曲的途徑主要透過唱片或錄影帶（62%），其次是電台（28%）和電視（24%）。[23] 在1980年代末，他們喜歡聽的流行曲種類主要是粵語（82%），其餘是歐西（12%）、日本（9%）、國語（3%）。他們喜歡的題材類型主要有三種：愛情、友情、抒發自己情懷。上述這些結果，很大程度印證了本研究的一些發現。

六、粵語流行曲歌名的特色

表九第一行是不同年代的一些歌名例子。如果用每個年代最常出現的字詞作為歌名的依據，可以從中選出每個年代的一些代表歌曲，例如1950年代的〈月下歌聲〉和〈郎歸晚〉，1960年代的〈青春之戀〉和〈愛情代價〉，

1970年代的〈人生美夢〉和〈再見情人〉。1980年代則有〈黎明不再來〉和〈再見理想〉，1990年代的舉例是〈一生不變〉和〈最後今天〉，2000年代是〈我們都愛你〉和〈傷心情歌〉，2010年代是〈我們他們〉和〈最後祝福〉。這些不同年代的歌名主題有其連續性，例如「愛情」是不同年代歷久不衰題材，到了1990年代開始出現「不」的焦點，此外也有個別年代的特別關注。

細看不同年代的歌名用字，可以見到一些明顯特色。廣東話口語是一個主要特徵，貫串於不同的年代。從較早期比較市井的表達如〈索錯油〉、〈捱騾仔〉、〈詐肚痛〉，到後期文雅一點的大眾化用語如〈玩吓啦〉、〈一起嗌〉、〈屈尾十〉等。成語經常在不同年代的歌名中出現，較早期的有〈天作之合〉、〈心心相印〉、〈世事如棋〉等。到了後期，就有〈人生何處不相逢〉、〈似是故人來〉、〈四面楚歌〉。

粵語流行曲當然以中文作為歌名，但有些歌名中英夾雜，甚至有其他外文單字，在1970年代開始出現，例如〈好彩又到Sunday〉、〈齊聽Rock and Roll〉、〈再見Summer Love〉。到了近十多年更有一些英文的濃縮潮語，例如〈LOL〉和〈TGIF〉。中外的人名和地名也會出現在歌名中。地名較為普遍，自1980年代已有出現，例子包括〈巴黎街頭〉、〈途經北海道〉、〈皇后大道中〉。人名則主要在近二十年出現，例如〈楊千嬅〉、〈奇洛李維斯回信〉、〈抱歉柯德莉夏萍〉等。也有學者之前已指出這個現象。[24]

自1990年代起，少數歌名喜歡玩「食字」，是透過修改一些常用表達方式中的個別字眼，例如〈第四者〉、〈郎來了〉、〈天生不對〉。最極端的是〈羽毛鱗刺〉，它將原來常用詞（語無倫次）的四個字都改了，但這新歌名其實沒有意義。近二十多年又有些歌名旨在向著名的電影或文化產品「致敬」，例如〈給愛麗斯〉、〈綠野仙蹤〉、〈飢餓遊戲〉等。「戲仿」

表九｜不同年代粵語流行曲各種特色的歌名舉例

	1950 年代	1960 年代	1970 年代	1980 年代	1990 年代	2000 年代	2010 年代
年代代表	快樂新年 愉快心情 百花開 月下歌聲 郎歸晚 夜夜寄相思	青春之戀 點點相思淚 愛情代價 少女情懷 檀島風光 情人在遠方	人生美夢 再見情人 相思淚 薔薇之戀 快樂時光 痛別離	難得有情人 黎明不再來 不再分離 一生有意義 再見理想 愛情陷阱	一生不變 一千場戀愛 最後今天 你為了愛情 我的情人 雨天沒有你	不變的愛 我們都愛你 戀愛大過天 愛情突擊 傷心情歌 我不是偉人	我們他們 不愛之恩 愛不完 最後祝福 我沒有傷心 再見一面
口語	晒心機 索錯油 捱騾仔 咪貪口爽	充大班 詐肚痛 乜都攪掂 撈世界要醒目	呷錯醋 錫晒你 行快啲啦 有水冇閉翳	丫嗚婆 囉囉攣 阿拉擔梯 最緊要好玩	一額汗 玩吓啦 眼眉調 屈到病	一起嗌 大喊包 唔使驚 累鬥累	山旮旯 斗零踭 屈尾十 雙層床
成語	天作之合 金枝玉葉 郎情妾意 一山還有一山高	二八佳人 心心相印 甜言蜜語 望穿秋水	天賜良緣 月夜烏啼 世事如棋 偷得浮生半日閑	人之初 海誓山盟 但願人長久 人生何處不相逢	知己知彼 沉默是金 愛莫能助 似是故人來	十面埋伏 三生有幸 大難不死 四面楚歌	仁至義盡 守口如瓶 明知故犯 逆來順受
外語字			別了 Jolene 好彩又到 Sunday	等待 Sunday 潮流興夾 Band 一聲 Hi 一聲 Bye 齊聽 Rock and Roll	我愛 Ichi Ban 再見 Summer Love Ba Ba 您好嗎 遙遠的 Paradise	活著 VIVA 夏日 Fiesta 快樂地園 Let's Go 東京鐵塔下 GULUGULU	LOL TGIF Hello 你好 為你唱 Demo
人名與地名				鼓浪嶼 巴黎街頭 新宿物語 愛琴海之戀	撒哈拉 再見二丁目 皇后大道中 墨西歌情人	楊千嬅 彌敦道 奇洛李維斯回信 抱歉柯德莉夏萍	凱旋門 偉業街 途經北海道 你倫敦我紐約
食字					800 伴 第四者 情未鳥 二等良民	郎來了 夏意識 我的胖侶 長信不如短訊	細街杯 天生不對 可一可再 羽毛鱗刺
經典致敬					孤星淚 雙城記 羅馬假期 一千零一夜	給愛麗斯 三千零一夜 龐貝 21 世紀 2001 太空漫遊	C3PO 綠野仙蹤 飢餓遊戲 讓子彈飛
戲仿					黎明與我	大開色界 達明一派對 再見不是朋友 如果我是陳奕迅	月亮不代表我的心 我和秋天有個約會

是另一種改歌名的手法，例子可見〈再見不是朋友〉、〈月亮不代表我的心〉、〈我和秋天有個約會〉。

七、總結與討論

本研究以香港粵語流行曲歌名所用的字作為資料，看這些歌曲的主題內容和歷年的變化，從而了解歌曲如何反映社會的變遷。我們透過單字、詞語和字與字之間的關係圖，以及歌手、作曲人及作詞人受歡迎程度的興替，希望可以多了解粵語流行曲的發展興衰。

從歌名的單字可見，過去七十年用得最多的字是「愛」、「你」、「的」、「我」，之後是「一」、「情」、「人」，接下來是「不」、「心」、「天」。它們的出現次數各有升跌，但這十個字是粵語流行曲的核心單字。詞語最重要的是「你我」、「你愛」、「我愛」，然後是「愛情」、「情人」、「不再」、「一生」、「快樂」、「再見」、「沒有」。如果要用一首歌來代表粵語流行曲的話，似乎「我愛你」是個適合的選擇。

從圖一至七可以看到過去七十年歌名用字關係的變化。1950年代及1960年代看到的主要是「愛情」、「青春」、「歌聲」、「花月」。1970年代開始的主題是「愛情」。1980年代除了「愛情」之外，值得注意的是「不愛」和「不要」。1990年代開始較多反面的用詞，這延續到2000年代。2010年代的主題仍然是愛情，其他的題材沒有出現在歌名當中。

香港粵語流行曲由早年延續到現在，都有廣東口語的特色，當然這個特色在不同年代會有些分別，而且和國語及普通話歌名不同。將中文成語放入歌名是另一特色，大家都熟悉這些成語，意思表達得簡潔清楚。中外語文的結合也出現在粵語歌名當中，有歌名全是英文，但唱就用粵語，反映了香港的華洋雜處、中西交流。甚至歌名出現香港和外地的人名和地名，包括歐美、日本等地。除了歌名之外，近年冒起的一些歌手、樂隊、作曲人及作詞人都用英文名字，甚至中英夾雜或用一些特殊符號（如 Howie@Dear Jane、6 號 @RubberBand），都是較新的趨勢。

近三十年的另一個趨勢，是喜歡用「食字」手法來作歌名。這種基於熟悉的現象和詞語來加以變奏，能帶來新鮮感，其他地區的中文歌曲較為少見這種做法。接近「食字」的另一種方式，也較為莊重的，是向經典作品「致敬」，同樣達到假借轉換的效果，容易令歌名被人記住。「戲仿」是另一種增加趣味性的手法，這樣連結到以前的歌曲，令人有多些想像空間。

過去七十年的大部分歌手、作曲人和作詞人，他們在樂壇得以流行的生命週期多在十年內，較長的有二十年，能再超越的就如鳳毛麟角了。可見流行曲的一個特徵是其時間性，不如古典音樂那麼長久。社會潮流改變，歌詞、歌曲和歌者有其週期起跌，反映了它們和某特定聽眾群的關係，見證了時代的烙印。流行曲主要的聽眾群年齡是十多至三十歲左右，他們年紀漸長後，便會和新的流行曲出現脫節，流行曲反映了年代的特徵。

流行歌曲是娛樂生產經濟圈中的其中一環，它和電影、電視、表演、廣告等息息相關，彼此的關係在演化。本地和外地的流行曲存在合作與競爭，歌詞與歌曲互相依存，左右到歌壇的發展，而歌名只是當中的顯示器。但見微知著，從歌名也可某程度見到流行曲的變化。本研究所用的資料集中於較為流行的歌曲，主要來自各電子傳媒歌曲上榜結果，所以只反映受歡迎的歌曲。一些較冷門或小眾的歌曲也很有特色，但就不是本研究的焦點了。

研究流行曲的取向，除了分析每十年的縱向變化，也可採取個案方法作深入探討和比較。[25] 例如 1980 年代及 1990 年代的主要作詞人包括黃霑、鄭國江、盧國沾、林振強、潘源良、黎彼得、陳少琪、小美等，以及近二十多年的林夕、黃偉文、周耀輝、林若寧等，他們各有自己的喜好和風格，將來可以作為個案分析的對象。此外，也可以探討一些較前衛的獨立樂隊組合，例如 my little airport、LMF、Anodize、Meter Room、Charming Way 等，看看它們的另類關懷。例如樂與怒音樂很多反映某種人生態度，提出社會控訴、反戰、反建制、為無權勢者吶喊。

愛情是香港粵語流行曲的恆久主題，這是大家都可預期的，只是由這個研究的數據顯示出來。1950 年代至 1970 年代的單字主要是「情」，到了 1980 年代開始是「愛」。過去七十年歌名中「愛」是一枝獨秀，「我愛你」成為最主要的表述。為何會是如此？相信和聽眾的年齡有關。早年粵語流行曲的聽眾年齡層較廣，題材也相對多樣化。近年流行曲聽眾以年輕人為主，他們最關心的是愛情。基於市場需要，歌曲的生產者也會投其所好。相信其他地方的歌壇也是如此，只是程度可能有別。

作詞人年齡應比聽眾稍大，個人喜好或有不同，但因應市場邏輯，其作品也要配合。在筆者收集的資料中，顧嘉煇在六七十年代的作品中，「愛」字排名第四，1980 年代以後的名次升為第二。許冠傑的情況相同，早年的歌中「愛」排第四，1985 年後的排名升為第二。黃霑從 1960 年代到 1980 年代「愛」的位置是第一，1990 年代後跌到第九，顯示作詞人的心境有變，反映在他的歌名之中。當然也有例外，Beyond 的歌曲路線屬於另類，「愛」的排名一直徘徊在七至八位。

近三十年來出現反向或負面用詞如「不」、「無」和「沒有」，這種傾向於虛無的表達詞語，有點像後現代的思潮。和「不」最常一起出現的字是「可」和「要」，接下來依次包括「是」、「想」、「愛」、「到」、「會」、「變」、「再」。這些字涉及不同的範疇和意思。「無」的相關字有「人」、

「情」、「心」、「言」、「聲」，而「沒有」則較多和「你」、「愛」、「人」在一起。可見這些反向的字遍及不同內容，並非只源於某些作詞人或某類題材，而是屬整個時代的情懷傾向。「不」字在 1970 年代開始出現，「無」字由 2000 年代後明顯冒升，說明這是個近年的趨勢。什麼原因構成這個現象，只看歌名不能得知，相信要進一步分析歌詞內容，或去訪問作詞人才會有答案。

回到本文的另一個研究目的，粵語流行曲是否能夠反映社會情況？從今次研究的發現可見，流行曲本身的題材有其穩定性，主要談及愛情，旁及早年的風景描述和心情表達，再加上訴說一些人生片段和情景。這些主題比較個人化，和大社會環境沒有很大關係，所以說粵語流行曲未必能敏銳地反映社會時代的面貌變遷。這當然可能和此研究的資料抽樣方法有關，因為所包括的主要是最流行的上榜歌曲，忽略了較邊緣的作品。

但儘管如此，我們從過去七十年的歌名用詞也可見一些明顯變化，例如消失了的「春花秋月」類的風景描述，近年出現的虛無主義傾向，除了反映樂壇的疲態，又或會和社會的大環境有關，這可能需要見諸於進一步的歌詞分析和個案研究了。從理論層面看，流行曲是娛樂、生活的紐帶，滿載不同年代人的集體記憶，甚至是文化傳承和社會身份認同的標記。如何將歌曲歌詞內容結合抽象層次較高的文化分析，是不少學者的著力方向。

本文提供了大量的實證數據，說明七十年來流行曲歌名的用字情況，以及統計歌手、作曲人和作詞人的作品數量，從而了解他們彼此的位置。透過檢視從 1950 年代到 2010 年代的變化，可以看到一些現象和趨勢。循著這個研究方向，未來可以用類似的量化方法，對一些主要的歌手、作曲人、作詞人進行個案分析。另一個可以進行的跟進研究，就是比較香港、大陸、台灣甚至歐美的流行曲歌名，相信會發現其他有趣的現象和模式。

註

1 詳參朱耀偉：〈導論〉，載朱耀偉、梁偉詩：《後九七香港粵語流行歌詞研究 I》（香港：亮光文化有限公司，2022 年），頁 10-30；李再唐編：《香港粵語唱片收藏指南：粵語流行曲 50's-80's》（香港：三聯書店（香港）有限公司，1998 年）；黃霑著、吳俊雄編：《黃霑書房：流行音樂物語 1941-2004》（香港：三聯書店（香港）有限公司，2021 年》，頁 82-86；黃志華：《早期香港粵語流行曲 1950-1974》（香港：三聯書店（香港）有限公司，2000 年）；馮應謙：〈傳媒科技與香港粵語流行曲的演變〉，馮應謙編：《歌潮 • 汐韻：香港粵語流行曲的發展》（香港：次文化堂，2009 年）；楊漢倫、余少華：《粵語歌曲解讀：蛻變中的香港聲音》（香港：匯智出版有限公司，2013 年）；劉靖之：〈香港的粵語流行曲：三個時期、三種不同風格〉，《南京藝術學院學報（音樂與表演版）》第二期（2016），頁 1-9；Anthony Fung & Alice Chik (Eds.), *Made in Hong Kong: Studies in Popular Music* (New York: Routledge, 2020).

2 黃霑：〈流行曲與香港文化〉，黃霑著、吳俊雄編：《黃霑書房：流行音樂物語 1941-2004》，頁 82-86。

3 黃志華：《周聰和他的粵語時代曲時代》（香港：匯智出版有限公司，2019 年）。

4 黃志華：〈五六十年代香港粵語流行曲簡介〉，李再唐編：《香港粵語唱片收藏指南：粵語流行曲 50's-80's》，頁 F-H；楊漢倫、余少華：《粵語歌曲解讀：蛻變中的香港聲音》。

5 李仁傑 ：〈七八十年代香港粵語流行曲簡〉，李再唐編：《香港粵語唱片收藏指南：粵語流行曲 50's-80's》，頁 I-K。

6 同註 2。

7 倫佩芳、區初輝、蔡冠華、蔡炳綱：《「粵語流行曲與青少年」研究報告》（香港：香港中文大學社會工作系，1989 年）。

8 同註 2。

9 朱耀偉、梁偉詩：《後九七香港粵語流行歌詞研究 I》；楊漢倫、余少華：《粵語歌曲解讀：蛻變中的香港聲音》。

10 楊漢倫、余少華：《粵語歌曲解讀：蛻變中的香港聲音》。

11 朱耀偉：《香港流行歌詞研究：70 年代中期至 90 年代中期》（香港：三聯書店（香港）有限公司，1998 年）；朱耀偉：《香港「中文歌運動」研究》（香港：匯智出版有限公司，2001 年）；朱耀偉：《音樂敢言之二：香港「原創歌運動」研究》（香港：Bestever Consultants Ltd，2004 年）；陳嘉銘、吳子瑜、海邊欄：《給下一輪廣東歌盛世備忘錄：香港樂壇變奏》（香港：突破出版社，2022 年）；香港政策透視：《霸權主義下的流行文化：剖析中文金曲的內容及意識研究》（香港：香港政策透視，1994 年）。

12 朱耀偉：《香港流行歌詞研究：70 年代中期至 90 年代中期》；朱耀偉、梁偉詩：《後九七香港粵語流行歌詞研究》（香港：亮光文化有限公司，2022 年）；黃志華 ：《香港詞人詞話》（香港：三聯書店（香港）有限公司，2003 年）；梁偉詩：《詞場：後九七香港流行歌詞論述》（香港：匯智出版有限公司，2016 年）。

13 徐允清：《香港流行曲：旋律與詩詞的衝擊》（香港：匯智出版有限公司，2018 年）；黃志華：《原創先鋒：粵曲人的流行曲詞創作》（香港：三聯書店（香港）有限公司，2014 年）；黃志華 ：《文字聲率與粵語歌創作》（香港：懿津出版企劃公司，2020 年）；楊漢倫、余少華：《粵語歌曲解讀：蛻變中的香港聲音》。

14 簡嘉明：《逝去的樂言：七十年代以方言入詞的香港粵語流行曲研究》（香港：匯智出版公司，2012 年）；陳嘉銘、吳子瑜、海邊欄：《給下一輪廣東歌盛世備忘錄》。

15 朱耀偉：《香港「中文歌運動」研究》；朱耀偉：《音樂敢言之二：香港「原創歌運動」研究》；朱耀偉：〈導論〉，朱耀偉、梁偉詩：《後九七香港粵語流行歌詞研究 I》，頁 10-30。

16 Vicky Ho, & Miranda Ma, "Mapping Sociopolitical and Cultural Changes through 'The Daughters of Hong Kong': From Anita Mui to Denise Ho," in Fung & Chik, *Made in Hong Kong*, 10-20; Milan

Ismangil, "Hong Kong Is (No Longer) My Home: From Sam Hui to My Little Airport," in Fung & Chik, *Made in Hong Kong*, 124-131.

17 Stella Lau, & Ivy Man, "Voices Shaped by the People and for the People: Cantopop and Political Crisis from the Colonial to Postcolonial Era," in Fung & Chik, *Made in Hong Kong*, 44-51; Bryce T. McIntyre, Christine Wai Sum Cheng, & Zhang Weiyu, "Cantopop the Voice of Hong Kong," *Journal of Asian Pacific Communication* 12:2(200): 217-243; Klavier J. Wang, *Hong Kong Popular Culture: Worlding Film, Television, and Pop Music* (Singapore: Springer, 2020); Angel M. Y. Lin, "MC Yan and his Cantonese Conscious Rap," In Fung & Chik, *Made in Hong Kong*, 132-142; J John Nguyet Erni, "Gender and Everyday Evasions: Moving with Cantopop," *Inter-Asia Cultural Studies* 8:1(2007): 86-108.

18 香港政策透視：《霸權主義下的流行文化》。

19 Kuanysh S. Yergaliyev et.al. "Role and Functions of a Newspaper Headline," *Life Science Journal*, 11:11(2014), 540-543.

20 李再唐編：《香港粵語唱片收藏指南》。

21 Muzikland：《香港流行音樂專輯 101（第一部 1974-1987）》（香港：非凡出版，2018 年）；Muzikland：《香港流行音樂專輯 101（第二部 1987-1990）》（香港：非凡出版，2019 年）；Muzikland：《香港流行音樂專輯 101（第三部 1990-1999）》（香港：非凡出版，2020 年）。

22 香港政策透視：《霸權主義下的流行文化》。

23 倫佩芳等：《「粵語流行曲與青少年」研究報告》。

24 Brian Hok Shing Chan, "English in Hong Kong Cantopop: Language Choice, Code-switching and Genre," *World Englishes* 28:1(2009): 107-129.

25 蘇鑰機：〈從顧嘉煇、許冠傑曲目看廣東歌的圖像世界〉，《明報》，星期日生活，2023 年 1 月 8 日，頁 1。

7

「香港快歌」：不是音樂類型的音樂類型

黃培烽

香港最早期的本地原創快歌隨著香港現代化而被淘汰，後來的快歌主要透過學習海外的音樂類型而演進，雖然在風格上，香港快歌未能長期建立鮮明的風格，但相比起抒情歌／慢歌，能夠更快捷地回應市場需要。

想到「快歌」這個題目，並非因為近年香港的男團女團一浪接一浪趕往市場，而是歐美的時裝近期流行的 Y2K 風格，以及日本的平成風——1990 年代至千禧年代左右的懷舊熱潮浪潮。因為那是筆者成長的年代，所以覺得特別親切，乘機重溫大量「舊歌」(但對筆者來說其實是恍如昨日)。Britpop 筆者最愛 Suede，J-pop 不會錯過的自然是小室哲哉家族。那個年代的香港廣東樂壇同樣有不少快歌，黎明的〈Sugar in the Marmalade〉就是其中一首最近常聽的。這首歌在世紀末的 1999 年面世，當時雷頌德成為黎明的唱片監製，製作了一批電音舞曲（electronic dance music），令黎明由情深款款的公子哥兒變為都市型男。相比起黎明在此之前的情歌，縱使以現在來說都是舊歌，但這類電音舞曲大部分現在重溫也並不過時——至少沒有〈對不起，我愛你〉那樣，一聽就有歲月的痕跡。

聽著千禧年間的電音舞曲、現今男團女團的跳唱作品，聽起來相似又相異，令筆者想回答兩個問題：(一）究竟「香港快歌」有沒有（像 Britpop 及 J-pop 般的）獨特風格？(二）若我們將「香港快歌」視作一種音樂類型，應如何分析其意義？本文第一部分，將勾勒香港快歌的幾個重要時刻，並與其他市場的音樂類型比較，探討「香港快歌」有否展示獨特風格。至於第二部分，筆者將會扼要回顧香港與快歌相關的研究，從變遷中的「香港快歌」尋找脈絡，提出幾點觀察。

一、香港快歌簡史

(一）分析音樂類型的意義

回答上述兩條問題前，自然需要釐清何謂快歌。本文指的「快歌」並無特別分類，而是籠統地泛指節奏輕快、編曲強勁的流行曲，與抒情歌／慢歌作對比。快歌沒有清晰定義，但就算定義含糊，大概所有樂迷都能分辨何謂快歌、何謂慢歌，大概沒有人認為〈最緊要好玩〉、〈鐵幕誘惑〉或〈BOSS〉屬於慢歌。問題是：香港快歌能否代表某種有特定曲式的音樂風格？

無論是學術抑或普及讀物，歐美關於流行音樂的討論，都頗重視曲風分類，再論及各種音樂風格的文化史，經典例子是雷鬼音樂（reggae）。雷鬼音樂源自加勒比地區的牙買加，從斯卡曲風（ska）這種來自相同地區的音樂風格蛻變而成，在 1960 年代興起。根據《牙買加英語字典》，雷鬼音樂用鼓、低音結他、電子結他及一種名為 scraper 的樂器，演奏出四拍四節奏。[1] 及至 1970 年代，雷鬼音樂與歐美的電子音樂及搖滾音樂結合後大放異彩，雷鬼之父卜馬利（Bob Marley）因而成為國際巨星，成為國際巨星的他亦持續推廣雷鬼音樂、通過雷鬼音樂宣揚他支持的「泛非洲主義」。雷鬼及其他加勒比音樂很重要，因為這些音樂構成了加勒比地區人民的共同身份，尤其是當時已身處英國的加勒比移民，在親朋聚會中播放這些來自家鄉的音樂，鞏固既有的身份認同。後來雷鬼逐漸走進英國流行音樂主流，某程度上亦提升這批移民在英國的地位。

雷鬼這個例子說明獨特的風格、鮮明的旗幟，對於音樂類型的建立十分重要。其他經典例子包括爵士（jazz）、搖滾（rock and roll）、藍調（blues）、節奏藍調（R&B）及嘻哈（hip-hop）等，都與某個地區或某個社群的社會史扯上關係，例如爵士樂的歷史必須由美國新奧爾良說起、嘻哈一定會與黑人在美國的歷史經歷扯上關係。近年的南韓流行音樂（K-pop）雖然說不上完全獨特，演變自歐美的跳唱及 hip-hop，而且 K-pop 只是個泛稱，類型之內有類型，但南韓流行音樂的造型、演出方式，以至命名歌手樂隊的方式已建立鮮明風格，論者亦常以 K-pop 探討南韓振興經濟及國際地位的策略。

（二）香港快歌的演變

「香港快歌」是否具備獨特風格、能否書寫出恍如上述音樂類型的社會史，這條問題的答案自然取決於我們如何定義香港廣東流行曲。

如果我們認同黃志華的講法，即是香港在 1950 年代初，已經有音樂人嘗試廣東歌實驗的話，香港快歌的起源，是如何將廣東音樂（粵樂）西化、如何將粵曲本地化及現代化。黃志華引述黎鍵的研究，回顧日佔時期的廣州興起「精神音樂」，指爵士樂化的「流行粵樂」，樂手甚至會模仿披頭四「在台上穿插走位，頗見狂態」。「精神音樂」成為後來「跳舞粵曲」的基礎。顧名思義，「跳舞粵曲」在舞廳播放以作伴奏之用，將粵曲配上爵士樂編曲同演奏方式，成為伴舞的背景音樂。呂文成來港前已在廣州玩過這類音樂。[2]

及至 1950 年代，香港亦有「跳舞粵曲」的音樂創作，例如朱頂鶴撰曲、鄭幗寶、鍾志雄合唱的〈情侶山歌〉（1956）就曾非常流行。不過，黃志華認為〈情侶山歌〉只屬粵曲變奏，雖然稱為「舞曲」，但節奏頗為緩慢。被鄭國江認為是香港第一首「脫離小調風格」、加上西洋樂器演奏的香港原創廣東歌〈快樂伴侶〉（曲：呂文成；詞：周聰；1952），或者才算是香港最早期的原創快歌。[3] 這首歌不單只是曲式上現代化，歌詞內容亦有所突破。雖然〈情侶山歌〉及〈快樂伴侶〉唱的都是男女追求戀愛對象，但前者仍然有種「鄉土氣息與情懷」，歌手唱著「拍手掌唱山歌 / 人人笑我冇老婆 / 發奮去賺錢娶番個」。至於〈快樂伴侶〉「與哥愛戀沒顧慮 / 每日與哥哥暢聚 / 同是良伴有樂趣 / 卿是我終生伴侶」，比〈情侶山歌〉爽快。[4]

如果認同吳俊雄的講法更為合理，即是將 1974 年視為香港廣東歌的濫觴，許冠傑包辦曲詞的〈鬼馬雙星〉，或者由顧家煇作曲、黃霑填詞的〈笑哈哈〉，可以算是香港最早期的原創快歌。這兩首歌曲誕生的時代背景，是戰後嬰兒長大、香港社會現代化，將歐西流行曲本地化、令廣東歌現代化，是當時「香港快歌」需要處理的問題。[5]

無論我們同意哪種說法，香港快歌起源，是本地樂迷的生活變得都會化、現代化及西化，比抒情慢歌更緊貼潮流的快歌，在 1950 至 1960 年代初，迅速回應逐漸脫離「鄉土氣息與情懷」的香港社會。

1980 年代直至 1990 年代初，自然是奠定香港流行樂壇文化的另一個重要轉折，亦可以說是「香港快歌」發展的黃金時期，潮流興改編歌，「香港快歌」當時明顯受到日本及歐美曲風影響。改編歌流行的的原因除了唱片公司的海外網絡外，另一個原因，是當時海外的音樂資訊逐漸增加，創作人及樂迷亦接觸不同的音樂類型，都令香港快歌的曲風走東洋西洋風。這段歷史耳熟能詳，筆者就不重複了。

樂評人馮禮慈認為，香港流行曲在千禧年初出現重要的轉向，捨棄香港流行曲原有的「中式小調流行曲 / 武俠劇歌曲」傳統，轉投其他音樂類型。雖然沒有明確地以快歌 / 慢歌描述這個轉變，但變化以快歌為主：

> 至於港式流行曲（Cantopop），其實就是「時裝版的中式小調流行曲／武俠劇歌曲」，即是說，將中式小調流行曲／武俠劇歌曲脫去古裝外衣，換上時裝，就是港式流行曲了〔……〕其實同樣以中式五音階撰寫，歌曲結構與節奏都十分簡單，不過已減去中國樂器的運用，歌詞方面也不再唱中國古代情與物，是之為「現代版」的中國小調歌曲。它仍保留著一定的中國音樂元素在內。當然，在七八十年代，樂壇還有其他曲種的

〔……〕不過，大體上整個樂壇的歌曲就以中式小調／武俠劇歌曲與港式流行曲為主要骨幹（其實即使許冠傑或 Beyond，都有些作品可歸入港式流行曲或中式小調流行曲去）。[6]

當然，馮禮慈的觀察只是勾勒香港音樂類型的轉向，例如完全沒有提及日本流行音樂對港式流行曲的影響，但他的論點仍有價值。他注意到，千禧年初（亦即是韓流出現前）香港樂壇有「較現代化、較西化和較多樣化的曲種」，當中大部分都屬快歌包括「軟性 hip-hop、硬心 hip-hop、pop rock、dance pop、dream pop、alternative pop、electronic folk、J-pop、electronic dance 和 adult oriented rock……都已沒有或極少包含中國音樂元素在內了」。

隨著資訊越來越流動，難以想像我們會參考過時的快歌，對外國的音樂潮流亦已更加敏感，除了馮禮慈提及的類型外，jazz、rock and roll、pop rock、J-pop 以至現在的 K-pop，都為香港流行音樂所吸收。

上述黎明的〈Super in the Marmalade〉（以及不少同類電音舞曲）現在聽起來仍然較為合時，並非偶然，原因是這些香港廣東歌脫離，甚至乎是放棄舊有曲式，變成更都會化及多元化的產物。但隨著香港廣東歌衰落，這批電音歌曲亦未能長期建立獨特風格。直至近年，電音才由 Lolly Talk 等再次演繹。

香港快歌的風格繼續向外國音樂文化靠攏。當然，歌曲類型的分類頗為「人為」，反映的是當時樂迷的喜好及行業的選擇。例如 22/23 年度 Chill Club 推介榜年度推介首次根據歌曲類型頒發歌曲獎項，將歌曲分為流行歌曲、節奏藍調、搖滾、跳唱，與以往香港其他電台電視台的音樂頒獎禮迥異。這種做法反而仿效美國格林美獎（Grammy Awards）及英國全英音樂獎（BRIT Awards），是當時樂壇的主要音樂類型。

總括而言，「香港快歌」並沒有傳承以往香港廣東歌的傳統，亦沒有長期建立獨特風格，現階段難以寫一部完整的「香港快歌」社會史。話雖如此，縱使香港的快歌並非獨特的音樂類型，但也是香港樂壇不可或缺的類型。現時不少音樂串流平台都有「香港快歌」的歌單，基本上包括多種類型，例如〈心急人上〉、〈Para Para Sakura〉、〈光明會〉、〈少理阿爸〉、〈寒冰掌〉及〈大熱〉，這些千禧年代的歌曲在樂器、編曲方式及舞台演出方式都沒有共通點，唯一相似的就是節奏輕快強勁。將這些不同曲風不同音樂類型的歌曲放在同一個歌單裡，也顯得港式流行曲的特性，就是較不重視類型音樂傳統，沒有代表或傳遞什麼特定價值，而快歌屬於「流行」風格。[7]

二、幾點觀察

與歐美相比，香港較少以音樂類型為主題的研究或論著，關於流行曲的討論集中於身份認同、歌詞內容分析及歷史書寫。快歌（作為籠統的泛稱）並非香港流行曲研究的重心，例如 2020 年出版、論述香港流行曲的英文論文結集《Made in Hong Kong: Studies in Popular Music》，就沒有專門討論快歌的章節[8]——不過類似的論文集以後將難以避開男團女團電音跳唱的環節。這樣說絕無貶意，畢竟音樂市場的狀況各異，關心的議題及研究方法亦各有不同。例如近期有研究指，過去幾十年，英語流行曲的歌詞內容越趨重複及內容空洞，[9] 研究英文歌歌詞似乎並非明智之舉。

這個部分將會視香港快歌為一種音樂類型，分析其特點、談歷史及思考傳承。

（一）社交功能

第一個觀察其實頗為明顯，大概毋須細心分析，仍能發現不同時代的香港快歌皆發揮社交功能。快歌針對的聽眾並非永遠宅在家，而是活躍外出社交，甚至是「派對動物」。「跳舞粵曲」、〈快樂伴侶〉這類新潮的廣東話快歌在 1950 年代的舞廳播放，〈Sugar in the Marmalade〉這類電音在夜店響起，雖然曲風大相逕庭，但同樣發揮著社交功能，就是通過輕快／強勁節拍帶動氣氛。例如 DJ Tommy 曾在訪問表示，在盛行派對的年頭，在「船 P」（在船上派對打碟）、酒店派對及 rave party，他會揀選不同類型的歌曲，「起初揀選的歌曲速度會慢」，待現場進入氣氛後則以快歌為主，歌單當中亦包括香港的流行曲。[10]

快歌的社交功能隨娛樂形式及聽歌習慣而轉變。潮來潮去，舞廳甚至夜店，現在聽起來都已落伍非常。跳茶舞、「去蒲」、「落 D」及 clubbing 不再像以往般流行，但這並非意味著香港快歌的消失。現在不少音樂串流平台都有虛擬 DJ，歌曲（包括抒情歌）經混音後變為舞曲，隨著影片分享平台的流行及人工智能的技術成熟，這類虛擬 DJ 大概將更廣泛改變音樂生態。例如 DJ Tommy 亦將他混音的歌曲上載至 YouTube，將黎明的〈情深說話未曾講〉、陳百強的〈深愛著你〉及關淑怡的〈難得有情人〉變為電音舞曲。以往這類 DJ 自行混音的歌曲通常只在夜店、船 P 或酒店派對這類場所播放，但現在可能是在家工作時的背景音樂。縱使影片分享平台也具備社交功能，但用戶極其量只能在鏡頭前隨歌起舞。

當然，香港仍有不少地下電音派對，[11] 但較多香港主流音樂樂迷現在蹓躂的社交場所，是大大小小的音樂節（music festival）、現場音樂餐廳或酒吧（live house）、市集的現場樂隊（live band）表演。香港樂壇在 1980 至 1990 年實在太成功，大型演唱會長期主導香港的表演事業，但反過來說，卻局限大家對演出場地及演出方式的想像。有趣的是，香港樂壇在千禧年代末至 2010 年代初經歷低潮，歌手樂隊難以再像以往般舉行場次眾多的大型演唱會，反而成為開拓其他較小型的演出場所的契機。從社交功能思考香港廣東歌的傳承，合適的演出場所——而不是純粹追求大型的演出場所——對維持香港快歌的活力頗為重要。

（二）都會化、本地化、國際化

跟雷鬼和 K-pop 不同，香港快歌並未曾長期在國際上取得成功，但之於本地，卻令香港流行曲趨向都會化、本地化和國際化。

本文第一部分已論及快歌與都會化的關係，即是快歌的興起跟香港戰後現代化關係密切。至於近年關於快歌的學術研究，主要針對本地化與國際化之間的角力。香港快歌以本地社群為主，目標並不是海外輸出，而是將外地文化融入本地流行文化。例如趙明德探討電音舞曲與本地夜店、本地 DJ、本地 rapper 及本地蒲友的關係，分析夜店的現場 DJ 如何在本地化及國際化之間取得平衡。他發現千禧年代有香港的夜店有 DJ 自行混音，將例如麥浚龍的〈愛上殺手〉、盧巧音的〈好心分手〉、Twins 的等流行曲編成為舞曲，將本地音樂混合外國音樂。[12] Alex Yiu 及 Damien Charrieras 亦曾進行類似研究，發現香港的夜店也有地域之分，香港島（以蘭桂坊為主）的顧客有不少外籍人士，至於九龍（以尖沙咀為主）則以本地香港人為主，顧客背景相異，因此影響現場 DJ 打碟的音樂選擇。[13]Mei Ling Young 則透過親身參與香港到中環的夜店，觀察到科技的發展如何塑造 DJ 的功能。[14]

雖然偶然比較重視本地化，但整體而言，香港流行樂壇一直不停從歐美、東亞及華語樂壇吸收各種音樂類型，將其本地化、現代化，快歌同樣是進行相關實驗的曲式。例如〈Sugar in the Marmalade〉作為電音舞曲，在編曲上卻加入了二胡，尤其是配合在美國邁亞密拍攝的 MV，將「扮相國際加東方的心」的香港快歌特質影像化。這句歌詞來自同一專輯《Leon Now》的〈Prima-Donna〉，除了廣東話及英文，還有國語，似乎暗示了歌手進軍國際的野心。雖然黎明最終「只是」征服了亞洲市場及海外東亞裔社群，但當年若認真進軍國際亦並非痴心妄想。小室哲哉在 1990 年代成立樂隊 Globe，就表明他要以日式電音舞曲征服國際的決心。

近年香港快歌的主要參考對象，再非 J-pop 而是 K-pop，以跳唱為主的歌手或樂隊推陳出新，而正以行動進軍國際的 MIRROR，拓展海外市場的第一首歌〈RUMOURS〉自然是首英文快歌。但說實話，MIRROR 將難以通過這類歌曲突圍而出，原因是這種形式的香港快歌跟 K-pop 過分類似。一方面，香港樂壇需要海外市場，快歌對於海外市場較易入口，但香港快歌辨識度低、缺乏獨特曲風，這也說明了香港樂壇現正面對的問題。

快歌代表速度、潮流、新鮮感，所以歌手轉形象甚至轉會（唱片公司）時，經常都會製作快歌。除非刻意懷舊、模仿或戲謔（例如陳奕迅的〈重口味〉），快歌一定需要有時代感，否則年輕人的社交場所又怎會日日播放呢？換句話說，相比起慢歌，快歌更需要、亦適合進行各種嘗試。從正面來看，香港快歌最重要的「傳統」就是沒有傳統的枷鎖，不停適應市場需要而製作相應的歌曲、不停嘗試新的音樂類型，甚至乎開拓新市場。就算上述提及的〈快樂伴侶〉沒有明顯受到外地音樂的影響，但仍然在曲式及歌手演繹上尋求轉變，不單節奏比跳舞粵曲輕快，亦「不再一字多音，花音和拉長」，[15] 突破以往的粵語流行曲曲風。無論香港是變得都會化、本地化、國際化，快歌比慢歌的轉變都來得更快。

（三）「聲色藝」俱全的要求

雖然快歌並非香港廣東歌最熱門的類型，但大部分有一定年資的流行歌手，總會製作快歌，原因大概與香港流行樂壇的生態有關，而筆者認為快歌之於香港流行樂壇最重要的作用，正正是以獻唱快歌的意願及能力衡量歌手藝人是否「聲色藝」俱全。

當然，今時今日可以當個拒絕出鏡的網絡歌手或純粹發行錄音室專輯的發燒碟歌手，但商業上要像日本樂隊 GReeeeN 那樣成功，在香港暫時仍不可能。歌手作為表演者、作為香港表演娛樂事業的一員，總有機會（或總有需要）現場演出。有趣的是，香港衡量流行歌手或組合的現場演出的指標，有時並非僅僅是現場演唱歌曲的水準，而是歌手或組合演出歌曲的方式。這裡的「演唱」指歌手演繹歌曲時的唱功及感情，而「演出」則是「演唱」之外附加的其他表演元素，例如舞蹈、故事性及其他舞台效果。

若歌手或組合純粹「演唱」而沒有「演出」、只唱慢歌沒有快歌，在香港難以達至巨星地位或長期穩佔一線。當然我們有黎明這個站在台上「原封不動」唱快歌的反例，但黎明以這種方式表演時，早已過事業搏殺期／高峰期。這種以「聲色藝」俱全衡量歌手地位的指標，大概源於 1970 年代末至 1980 年代起初興起的演唱會事業，尤其是羅文、張國榮、梅艷芳在現場演出的成就，令「演出」成為行業指標，日後的巨星必須「跳得唱得」，既有能力演繹抒情歌的唱功和感情，亦有可以配合舞台效果演出快歌的活力。

對於偶像派歌手（當然偶像派也可以有實力），現場演出的能力自然非常重要。例如根據網媒娛壹報道，陳卓賢在 2024 年舉行演唱會前表示，「今次會傾囊而出盡能力跳舞，亦有諗過搵女 dancer 跳雙人舞」，但報道

指 「fans 最想睇的騷肌環節」，他答得巧妙：「性感又唔使好似 Stanley 嗰種，肌肉我有，本身有做開 gym 嘛，但肌肉環節到時就睇氣氛同氛圍。」

但筆者覺得最有趣的，是實力派歌手（當然實力派也可以是偶像）開演唱會，亦通常會製作至少一首快歌，甚至是演唱會主題曲（藉以炒熱現場氣氛），並特別強調自己好勤力練舞。例如張學友進行「60+ 巡迴演唱會」，年屆六旬仍強調自己會跳舞，甚至場場表演一字馬。八九十年代演唱會事業的成功，某程度上亦局限了我們對演出的想像，唱作起家的林家謙可以說是更具體地呈現這個問題，他在 2022 年進行的首次個人紅館演唱，亦以跳舞環節「為觀眾帶來新鮮感」，「向來斯文的他罕有地除去眼鏡跳舞，當男舞蹈員背起家謙時，全場轟動」。[16]

香港流行樂壇重視演出，無論是現場抑或錄影。香港表演事業，有某種特定的製作方式，觀眾樂迷，都有某種特定期望，而製作及演繹快歌，是回應市場需要。雖然「巨星」不一定需要舞藝精湛，但筆者估計香港的演唱會娛樂事業，暫時仍難以脫離這個「傳統」。

（四）快歌及市場環境

整體而言，香港主流樂壇由抒情歌主導，加上期望藝人「聲色藝」俱全，純粹以快歌為定位的歌手或樂隊較難成功。當然我們有「舞台王者」郭富城及鄭秀文這些反例，但他們的定位是全能藝人，而非純粹的快歌歌手。

類型歌手較難在香港樂壇生存，純粹唱某一種類型的快歌尤甚。例如二人組合 Fabel 在 2013 年初出道，主打電子音樂。二人接受訪問時曾指音樂創作難以成為維生的職業，成員之一 Lolo（盧祝君）更指：「電子音樂是一條血路」。[17] Fabel 最終於 2019 年解散，原因是否與電音這條血路有關不得而知，但可以肯定的是，Fabel 錯過了現時的樂隊及跳唱音樂潮流，要是今天出道的話，血路似乎較為可能成為生路。

香港樂壇甚少純粹唱快歌的主流歌手或樂隊，大概因為樂迷無法接受歌手或樂隊只是唱單一的音樂類型，偶有成功例子，但無法形成風潮。擴闊來看，所有類型歌手在香港都難生存，重要的是如何維繫關鍵少數支持者。香港主流樂壇追求的就是主流音樂，而主流的定義就是當下樂迷喜歡的音樂類型。

快歌是否流行，與社會經濟狀況的關係有關。若香港樂壇仍然像 2010 年代初般死氣沉沉，難怪唱片公司減少製作快歌。慢歌／抒情歌，主要靠旋律、歌詞及歌手的演繹，如果歌手具感染力的話，演出時縱使預算有限，仍有機會吸引樂迷。但對於快歌——尤其是跳唱音樂來說，旋律、歌詞及歌手的演繹不足以令其突圍而出，現時南韓以至其他市場的男團女團的現場演出及音樂錄影帶（MV）已經做到「出神入化」，當樂迷見識過花費甚鉅的大製作，難免對本地製作抱有要求。我們現在難以想像舞曲沒有 MV 或 MV 的製作缺預算、演出完全業餘。若市道欠佳，唱片公司投資過分謹慎、廣告商拒絕贊助的話，流行樂壇一定少快歌。眾所周知，〈熱力節拍 Wou Bom Ba〉及〈火熱動感 La La La〉這些大堆頭快歌，全賴煙草公司的贊助才能成事。因此，市場的快歌數目、男團女團的多寡，是市道的指標。

雖然「淨係唱快歌並無出路」，但樂壇有快歌，就代表樂壇有年輕人加入。這樣說當然不是指資深音樂人無法做快歌、不應唱快歌，呂文成作〈快樂伴侶〉的時候已經五十多歲、鄭秀文和郭富城的演出依然精彩。筆者的意思是，年輕人寫快歌、唱快歌，是特別有能量、特別有說服力。香港樂壇正正需要快歌和年輕人帶來的力量。

三、總結

話說回來：究竟香港的快歌有無獨特風格、能否被稱為一種音樂類型？正如本文開端所言，答案視乎我們如何定義音樂類型，但無論定義如何，筆者認為香港快歌難以成為一種發展脈絡完整及風格鮮明的音樂類型。然而，如果將香港快歌視為一種類型並將香港快歌的發展進程當作一部社會史，我們能藉此窺探香港樂壇的某些特質。就像通過研究各種類型的香港電影，我們會更了解香港電影的強項（例如動作片、警匪片、以社會議題為題的影片），分析香港主流音樂的類型，可讓我們更了解香港主流音樂的特點。

從負面角度，香港快歌缺乏獨特的元素，雖然香港主流樂壇並不忽視快歌，但通常用以凸顯歌手和樂隊的舞台演出、凸顯藝人應該聲色藝俱全這個標準。

從正面來看，香港快歌不停學習其他音樂類型，令香港的主流音樂保持活力。以曲式來說，香港最早期的本地原創快歌隨著香港現代化而被淘汰，後來的快歌主要透過學習海外的音樂類型而演進，雖然在風格上，香港快歌未能長期建立鮮明的風格，但相比起抒情歌／慢歌，能夠更快捷地回應市場需要。

例如電音舞曲曾流行過幾年，影響主流樂壇並吸引學者注意，但熱潮過後好像無以為繼。直至過去數年，除了電音，香港還湧現多個跳唱組合，縱使受到南韓及日本經營男團女團的方式影響，但如果這次的「香港快歌」像以往般將外國的曲風本地化，或者能夠變化出新一種香港快歌風格？回答這條問題言之尚早，但經歷過廣東歌的低潮，相信大家明白到香港廣東歌並非必然存在，無論這次實驗是否成功、歌曲及演出質素能否與外地市場匹敵、歌手及組合的形象是否人見人愛，筆者仍然覺得大家應該珍惜這次難能可貴的機會。

回顧歷史，香港快歌難以稱得上是一種風格獨特的音樂類型，香港廣東歌一直受到外國音樂影響，將其本地化、現代化，並加添新元素。但香港快歌缺乏辨識度高的特色，正正因為製作人不停改良原有曲風、不停參考其他地區的音樂類型、不停吸收，再不斷現代化、本地化。如果我們將香港快歌視為一種音樂類型，從香港快歌閱讀到的社會史，就是香港廣東流行曲如何探索轉變、如何適應來自其他市場的影響。寄語將來，香港快歌未必能發展成為一種曲風獨特的音樂類型，未必能在國際競爭下突圍而出，但香港快歌不停跟隨潮流改變風格，卻是香港樂壇保持活力的方式。

註

1 Federic G. Cassidyand and Robert Black Le Page, *The Dictionary of Jamaican English* (Cambridge: Cambridge University Press, 1967).

2 黃志華：《原創先鋒：粵曲人的流行曲調創作》（香港：三聯書店（香港）有限公司，2014 年）。

3 同上。

4 〈情侶山歌〉的歌詞參考黃志華（2012 年）收藏的資料。黃志華：〈《情侶山歌》探究劄記〉，2012 年 4 月 15 日，取自 http://blog.chinaunix.net/uid-20375883-id-3188351.html，2024 年 6 月 22 日擷取。

5 吳俊雄：〈生於 1974：香港流行文化的前世今生〉，吳俊雄著，張志偉、曾仲堅編：《普普香港一：閱讀香港普及文化 2000-2010》（香港：香港教育圖書公司，2012 年），頁 36- 42。

6 馮禮慈：〈曲種的轉變：香港樂壇與年長樂迷疏離的過程〉，傳媒透視，2003 年 4 月 15 日，取自 https://app3.rthk.hk/mediadigest/content.php?aid=155，2024 年 6 月 22 日擷取。

7 KKBOX 本地小編：「00 年代快歌精選」，KKBOX，2016 年 9 月 20 日，取自 https://www.kkbox.com/hk/tc/playlist/5-3a46k25_mo90a0Qu，2024 年 6 月 22 日擷取。

8 Anthony Fung and Alice Chik, eds. *Made in Hong Kong: Studies in Popular Music* (New York: Routledge, 2020).

9 Agence France-Presse, "Song lyrics getting simpler, more repetitive, angry and self-obsessed – study," 29 March 2024: https://www.theguardian.com/music/2024/mar/29/song-lyrics-getting-simpler-more-

repetitive-angry-and-self-obsessed-study. Guardian. Accessed on 22 June 2024.

10 于逸堯：《香港好聲音》（香港：三聯書店（香港）有限公司，2013 年）。

11 Time Out Hong Kong, "The Rise of Electronic Music in Hong Kong." 30 June 2020: www.timeout.com/hong-kong/music/the-rise-of-electronic-music-in-hong-kong. Time Out Hong Kong. Accessed on 22 June 2024.

12 Matthew M. Chew, "Hybridity, Empowerment and Subversiveness in Cantopop Electronic Dance Music," *Visual Anthropology* 24:1-2(2011): 139-51.

13 Alex Yiu and Damien Charrieras, "On the Fence: Electronic Dance Music Cultures in Hong Kong and Shenzhen," *Electronic Cities* (Singapore: Springer 2021). 223–41.

14 Mei Ling Young, "Heroes of the Night: Djs and Electronic Dance Music in Hong Kong" *Hong Kong Anthropologist* 7(2015).

15 同註 2。

16 〈激罕除眼鏡跳舞　林家謙轉玩煙花「照頭淋」唱到哽咽〉，《東方日報》，2022 年 8 月 20 日，取自 https://hk.on.cc/hk/bkn/cnt/entertainment/20220820/bkn-20220820090426580-0820_00862_001.html，2024 年 6 月 22 日擷取。

17 林惠珊：〈Fabel 電子音樂夢〉，《晴報》，2018 年 10 月 19 日，取自 https://skypost.hk/article/2188672/Fabel%E9%9B%BB%E5%AD%90%E9%9F%B3%E6%A8%82%E5%A4%A2，2024 年 6 月 22 日擷取。

8

眼睛想唱歌：從港產 MTV 到本地 MV 以外的情感流動

羅玉華

在歌詞、旋律、節奏、編曲和歌聲以外，影像為音樂提供詮釋和想像的空間，因而令人反思流行音樂的意義可以如何超越音樂的界線傳達。

眼睛想唱歌，但眼睛怎樣唱歌？眼睛又可否聽歌？為什麼是眼睛？許多人，例如小時候的筆者，對於香港流行音樂的最早記憶可能來自電視台反覆播放的 MTV。畫面內容跟旋律歌詞混為一體，音樂既可以聽，也可以看；而影像既可以看，也可以聽。1970 年代以來香港生產的流行音樂，從來都是跟影像媒體同步發展。流行曲之所以流行，在於音樂在大氣中常常出現，大眾受到感召，然後著迷。在互聯網出現以前，除了電台唱片騎師的選播，電視台是另一個更廣泛的免費平台讓樂迷在購買唱片之前好好享受音樂 —— 如果他們喜歡音樂喜歡得要據為己有的話。電視台有別於電台之處，是必須為音樂加上影像才能把內容散播，而 MTV 在香港的生成，就如其他地方的流行音樂一樣，源自消費產品的宣傳功能，是傳播音樂的視覺載體。音樂的影像化也是電視台和唱片公司之間互利互惠的產物。

自從電視娛樂在七八十年代起成為香港人日常生活不可或缺的一部分，流行音樂建築起來的情感結構和感官享受，也變得複雜起來。在 1980 年代末，當卡拉 OK 這種嶄新的音樂享用 / 使用方法橫空出世，流行曲不再只是用來聽的，更是用來唱的。跟著字幕唱卡啦 OK 流行歌也成為一種二十世紀末的，以發聲和表演作為情感想像方法。眼睛跟著歌詞字幕從一個世紀末走到另一個世紀初，改變了樂迷的主體性，粵語流行曲的風格和流行音樂的功能也轉變了。然後，全球化和網絡年代來臨，MTV 的 T（television）退場，從類比（analog）轉入數位（digital）的時代。當大眾有更多更靈活的媒介選擇和享受全世界的流行音樂與影像時，粵語流行曲似乎在這個影像極度流通的全球化時代慢慢收窄其影響範圍。不過，在近年樂壇死了沒有的熱烈討論之中，音樂的生產量非但沒有萎縮，MV 的製作更是遍地開花，歌迷也越來越習慣以 YouTube 免費收聽 / 看歌曲。不同製作規模的音樂影像作品的表達手法越趨多元 —— 從以往電視台或唱片公司包辦的主流製作到獨立歌手的自家手作，從意料之中的樣板形式到不同程度的視覺實驗，甚至樂迷網民的二次創作和土法 MV。這些音樂與影像的混合體不但是音樂作品接觸樂迷的第一步，也為樂迷提供解讀作品和延伸意義的方法。雖然 YouTube 和 Facebook 等社交平台某程度上使音樂的接收過程變得零碎而短暫，但樂迷的自主能力也更大。樂迷之間，甚至樂迷與歌手之間互動的空間更多更容易，YouTube 頻道上的留言欄目，不但成了樂迷分享感想的平台，在近年香港人流散各地的情況下，這些傳播 MV 的網絡頻道也造就了某種情感結構的形成，抒發和流動。歌手新歌 MV 的網絡首播，亦可成為想像社群共同建構的奇觀。

此時，研究音樂錄像為何重要？近年香港流行音樂／粵語流行曲的研究越來越豐富，論者均以各種各樣的角度與方向探討這一片香港流行文化重要之地。除了學者的主要研究著作，還有民間研究和年輕學人的加入，透過網絡和紙本出版分享各式觀察，包括：（一）歌詞研究、文本解讀：一方面以文學分析的方法解讀流行歌詞的文化意義，另一方面以此提出流行文化與傳統文學的共性，並顯示粵語的特性；（二）樂壇的工業結構、音樂生成的政治：從本地化與全球化的互動，商業與藝術的角力，了解香港流行音樂作為文化產業的種種問題；（三）歌手／歌星的形象建立與歌迷的形成：從剖析「粉絲」文化和偶像崇拜的現象，理解偶像如何成為影像和慾望的符號，歌迷的社群文化如何折射偶像的設計包裝和經營等工程；（四）從流行文化的角度觀看本土集體回憶、大眾文化歷史、文化身份、性別政治，社會城市變化等的在地議題；（五）因應近年社會政治環境的改變，在留離聚散之間，樂迷重新詮釋本地流行音樂在消失與振作之間的文化意義。在這些五花八門的研究範疇的內外，音樂錄像研究的位置是什麼？英美 MTV 研究皆在 1980 年代大量冒起並且系統化，那是因為華納音樂集團旗下 MTV（音樂電視網）在 1981 年啟播，以其二十四小時不停播放音樂錄影帶，旋風式革新美國流行音樂的流動和傳播，從此改變音樂的表達形式和歌手的形象包裝，而音樂錄像的獨特視覺表達甚至創造了新的電影語言。適逢當時後現代主義理論的出現，這種結合音樂和影像的新的文本類型，其特有的視覺節奏和壓縮於數分鐘內零碎的影像敘事，正正闡明了陳光興指出的文化精神分裂（cultural schizophrenia）[1] 或精神分裂式的敘述（schizophrenic narration）[2]。透過這種時空壓縮的感官經驗，自我複製而過度的影像刺激跟流行音樂在新媒體下的高速發展，形成了八九十年代獨有的文化現象，以放大快感的表象演繹著那個年代的經濟、政治和社會面貌的各樣震撼和歷史的虛空。不過，四十年過去了，MTV 從沒有歷史意義的消費產物，因為時代的變化，累積成為代表某個時代的懷舊標誌，甚至情感寄託和想像。同時，有更多的音樂人不斷創作無數在網上發表的 MV，並以此建築起層層疊疊、無限延伸的情感網絡。雖然沒有完整數據分析的量化研究，但是當 YouTube 公佈 2023 年度十大熱門音樂影片，張天賦的〈世一〉讓 Jisoo（BLACKPINK）和 YOASOBI 也被比下去，當大家都會熱切期待 MIRROR 新歌的 MV 首播時，也許是時候重新檢視這堆音樂影像在本土文化的意義。[3]

歸根究底，什麼是 MTV / MV / 音樂錄影帶 / 音樂錄像 / 音樂短片？雖然名字那麼多，歷來產量那麼高，但這些名稱都意指以影像表達和傳播的流行音樂短片，通常為一首歌的長度，大約三至五分鐘不等，有些短片亦引申成十多分鐘或更長的劇場版。這些名稱之間的輕微變動，也顯示傳播媒介和影像生產在這四十年間的重大變化。從電視到網絡，流行音樂的形式和內容也因著這些科技的發展而出現轉變。為免名稱上的混淆，本文的討論將會以「音樂錄像」代表包括電視時代和網絡時代生產和傳播的流行音樂影像短片，也涵蓋多於一首歌曲長度的影像製作。這些音樂視覺作品皆為一些預先錄製，非即時創作和直播的表演。而播放音樂錄像的場域之不同，也說明這些影片的流動性和多變的功能與可能。歷來的音樂錄像的影像策略大概分為三種模式：（一）表演模式：畫面呈現音樂的演奏和歌曲的演唱過程，以及有關的舞蹈表演，以強調歌手的個人形象與其音樂的本質；（二）敘事模式：影片主要以敘事形式表達歌詞內容，歌手成為故事主角，影像強調歌曲的故事性質；（三）混合模式：這類音樂錄像結合雙重敘述結構，一方面歌手以歌手的身份在一個地方（例如戶外空間如海邊、草地，或室內）夾口形演繹作品，同時也有另一個敘事空間呈現一個有關歌詞內容的故事，有些時候歌手也會擔當故事主角分身演出。這兩個平行時空在音樂錄像中交錯剪接在一起，同步進行。如果音樂錄像本身是一個文本，這類的音樂錄像同時為自己提供另一個導讀它的文本。

在歌詞、旋律、節奏、編曲和歌聲以外，影像為音樂提供詮釋和想像的空間，因而令人反思流行音樂的意義可以如何超越音樂的界線傳達。除了音樂的本質，音樂錄像的聲影結合也讓人思考什麼是樂迷：欣賞香港粵語流行曲詞的人，究竟是聽眾、觀眾、讀者、坦蕩蕩的消費者，還是該如何認知這種集合幾重感官經驗的受眾？近年音樂錄像跟其他視覺媒體如本土電影有什麼關聯？這些被視為從屬流行音樂的副產品可以如何定義流行音樂？如馮應謙所言：「MTV 為流行音樂開拓一個新的傳播平台，將單向的耳聽變為可眼見目睹的二維空間，讓大眾不再只是耳聽，而且可以看到音樂；成為美學重構的過程。所製作的 MTV 內容，由無數的片段編碼組成，視覺的快速轉變，使從聽眾變為觀眾的人們，對 MTV 的解碼表現出個人化和複雜的經驗。」[4] 有見音樂錄像研究的各種可能性，本文嘗試提出以視覺研究的角度了解粵語流行曲的發展——究竟結合影像、音樂和文字這三種表達情感的語言體系的共同體如何有助理解粵語流行曲的過去、當下與未來？透過說明不同例子，本文嘗試提出如何從四十年來音樂錄像的創作和傳播的變化，以音樂影像作為流行音樂的文本，閱讀當中美學和影像策略的變化。希望可以思考影像和音樂之間的關係，了解香港流行音樂，豐富香港流行音樂的研究。

一、港產 MTV 的出現

首先，音樂錄像的生產和演化，跟流行音樂的商業化與傳播途徑的轉變息息相關。從工業生產角度看，音樂錄像為流行曲加入具備情節或者概念化的影像，以配合歌詞的意境。所以，基本上，音樂總是比影像首先產生，視覺畫面因此為音樂服務。開始時，音樂錄像的誕生及其系統化的生產，也是因應電視台的節目形式編排和發展而出現的。例如 1960 年代中的英國流行音樂，就有製作所謂的宣傳短片（pop promo）——專門為當時的流行樂隊如 The Beatles、The Kinks、The Rolling Stones 等作宣傳用途而拍攝的音樂短片。因為樂隊無法於短時間內出席各地區的現場演出，這些音樂錄像便充作替代品，在不同的電視台播放。除了直接拍攝記錄樂隊歌手的表演，有些早期的音樂錄像，例如 1966 年 The Kinks 的〈Dead End Street〉和 The Rolling Stones 的〈Have You Seen Your Mother, Baby, Standing In The Shadow?〉已經開始包含敘事元素，並以實驗性質的鏡頭運動（例如手搖鏡頭表達的隨機影像質感）和靈活的剪接手法表達歌曲的音樂感和歌手的即興演技。後來，The Beatles 的〈Strawberry Fields Forever〉（1967），其音樂動畫電影《The Yellow Submarine》（1968）和 1970 年代初的 David Bowie 等利用帶有迷幻色彩的視覺美學作為連結影像與音樂的實踐。在地球的另一邊，美國的電視台自 1970 年代末開始以特定音樂節目《PopClips》有系統地播放音樂錄像，讓年輕觀眾從電視這種新媒體接觸流行音樂。直到 1981 年 8 月，MTV 頻道啟播，以一個專門播放音樂錄像的媒介，用唱片公司製作的音樂錄像作為主要內容，再輔以主持人 / 影像騎師（video jockey）的介紹和品評，二十四小時不停提供流行音樂（特別是搖滾類型）。這種全新的流行音樂形態席捲全國，MTV 頻道的受歡迎程度和有關之評論更使之瞬間成為全球現象。Michael Jackson 的十三分鐘音樂錄像〈Thriller〉在 1983 年於 MTV 播放，以其恐怖電影式的敘事與昂貴製作規模大大改變音樂電影的可能性，其超乎想像的流行程度也使得美國流行音樂更種族多元，甚至因此席捲全球。從此，音樂錄像成為流行音樂全球化不可或缺的一部分。

在香港，音樂錄像的出現不一定單單源於外來文化的影響，其開始大概是基於電視台的節目設計和需要。當英美流行音樂錄像全速全球擴展之際，香港流行音樂錄像其實亦是本地電視娛樂的發展的一部分。其實，也可以說，粵語流行曲在 1970 年代的冒起，是與音樂錄像同步。跟電視劇主題曲不同，音樂錄像的音樂並非附屬於影像故事而產生。雖然音樂比影像首先誕生，但是音樂與影像也是互相依附，而作品的意義是兩者的合作和抵抗所發生的。例如，要是說許冠傑的〈鐵塔凌雲〉是粵語流行曲發展的里程碑，這是必須要檢視當年這首歌是如何在電視媒介傳送。1972 年 4 月，〈鐵塔凌雲〉以原歌名〈就此模樣〉在無綫電視的綜合喜劇節目《雙星報喜》第二季的第一集播出，兩年後才發行唱片推出市場。有別以往電視錄播歌手現場演繹作品——當然，這些錄像大部分都是歌手夾口形的表演——〈鐵塔凌雲〉是以一連串外國景點的影片作為畫面背景，例如巴黎鐵塔、自由神像、富士山、華盛頓白宮、檀島海灘等。許冠傑則以半身出現畫面的前方，以夾口形的方式「表演」這歌曲。當歌詞到了「俯首低問」時，許輕輕低頭停頓，歌詞與口形不再同步，畫面淡出，「何時何方何模樣」，再淡入到一系列他在香港不同地方的硬照——碼頭、海邊石灘、火車軌、停車場等寓意人在途中的地方。鏡頭偶爾轉到許的近鏡，但見他一臉憂鬱，配合歌詞表達今不如昔的思鄉之情。歌曲完結時，「此時此處此模樣／此模樣」，畫面淡入到一張許冠傑身處廢車場中的照片，以遠景顯示他漠然被無數破爛的舊車一堆堆地包圍著。這堆等待處理的廢車殘件有什麼意思呢？「此模樣」又意指哪個模樣，什麼模樣？旅途的符號成為陳舊廢置的物件，當下也是過去，流落其中的人該何去何從？這畫面與音樂的拼合所帶出的可以是沉醉當刻的懷舊，也可以是對未來未知的惘然，更可以是對某種宿命的抒發。從黃志華的考證，這電視首播同年的前前後後，正是香港社會發生不同的重大事件——從尼克遜訪華、六一八雨災到海底隧道開通，以至大眾娛樂的種種新興事物等。[5] 而許的這首粵語原創歌，可說是以極度抒情的音樂類型表達歌者詞人對香港的深愛和一種不確定的情感，也可能間接影響了往後粵語流行曲所建構的情感地圖，而這幅情感地圖，是必須跟影像緊扣著才可以表達和被詮釋的。影像把歌詞的解讀方法和想像空間打開不少。相對之前提到英美流行音樂錄像所注重的感官刺激，這早期的港產音樂錄像也許特意點出日後粵語流行曲將會表述的獨有情懷和世故自省。

沒有電視，或者沒有無綫電視，也許就不會有以後的音樂錄像。除了《雙星報喜》在節目中加插音樂錄像，之後的《溫拿狂想曲》（1975-1976）和《Bang Bang 咁嘅聲》（1978-1980）更名正言順地以流行音樂作為節目主題，並針對年輕觀眾。前者顧名思義以溫拿樂隊作生招牌，後者是同名服裝品牌贊助的節目，每集包括單元趣劇、歌手訪問、於節目中演唱、音樂錄像和介紹外國歌手的作品等。在這些節目中出現的音樂錄像，大都是因循既定的表現模式，例如歌手的直接「表演」或者在不同的戶外室內佈景擺拍。1970 年代中後期的無綫電視也偶爾製作當時流行歌手的音樂特輯，例如許冠傑、甄妮、徐小鳳、杜麗莎等——雖然這些歌手不一定唱粵語歌，但從這些節目中，音樂和影像進一步配合零碎段落式的敘事成為整體性較強的流行音樂電視節目。踏入八九十年代，這種音樂特輯將會繼續為觀眾介紹當時得令的歌手，有些更以類似電影形式的一小時音樂電影出現，用完整的故事結構和角色演繹串連歌手的不同作品，就如張國榮的《驚情》（1985）、《日落巴黎》（1989）、《左右情緣》（1999）、張學友的《我在栢斯的日子》（1989）、劉德華的《一起走過紅場的日子》（1991）、《情路狂奔》（1992）、《波多黎各的童話》（1993）、葉蒨文的《瀟灑闖紅塵》（1992）、郭富城的《希臘驚情》（1993）等為數不少的結合音樂錄像和電影敘事的流行音樂產品。

同時，各樣安排於週末或深夜的音樂節目紛紛成為自八九十年代起的一種日常，例如自 1981 年開始的《勁歌金曲》、1984 年開始的《新地任你點》、《週末任你點》、1990 年開始的《週末新地帶》、1991 年開始的《翡翠音樂幹線》、2000 年代的《無間音樂》，直到現在 ViuTV 每天播出的《Chill Club 推介》等，都以播放音樂錄像為主要環節。1980 年代初，英美興起的音樂錄像文化開始進入本地樂壇，這些含有音樂元素的電視節目擔當「中介媒體」，[6] 以近似 MTV 頻道的節目主持形式提供傳播途徑予音樂的載體——也就是音樂錄像。由於這些節目並非放在黃金時段，收視不會很高，但因著電視台與唱片公司之間的商業關係，以及電視台所擁有的廣播權力和傳播頻率的操控，使樂迷可以從電視認識這些流行曲，也令這些流行曲在電視廣播之際成為流行曲。香港的流行音樂錄像從 1980 年代開始由電視台主導大量生產，以應付每個星期的播放需要和流行榜的運作。雖然這些音樂節目亦會報道英美流行曲的排名榜，並播放有關的音樂錄像，但本地免費電視台的平台，始終是大部分年輕觀眾透過港產音樂錄像觀看偶像歌手的重要途徑。而在流行音樂越來越著重歌手形象包裝的趨勢下，音樂錄像也成為越來越重要的媒介。從 1987 到 1997 年間的《十大勁歌金曲頒獎禮》，甚至推出「最佳音樂錄影帶獎」或「最佳音樂錄影帶演出獎」——當然，由於所有入選作品都是電視台的製作，獎項就會頒給電視台製作的音樂錄像。

有如港產片般的流水作業式生產方式，八九十年代的音樂錄像充斥著電視。這些電視台包辦的音樂錄像，都是大同小異，統統由歌手演出影片內容的主角——抒情慢歌都以簡單的影像敘事表達有關戀愛或失戀的歌詞；節奏明快的跳舞歌就直接拍攝歌手和舞蹈員的肢體表演。也許基於製作成本和時間控制的需要，除了以電視台廠景作簡約佈景，不少音樂錄像以所需成本更少的戶外街頭作場景。這些不過幾分鐘的音樂錄像，大都運用較多樣的視覺語言，如剪接、顏色濾鏡和鏡頭調度帶出音樂的感覺，有些作品甚至會帶有某些外國音樂錄像的影子。例如，葉蒨文和杜德偉的〈信自己〉（導演：楊偉業；1992）裡的黑白攝影、場景設計、燈光效果、舞蹈編排、鏡頭剪接等，都似乎參考自 Janet Jackson 的〈Rhythm Nation〉（1989）。不過，也會有一些歌手會以非主流形式的音樂錄像作為新的實驗媒介，如 1989 年達明一派的〈忘記他是她〉就由黃耀明自己當監製，請來葉晨演出。張叔平導演以電影菲林三十五毫米格式拍攝一個有關情殺的音樂錄像，影片以錄像檔案格式收錄在大碟同年另行發行的鐳射影碟唱片（CD Video）中，並非在電視台播放。也許由於沒有電視尺度的考量，這個充滿蒙太奇節奏和帶有詩意質感的音樂錄像，不但道出一個破格的情慾故事，更利用既隨意又考究的影像意指歌曲或明或暗的性向提示。張叔平的剪接特色，也會在後來王家衛的電影如《重慶森林》（1994）中充分發揮。

有見音樂錄像的宣傳潛力，有些唱片公司或商品客戶甚至以購買電視台廣告時段的方法把音樂錄像送到聽眾眼前。除了黎明一系列的和記電訊廣告從 1990 年代橫跨到 2000 年初，又或者因為香港政府於 1990 年全面禁止煙草電視廣告而出現，於 1992 年由萬寶路和華星與寶麗金唱片公司合作的 Marlboro Red Hot Hits 系列以電視廣告播出片段外，最令人難忘的，就是飛圖唱片於 1990 年初長期於兩個本地免費電視台購買深夜和下午等不同時段，播放旗下歌手的音樂錄像，甚至在收費電視台衛視中文台冠名贊助節目宣傳介紹自家歌手，令觀眾無法不認識他們。飛圖由本來製作生產鐳射影碟，到後來發展自家音樂品牌，都是對準卡拉 OK 市場。1980 年代中末期，從日本進口並火速冒起的卡拉 OK 不但顛覆了流行音樂的消費模式，也驅使音樂錄像影碟的大量生產，甚至有卡拉 OK 鐳射碟生廠商請來王晶導演和電影明星演出音樂錄像。[7] 從聽音樂，看音樂，到看著歌詞字幕跟著唱，大眾不再單單用耳朵或者眼睛享受流行音樂。出於這種工業生產式的背景，飛圖出品的音樂錄像，無論歌曲是什麼，都會有一種公式化和沒有分別的模樣——例如影片內沒有歌手、影像內容跟歌詞沒有明顯關聯，甚至沒有故事內容，而男女演員／模特兒在寰宇風情般的外國景點裡有意無意地走來走去，或是以擺拍的姿態展示自己和背後的風景。鏡頭調度與攝影構圖簡單之餘，也因為敘事內容近乎空白，這些影片幾乎都可以應用在任何流行情歌，此視覺表現把所有流行歌都變得陳腔濫調。而這些卡拉 OK 音樂錄像的主角，其實是色彩鮮艷搶眼，隨著旋律跳動的大字幕。當歌迷／消費者忙於跟著看跳動的歌詞和留心音樂節奏唱歌時，也許不會太在意熒幕的畫面是什麼。這類廉價生產而自我重複的音樂錄像，可以說是一種基於過度商業化的文化工業、資本科技、消費主義，和 1990 年代初因富裕社會而暴發的媚俗產物（kitsch）。[8] 雖然卡拉 OK 音樂錄像跟電視播放的有著功能上的不同，但兩者對於唱片公司皆有宣傳效果。因此，自 2000 年初，各大唱片公司開始自家製作音樂錄像，歌手重新進入畫面演繹作品，並以卡拉 OK 試唱形式作為另類宣傳和營銷途徑。種種的商業運作，令音樂錄像更普及化，也更商品化。不過，這種量化的音樂和影像複製，是否必定是公式化的倒模？假如這些影片真的是工業倒模，我們可以如何理解當中有可能產生的意義和視覺質感？

二、從港產 MTV 的商品美學到本土 MV 的影像實踐

在這些在八九十年代電視台和唱片公司為派台、卡拉 OK 和跟商品廣告有關而生產的音樂錄像中，導演的名字不一定會在片頭片尾出現。這些音樂錄像以副產品的姿態作為宣傳物，就有如普遍的電視廣告片般甚少附上製作團隊的資料。創作者的主導性（authorship）好似不太重要。又或者，也許傳統地被認為是為音樂服務，並非影視界的成員，令音樂錄像這特殊的類型不太受到重視。由於音樂錄像是依附著歌曲出來的視覺產品，是音樂工業的副產品，導演的任務是以影像幫助歌曲被解讀。其實，早年無綫電視台的合約編導雖然包攬製作無數歌手的音樂錄像，在主流生產線中，

他們偶爾嘗試一些較為考究的影像表達，為樂迷提供了解歌曲的角度。例如無綫編導楊偉業為梅艷芳執導的〈夢裡共醉〉（1988）嘗試把不同的定格影像剪接成一條靜態的影片，當中梅艷芳的化妝造型介乎日式和中式之間的東方主義式的美學，旁邊有時出現一個貌似溥儀的演員，提示歌曲跟電影《末代皇帝溥儀》（*The Last Emperor*；導演：Bernardo Bertolucci；1987）的聯繫。雖然在本文章的研究範疇內無法得悉編導的創作自主權有多少，這種概念性較強烈的影像風格，在當時以動態敘事為主的音樂錄像中算是較為特別的一個例子。

此外，當時也有少數以拍攝音樂錄像為主，並創立獨特影像語言的導演。例如從紐約學電影回港的區雪兒自 1990 年代開始為王菲、黃耀明、關淑怡、楊千嬅、容祖兒等拍攝音樂錄像，並有意識地以影像的思考方式，用顛覆性的拍攝手法，利用歌手的身體演出，提出歌曲中有關性別議題和慾望流動的註解。[9] 在黃耀明的〈春光乍洩〉（1995）的音樂錄像中，但見黃耀明和當時還是正東新人的陳慧琳，穿著一模一樣的西裝，弄了一式一款的髮型，兩人在走廊內相遇但無法共存的狀態。區以手搖鏡頭和慢速快門攝影效果，製造偶爾過度爆光的影像，鏡頭大幅度地從遠到近再拉遠的在兩人之間遊走。這曖昧而帶點迷幻的畫面，跟旋律編曲和歌詞慵懶而帶有暗示性的內容不謀而合。區雪兒也會因應自己對事物的詮釋和特定的主題，跟歌手溝通合作不同的實驗，以思考音樂和影像的關係，例如她和范曉萱會試驗先有影像再製作音樂的項目，又或者為王菲拍攝〈誓言〉（1994），按她希望到處走的想法，安排她從早到晚遊走於香港的鬧市街頭，最後走到郊外來意指王菲作為外地人在香港樂壇發展的狀態。[10]

執導獨立電影《哥哥》（2001）和《蝴蝶》（2004）等的導演麥婉欣自 2005 年開始為何韻詩導演其主演之舞台劇，並自此為她製作多首音樂錄像如〈化蝶〉（2005）、〈勞斯 · 萊斯〉（2005）、〈汽水樽裡的咖啡〉（2005）、

〈癡情司〉（2011）等。在〈幽默感〉（2007）中，以原創手繪插畫再加電腦合成效果表達歌手人貓合一的幽默感。何韻詩 2008 年《Ten Days in the Mad House》這個以瘋狂為概念的專輯，不但用音樂錄像探討主流社會所定義的的瘋狂，更跟麥婉欣一起拍攝了一部同樣題目的紀錄片《十日談》（2008），把專輯中的歌名定為為紀錄片中的不同章節。這企劃以兩種截然不同的影像類型——音樂錄像和紀錄片，共同注視香港社會精神健康的問題，並且以微粒略為粗糙但流露出某種社會真實的影像，將流行音樂連結社會議題，以主流文化本位關注小眾社群。流行音樂跟視覺影像的合作，是可以引申出更多的創意和連結社會的實踐可能。

從 1990 年代末進入到二十一世紀初的網絡時代，音樂錄像不再只是依賴電視和卡拉 OK 熒幕這兩個傳播媒介的產物。這是所謂的後 MTV 時代—— MTV 的 T 在新世紀新媒體的冒起時逐漸失去其代表年輕樂迷的原本意義，卡拉 OK 因為不同原因也慢慢淡出本地大眾的日常消費，音樂錄像反而可以更靈活和流動地成為流行音樂的一部分。就如以上麥婉欣和何韻詩的例子，音樂錄像從數碼網絡年代開始，不但可以錄像格式直接進入實體專輯，更可以在歌手的網絡頻道發放。隨著流動音樂串流平台、YouTube 等視像平台和 Facebook 等社交媒體的興起和廣泛普及，唱片公司無法依靠實體專輯的銷售，音樂錄像成為最方便傳播、宣傳和營銷音樂的載體，甚至成為產品本身。YouTube 上首播的音樂錄像已經成為現時流行音樂工業的重要一環。因此，近年各大唱片公司願意多花成本創作音樂錄像，和發展有意義的影像內容以豐富作品，甚至特意在 YouTube 頻道內增設音樂錄像的製作花絮和有關訪問部分，以增加作品的傳播價值，也從而表現歌手的個性和介紹他們的創作想法與表演能力。此外，也有更多的電影工作者和劇場演員參與製作和演出，嘗試更多種類的影像實驗和形體動作的表演。除了電影導演麥曦茵執導的多個音樂錄像，電影美術指導張蚊執導的〈盲婚啞嫁〉（主唱：陳奕迅；2023）和〈沒有翅膀的天使〉（主唱：姜濤；2023）等之外，新一代的年輕電影導演也參與不少音樂錄像的製作，如陳志發的〈放〉（主唱：陳奕迅；2017）、賈勝楓的〈票房毒藥〉（主唱：Nowhere Boys；2023）、陳健朗的〈講〉（主唱：陳凱詠；2019）、〈沒有無緣無故的恨〉（主唱：陳凱詠；2021）和〈人啊人〉（主唱：陳奕迅；2022）等。Fatball（李紹波）和 25（楊承恩）為方皓玟執導的〈Let's Say〉（2019）、〈Hey U〉（2022）、〈人間垃圾〉（2024）等等也沿用 ViuTV 劇集的演員班底。也有因為拍攝音樂錄像而冒起的新進導演，例如：因為製作 Serrini 的〈油尖旺金毛玲〉（2016）而晉身成為近年最多產的音樂錄像導演之一的 Maggie Leung（梁敏姬）；本身為 C AllStar 歌迷，為樂隊拍了第一個音樂錄像而從此入行的杜嘉莉；還有張傑邦、Sheng Wong、Kendra Koh、Kenji Wong、Acid Fong 等等許多的新導演。他們都各自開拓不同的影像敘事和視覺風格，甚至嘗試不同的影像技術，為流行音樂增添了許多可能性。

有趣的是，當上世紀全球性的 MTV 文化推動了荷里活電影語言和影像風格的新發展，這個時代的香港是倒轉過來的對照——因為影像創作人和電影工作者的參與，本地流行音樂成為一個新的創作場域。流行文化裡的影像創作不再只是以影視媒介定義，而香港流行音樂也因著這個甚具可能性的影像世界而變得更有創造性。這些作品當中，有不少甚有意思的影像實驗和技巧／術的探索，例如以 iPhone 即興拍攝、一鏡到底、定格動畫（stop-motion）、電腦動畫、劇場式的鋪排，甚至 AI 生成圖像等。從片頭歌名的字體設計到整首音樂錄像的敘事結構，從大規模的製作班底到自家手作，無論主流廠牌歌手還是獨立音樂人，都紛紛以視覺表達為音樂創作的一部分。有些歌手甚至會參與音樂錄像的製作，如麥浚龍為自己製作影像風格極度統一的音樂錄像，為他獨特細緻的歌曲概念系列創造了一個甚有格調、暗黑而抑壓的另類音樂世界，其中一個例子可見於他自己導演的〈合唱歌〉（2020）音樂錄像，利用重影拍攝技巧製造男女主角身處在同一空間但卻互不相見的畫面，呈現既遠且近、既近且遠的感情關係。而另一個極端，就是獨立歌手和樂隊自己動手（DIY）製作音樂錄像。例如GDJYB 的〈That Day I Went to His Funeral〉（2016）和雷同二友的〈路徑〉（2019）、〈碌下碌下〉（2022）、〈讓時間變慢〉（2022）等，都以看似簡陋的影像質感或者利用極度有限的資源，隨機應變表達他們對自己音樂的親密關係、溫度，甚至幽默感。這些創作幅度甚大的音樂錄像，無論以數量和質素而言，都成為近年本土文化創造力量的重要一環。

一方面，各種網絡平台有著更廣更大的傳播能力，另一方面，影像製作的技術成本越來越容易負擔得起。不同製作背景和資源的音樂人因應不同的能力和興趣，以不同的形式呈現他們的音樂錄像。相比早前提到的三種傳統模式（表演、敘事、混合），近十年的音樂錄像似乎有這三個以前未為常見的大趨勢：（一）著重故事性／電影元素，甚至額外添上劇場版本，把歌詞可能引申的敘事和題材增加戲劇性，從而加深歌詞、旋律和編曲的感染力。除了比以往更考究劇本和對白的編寫，以複雜的鏡頭調度呈現故事的情感發展，有一些影片甚至以技術要求甚高的一個鏡頭直落拍攝整首歌的長度，一氣過說一個既可以是數分鐘也可以是數十年的故事——如 Supper Moment〈說再見了吧〉（導演：張傑邦；2017）、李克勤的〈格林童話〉（導演：莊少榮；2020）、方皓玟〈HW1〉（導演：Kenji Wong；2022）和容祖兒的〈九秒九〉（導演：Maggie Leung；2024）等等，均以一個長鏡頭直落拍攝，在高度複雜的場面調度和經過反覆排練的現場表演下，一口氣說一個故事，表達時間的有限和連續性，加深歌曲中時間流逝不留痕跡的意思，抑或時間的壓迫感。（二）概念性／意象化的表達：以純歌詞錄像（lyrics video）的形式或以簡約的畫面伴著音樂旋律，以顏色形狀和線條製造較抽象的視覺效果，著重字體設計，或者用純粹的電腦合成影像配合音樂的質感。例如黃耀明的〈太平山下〉（2014）、林家謙的〈某種老朋友〉（2022）、KOLOR 的〈海底隧道〉（2022）等，以音樂的概念性主導，特意留有詮釋不同寓意的視覺空間。（三）動畫 / 插畫影片：近年有為數不少的音樂錄像以動畫或插畫表達音樂內容，例如 C AllStar 的〈北極熊的遺言〉（2021）、The Hertz〈千世書〉（2021）、Yusobeit〈相擁萬歲〉（2021）、江燁生的〈信之卷〉（2022）、張天賦的〈小心地滑〉（2022）、HLau〈養一隻貓〉（2022）、Byejack〈1973 的軌跡〉（2022）和〈1973 的遺跡〉（2023）、Serrini〈愉快動物病〉（2023）、RubberBand 的〈主僕關係〉（2024）等，展示本土動漫的新力量和跨類型合作的可能性。

除了這三類表達方法所呈現的新趨勢，以上不同本位、不同製作模式的音樂錄像作品，風格美學上漸見多元，並嘗試在音樂工業商品的框架以外提出意義傳達之可能與不可能。他們不只主觀地以影像表達對音樂和歌手的詮釋，並在調教音樂和影像之間不同程度的鬆動和連繫，利用歌詞容許的闡釋空間，以影像拓張討論和反思的機會，鼓勵樂迷放膽解讀甚至解構音樂作品的意義和分享自己的情感經歷。例如陳建安的〈在錯誤的宇宙尋找愛〉（導演：Maggie Leung；2019）和陳慧敏的〈十年如一日〉（導演：Feicien Feng；2023）分別都以同性之愛表達歌詞內容所敘述的情感糾結與自身。脫離電視熒幕，音樂錄像可以表達的內容和形式相對可以較自由大膽。這兩首歌的音樂錄像都在歌手自己的 YouTube 播放平台，引來大量的留言討論。尤其是前者，在五年間累積的一千多條的留言當中，有些意見是關於音樂錄像的故事如何跟歌詞不吻合，但是也有不少留言是樂迷仔細敘述自己出櫃或者暗戀同性友人的個人經歷，甚至一些更私密的往事。這些因著音樂錄像而觸動的情感和回憶，在同一個平台隨著時間累積的留言和隔空跨時的對話，為這些音樂錄像增添多重的敘述網絡。這些跨越時空而儲存的留言，透過網絡平台作為流動公共空間，引申更多詮釋的可能性，香港流行音樂連結起既個人亦集體的經歷。

有時候，新的音樂錄像可以在挪用既往的影像語言表達音樂作品的特質。

因此，就算是卡拉 OK 音樂錄像這類目標為本的媚俗產物，都可以理解為有其自成一格的視覺語言和表達語法。在幾十年過去後，當卡拉 OK 成為一個黃金時代的標誌時，那些色彩刺眼的跳動字幕成為被重新挪用的視覺元素。除了在近年的本地電影《填詞 L》（導演：黃綺琳；2023）和《九龍城寨之圍城》（導演：鄭保瑞；2024）等中出現這種似曾相識的細明體字幕外，新一代的歌手，例如 Serrini 和楊彤的〈新的新的世界〉（2022）的音樂錄像，以卡拉 OK 式的字幕明示這是一首迪士尼卡通片主題曲〈A Whole New World〉的翻唱版本。Serrini 的幾首迪士尼翻唱歌，都以同類甚有玩味的另類視覺效果表露其既可以是戲謔，也可以是重返童年回憶的意思。由此可見，音樂錄像不但可以增加音樂作品的感染力，也可從某種貌似諧仿的後設性中提出不同的欣賞和詮釋方法。就如 Stanley Kuo 指出，解讀音樂錄像的樂趣在於「細看影像風格語彙、導演埋入畫面的細節小亮點，循其脈絡，其實可以推敲出當下時空背景中音樂產業和主流音樂的氛圍，也可以視為和大環境氛圍以及當下流行語彙的一種對話，也許刻意為之，或者相當隱晦」。[11] 這種從細節追溯隱晦意涵的閱讀策略，近年甚為常見於大眾樂迷之間。這也可以從近年本地音樂錄像中最為常見的特質開始——就是這些影片皆有意無意展示本土城市空間，或者有關本土情懷的符號：電車、舊區、唐樓、維港、茶餐廳、小店、各區街頭的日夜風景、素人的日常生活片段等。從何韻詩的〈是有種人〉（導演：曾慶宏；2015）內藍屋街坊欣賞她的表演、方皓玟的〈假使世界原來不像你預期〉（導演：25、Fatball；2019）裡不同階級的人和建築群所構成的灰調城市萬花筒、Geniuz F the FUTURE、Novel Fergus 的〈深水埗〉（導演：Hanley Chu；2020）中的舊樓舊舖和邊緣社群，到新青年理髮廳的〈世界是一列由東向西駛往的火車〉（2021）中以單一角度從下往上看著香港的城市流動風景，都可見這些音樂錄像不單是影像承載音樂的媒介，更回應著社會氣氛，為不同社區編輯一本有機而多面向的音樂相簿，引領樂迷從流行曲走到大街小巷，音樂的想像空間成為關懷現實的場地。音樂錄像以不同角度展示當下的城市景觀，也可以引領樂迷跨越影像呈現的時空，就如 Zpecial 的〈深夜告別練習〉（導演：杜嘉莉；2020）裡，兩個踩滑板的男女在深夜的街頭遊蕩邂逅，鏡頭隨著他們遊走中上環、尖東和北角等地方，到最後雙方的悄悄告別。這首似乎帶著 1980 年代曲風的旋律歌詞也隱隱對應著達明一派在 1987 年的〈今夜星光燦爛〉、〈馬路天使〉和〈溜冰滾族〉的音樂錄像中的地標。地標或許已經面目全非，從前音樂錄像中保存起來的情感記憶，轉移成為新一代人懷舊的情感指標。

有如歌詞的整體趨勢和轉變，從以往抒發感情式的情歌到近年鼓勵療癒心靈創傷系的情歌，近幾年來流行歌的主題都圍繞著一種因應社會變化而產生的情感創傷。這些歌曲的音樂錄像畫面每每呈現年輕人在陳舊的環境內的處境，敘事發展都是有關故事角色從舊有的狀態過渡到新的生活，又或是角色從某種斷裂的狀態回到看似本來的日常。這類要求人物重新連結空間與時間的情意結，或者跟其他角色建立溝通的可能，可以從音樂錄像所顯現的某些日常生活細節中流露。好像陳建安的〈惡夢經〉（導演：Maggie Leung、Sheng Wong；2020）中其中一個主角從某處回家，於家門前跨過火盤，然後洗澡。這兩個動作分別意指主角洗掉過去的污穢或夢魘，重過新生——不過，影片於此才開始呈現一個死亡與慶賀的無間循環。這種曖昧的指向，也見於方皓玟的〈你好嗎〉（導演：6 號 @RubberBand；2021）——一對對的主角們在舊式陳設的室內空間中，隔著疫情時候在餐廳常常見到的透明分隔板對坐，這透明板可以比喻人與人之間溝通的隔膜或契機，角色們在這種相見卻不相通的狀態下，有人流淚，有人惘然。這等零碎的情節與畫面的細節，不但意指疫情時的經驗或者一般現代人的溝通隔閡，也令人聯想到後社會運動的香港人也許會面對或聞聽的情境。這些包含物質細節，或邀請或要求觀眾／樂迷解讀意思的音樂錄像在 YouTube 上播放，來自四面八方、各種各樣的留言感想也在同一個頁面隨著時間累積起來。留言與留言之間的共感、異議和連結，不但可以跨越區域，也可以越過時間，形成了一個以前 MTV 時代未見的情感現象。

在這後 MTV 時代，YouTube 不但擔任傳播媒體／播放平台的角色，還以無限擴張的姿態把自從 2005 年開啟以來用家上傳而沒有刪走的錄像存檔，結集了來自不同時空的樂迷，成為流動公共空間分享他們的感想和存放情感紀錄。這班新興網路科技所形成之跨越時空的群眾，可以在同一個時間不同地點，更可以在不同時間不同地點聯繫互動。他們之間的認同連結，可簡單地以一句「2023 年 4 月還在聽」、「2024 年 6 月返來聽」等回應十多年前上傳的音樂錄像，或者問道「有沒有人來自 2024？」，「目前 2024 年，2025 年還會回來一起聽的」，以來自未來的人的姿態，留下足印。近年離散各地的香港人，更透過這些流動中而本地感覺濃烈的音樂錄像接應擁有共同情感記憶的人——來自這裡的、那裡的、過去的、現在的、將來的。大家就算素未謀面，但也沿著相同的軌跡平行共存。就如 Dear Jane 的〈到底發生過什麼事〉（導演：梁子瞳、柯煒林；2022）的音樂錄像，故事中的女主角在成長路上經歷一番以後，雖然歷史在重演，不過她還是可以在某個時空的接合點，跟過去的自己對話與和解。音樂錄像在網絡上流動，超越以往作為商品即時和短暫的消費性質，拉開了時間的跨度，樂迷對於時空的差別既有意識地回應著，也無意分割時差，因為情感，經歷和故事是可以從音樂與影像的流動而保存下來。在一個對於許多事物和情感都難以啟齒或明言的時代，香港流行音樂也許可以在新媒體開拓的視覺空間中實踐和創造新的溝通語言。

跟本文提及的，和許多許多在此未能涵蓋的音樂錄像作品一樣，KOLOR〈時差〉（導演：Mihiel@Command N；2011）的音樂錄像隨著時間的沉積，在 YouTube 上引來許多印證著不同時區和地域差別，共同留下的文字足跡。這些隔著時空對話的群眾或個體，可以因應音樂或影像的內容產生認同與想像的，這種情感的連結，想像與建構，也許特別對於離散的社群尤其重要。如王智明提出，這可以是一種音樂產生的「感應的能力」，「音樂在情感連鎖與響應中，觸動人群，造就社群。在變動的時代裡，大家對音樂有所寄情」。[12] 在後 MTV 時代，大量的音樂錄像同時累積儲存著個別樂迷在不同時空留下的感言，而身處未來的人也會在某個時刻重遊舊地，準備跟他們的過去與還未發生的未來對話。就如十年前周耀輝和高偉雲所認為，香港流行歌的生產、傳播和流動，並未消亡於各種政治社會經濟環境或者自身的變化中。[13] 反之，香港流行音樂多樣性的探索正在進行中。幸好，我們還有後來的。

註

1 Kuan-Hsing Chen, "MTV: The (Dis)Appearance of Postmodern Semiosis, or the Cultural Politics of Resistance," *Journal of Communication Inquiry* 10:1(January 1986): 67.

2 Mathias Bonde Korsgaard, *Music Video after MTV: Audiovisual Studies, New Media, and Popular Music* (London and New York: Routledge, 2017), 5.

3 林奧莉：〈最熱播歌曲來自這 4 人組合，MC 張天賦連續上榜 2 年〉，《香港 01》，2023 年 11 月 17 日，取自 https://www.hk01.com/ 研數所 /960195/YouTube 音樂榜 - 最熱播歌曲來自這 4 人組合 -mc 張天賦連續上榜 2 年 ?utm_source=01webshare&utm_medium=referral&utm_campaign=non_native，2024 年 1 月 17 日擷取。

4 馮應謙、沈思：《悠揚 ‧ 憶記：香港音樂工業發展史》（香港：次文化堂，2012 年），頁 105。

5 黃志華：《情迷粵語歌》（香港：非凡出版，2018 年），頁 127-129。

6 同註 4，頁 87-88。

7 陳芷慧：〈香港引入卡啦 OK 機第一人　一手包辦 K 碟 MV　80 年代年賺七位數〉，《香港 01》，2017 年 9 月 26 日，取自 https://www.hk01.com/ 社區專題 /121851/ 香港引入卡啦 ok 機第一人 -　手包辦 k 碟 mv-80 年代年賺七位數 ?utm_source=01webshare&utm_medium=referral&utm_campaign=non_native，2024 年 1 月 17 日擷取。

8 Matei Calinescu, *Five Faces of Modernity: Modernism, Avant-Garde Decadence, Kitsch, Postmodernism* (Durham: Duke University Press, 1987), 8.

9 馬欣：〈「保持好奇心，有一天你喜歡的事情終究會找到你」　區雪兒用 MV 拍出電影的詩意，在香港音樂圈掀起性別美學革命〉，《關鍵評論》，2015 年 5 月 4 日，取自 https://www.thenewslens.com/article/15835， 2024 年 1 月 17 日擷取。

10 柴子文，張鐵志：〈「音樂與影像『結婚』」：區雪兒〉，載《文藝復興我地》（香港：天窗出版社，2014 年），頁 45-47。

11 Stanley Kuo：〈音樂錄影帶也有流行趨勢？〉，《Shopping Design》，第一百三十一期（2019 年 10 月 4 日），頁 59-66。

12 王智明：〈唱造社群 Community-Making in Singing〉，《文化研究》，第三十五期（2022 年），頁 1。

13 周耀輝、高偉雲：《多重奏：香港流行音樂聲像的全球流動》（香港：香港中文大學，2015 年）。

9

網台的粵語流行曲傳播：以網絡音樂節目《Music Panda》及《音樂擂台》為例

黃成傑

爬梳香港流行音樂工業與傳統大眾媒體、網絡新媒體過往及近年結合的情況，希望在「電台—電視台」以外，補足YouTube及「網台」的流行音樂傳播情況，作為香港流行音樂的新圖景。

一、引言

自 2021 年起，民間開始有「廣東歌復興」的說法，認為樂壇新人湧現、曲風及題材更新，較過去十多年的樂壇多元化。[1] 有論者從唱片公司、電視台及選秀節目、頒獎禮、創作人、歌手、歌詞、歌迷及社會情感與文化政治等方面，分析「廣東歌復興」的原因及情況，並指出「復興」並非一蹴而就，而是由於多年以來的積累，始順應時勢在 2021 年得以爆發。[2] 時至 2024 年，從音樂串流平台上的廣東歌播放比例、音樂節及演唱會銷情等數據來看，廣東歌的熱潮似乎有所減退。[3] 不過，在這幾年間亦有新的流行音樂傳播圖景出現，即近年新興的網絡音樂節目。除前述的電視台、音樂串流平台的研究以外，網絡音樂節目是香港人近年接觸到廣東歌的另一途徑，卻鮮少有人探討。本文會先探討電視流行音樂節目的變化，繼而選取近年在 YouTube 上較受歡迎的網絡音樂節目《Music Panda》及《音樂擂台》，討論相關節目的特點、優勢及局限，以及香港流行音樂在相關節目上的傳播情況，最後總結香港流行音樂工業與網絡（音樂）節目之間的關係。

二、電視流行音樂節目的變化

論者認為大眾傳媒是傳播及推廣音樂商品的重要渠道，扮演著中介的角色，可以選擇、過濾哪些音樂商品值得推薦給受眾。香港大唱片公司及大傳媒機構（如 TVB）在市場壟斷的情況下，可透過主導的「專業」話語，潛移默化地影響受眾對「流行」的看法，合作「創造」「流行」的金曲。即使受眾有對立的意見，亦會因傳播上模式的單向性，較難形成強大的反對聲音，來干擾電視台對「流行」的論述，而踏入互聯網時代，電視台無法再支配「流行」。[4] 因此在探討網絡音樂節目的傳播情況前，本文將先回顧電視流行音樂節目在近十多年的變化。

香港最經典及著名的流行音樂節目要數無綫電視的《勁歌金曲》，過往的《勁歌金曲頒獎典禮》結果亦經常成為民間熱話。不過，自從 2009 年起發生「HKRIA（香港音樂聯盟）版權風波」後，香港的音樂節目及流行音樂發展顯然深受影響，至 2021 年，「版權風波」始告結束。在這逾十年間，四大唱片公司（環球、華納、Sony、EMI）的歌手幾乎絕跡於《勁歌金曲》及《勁歌金曲頒獎典禮》，變相令該音樂節目的歌手數目減少，改為以自家歌手及非四大的唱片公司為主，例如《超級巨聲》出身的胡鴻鈞、何雁詩、吳業坤、譚嘉儀等、《星夢傳奇》出身的鄭俊弘等，又或較友好的英皇娛樂。惟因缺乏競爭及多元，使節目及頒獎典禮逐漸變得單調乏味，收視逐漸下跌及失去代表性。[5] 四大唱片公司的歌手亦失去宣傳平台，轉向其他電視台及網絡宣傳、發展。及至 2019 年 ViuTV 的流行音樂節目《Chill Club》開播，相關唱片公司的歌手才能再次於電視節目亮相。[6] 同時，唱片公司及歌手亦紛紛利用社交平台、YouTube、podcast 等宣傳自己及歌曲。

及至疫情期間，無綫電視與港台合辦過「香港金曲頒獎典禮」，又解決「版權風波」，並在 2021 年 4 月革新《勁歌金曲》，一度調往黃金時段以一小時播映，及後卻不斷更改播放時間及時長，曾縮減時間至半小時，甚至十五分鐘（另有 J2 足本版），最終於 2023 年 5 月 21 日播放最後一集，並分拆出《勁歌金榜》，以及以新音樂節目《J Music》替代。[7] 至於「勁歌金曲頒獎典禮」據聞改為兩年一屆，惟至今仍未復辦，而「大灣區音樂頒獎禮」亦未見舉行。[8]

另一個主要的電視音樂節目是 ViuTV 的《Chill Club》，於 2019 年 10 月開播。由於該節目容納多間主要唱片公司的歌手，亦兼容獨立發展的歌手，加上 2021 年的「廣東歌復興」，以及出色的舊歌新編等，在外間得到不俗的反響。[9] 相關的「Chill Club 推介榜年度推介」亦與商業電台的「叱咤樂壇流行榜頒獎典禮」，成為近年廣東歌愛好者的年度焦點，頒獎結果及表演往往成為熱話。

疫情期間娛樂及外出的機會減少，多少影響了香港 YouTube 頻道的發展，包括新創辦的試當真、ChillGOOD TV 等，以及既有的 Pomato 小薯茄、JFFT 等，其中 ChillGOOD TV 及 JFFT 的音樂節目均得到長足的發展，形成 2021 年後流行音樂傳播的新圖景。

三、《Music Panda》

《Music Panda》是 YouTube 頻道 ChillGOOD TV 的一個音樂節目。[10] 該頻道於 2021 年創辦，目前訂閱人數為三十三點六萬（截至 2024 年 5 月 4 日），主要提供生活資訊及音樂節目，有逾三百部影片，其中最受歡迎的正是《Music Panda》。《Music Panda》是錄播音樂節目，2021 年 3 月 18 日開播，現時大約每月一集（早期更新得較為頻密），至今有四十集，邀請不同流行歌手對談及演繹歌曲，現場鋼琴及打鼓伴奏由著名琴手黃丹儀及鼓手 KB 擔任，音樂製作質素備受認可。

由於《Music Panda》是網絡音樂節目，與電視台沒有直接競爭的關係，因此不同電視台的歌手均能在節目中亮相。包括 TVB 旗下星夢娛樂（TMG）的工灝兒 JW、連詩雅、胡鴻鈞（2023 年 7 月宣佈轉投 Sony Music 唱片公司）、吳業坤等；Viu TV 及 MakerVille 的 MIRROR 成員姜濤、Ian（陳卓賢）、Jer（柳應廷）、Anson Kong（江𤒹生）、Jeremy（李駿傑）、COLLAR 成員 Marf（邱彥筒）、Winka（陳泳伽）及 Sumling（李芯駖）。該節目亦邀請香港多間主要唱片公司的歌手演唱，包括環球唱片 [11]、英皇娛樂 [12]、華納唱片 [13]、寰亞音樂 [14]、Sony Music[15] 等，亦包括知名度較高的獨立歌手，例如謝安琪、Serrini、許廷鏗、吳林峰、Tyson Yoshi、Lolly Talk 等。

其歌手陣容比起《勁歌金曲》及《J Music》，以及《Chill Club》，實在不遑多讓。

相比起《J Music》及《Chill Club》的四十五至六十分鐘的節目時長（含廣告），《Music Panda》的時長較長，約一小時（不含廣告），每集通常只有兩至三位歌手或單位演唱，合共約唱十首歌。因此每位歌手有較多時間，演唱更多歌曲，並分享個人及歌曲資訊。而且歌手不只演唱新歌，亦會揀選舊歌表演，有時會重新編曲。

《Music Panda》另一個受注目的特點是每集歌手的搭配。根據本人的分類及統計，在四十集的節目中，每集歌手的搭配可分為以下四類，第一類是中生代及新生代歌手的搭配，佔十六集，例如張敬軒及陳卓賢的一集、古巨基及姜濤的一集；第二類是同唱片公司或同節目出身的歌手搭配，佔十集，例如陳柏宇、葉巧琳、黃妍的一集；第三類是年代相若但不同唱片公司 / 音樂風格的歌手搭配，佔最多共九集，例如 Tyson Yoshi、Gareth. T 及 JC 的一集；第四類是同年代出道的歌手搭配，佔四集，例如 6 號 @RubberBand 及 Mr. 主音布志綸的一集。筆者將四十集節目中觀看次數最高的十集，撥入以上分類，並以表格列出，見右頁表一。

觀看次數固然會受不同因素影響（例如疫情），但是由右表可見，在 2000 及 2010 年代已積累名聲及影響力的歌手為數仍多，但是新世代的歌手亦開始佔位，包括大唱片公司、ViuTV 的相關歌手及獨立歌手。那麼，在所謂的千禧 K 歌年代，又或者樂壇相對低迷的 2010 年代，似乎並未完全失去製造「流行」的能力，隨著年代過去及聽眾的成長，在「後一九」/「後疫情」/「後廣東歌復興」的年代，這批歌手仍能透過音樂節目號召情感記憶，得到聽眾的支持。筆者會在第五節進一步分析具體的歌曲數據。

表一｜《Music Panda》觀看次數最高集數排名（截至 2024 年 5 月 4）

排名	集數	表演歌手	類別	觀看次數	播出日期
1	29	張敬軒、陳卓賢	第一類	248 萬次	2022 年 12 月 15 日
2	8	C AllStar、馮允謙	第二類	202 萬次	2021 年 6 月 17 日
3	2	6 號 @RubberBand、布志綸	第四類	196 萬次	2021 年 3 月 25 日
4	11	陳凱詠、曾比特、Kerryta	第二類	132 萬次	2021 年 7 月 29 日
5	3	陳柏宇、小肥	第四類	131 萬次	2021 年 4 月 8 日
6	33	古巨基、姜濤 @MIRROR	第一類	128 萬次	2023 年 6 月 3 日
7	20	Tyson Yoshi、Gareth. T、JC	第三類	95 萬次	2022 年 2 月 24 日
8	27	許廷鏗、陳健安	第四類	88 萬次	2022 年 10 月 20 日
9	9	強尼、肥仔 @ERROR、黃劍文	第二類	81 萬次	2021 年 7 月 1 日
10	40	雲浩影、周殷廷	第三類	80 萬次	2024 年 3 月 28 日

另外，《Music Panda》將節目中的歌曲，編為「純歌曲大特集」，每增加十萬訂閱便推出一集，目前共有三集，每集時長一至兩小時。破十萬、二十萬及三十萬訂閱的「純歌曲大特集」依次有三十二首、二十首及二十首，皆獲得不俗的觀看次數，依次為四百五十九萬、八十七萬、四十六萬，其中破十萬訂閱的「純歌曲大特集」甚至是《Music Panda》中最高觀看次數的影片。該頻道為方便傳播，亦會從不同集數精選出歌曲，再製作為節目《The Single》，以短片的形式，加強影片在互聯網的傳播，使歌手及歌曲較易被 YouTube 用戶看到，例如 Winka@COLLAR 翻唱張天賦的〈記憶棉〉、小肥翻唱姜濤的〈蒙著嘴說愛你〉、6 號 @Rubberband 翻唱 Serrini 的〈Let Us Go Then You and I〉及雲浩影翻唱 Edan 的〈小諧星〉，觀看次數均破百萬，依次為一百九十萬、一百七十二萬、一百六十八萬及一百零七萬。四首歌中有三首是 2020 年代的歌，而從影片留言中可見，

不少觀眾認為這些歌手翻唱的版本不俗，或者唱出了不同於原唱的味道。不論是「純歌曲大特集」，抑或《The Single》，俱是供聽眾在工作或閒餘時「狂 loop」（循環播放），而不用不斷選擇歌曲。

從前述的歌手可以看出，《Music Panda》所邀請的歌手仍是以流行及知名度較高的歌手為主，其他音樂風格或知名度較低的歌手相對較少，這顯然與節目規模、主要觀眾群、網絡點擊率、市場規劃、節目風格及實際製作（器材及場地）等的考量有關。歌手所選的歌曲風格或因此受到限制，較偏向流行及抒情，較少有舞曲、表演性強或氣氛熱烈的歌曲。加上，《Music Panda》約每月一集，是預先錄製，或較難即時回應樂壇的動態。相較之下，電視音樂節目每星期一集，雖然也是預先錄製，但是相對頻密，亦能夠提供較大的舞台及現場觀眾，較適合表演性強的歌曲，亦能接觸到較多觀眾。

四、隨興、玩樂與互動：《音樂擂台》

《音樂擂台》是 YouTube 頻道 JFFT（Just For Fun Team）的一個音樂節目。該頻道於 2013 年創辦，分為主頻道 JFFT 及直播頻道 JFFLIVE，目前訂閱人數分別為十五萬四千及十三萬六千人（截至 2024 年 5 月 4 日），主要成員有床哥、雞翼（GE）、米爺、良少、含爺。該頻道主要提供 phone-in、清談、音樂、遊戲等直播節目及錄製影片，觀眾以男性及青少年為主，近年備受歡迎，其用語亦成為香港青少年常用的潮語。

《音樂擂台》是 JFFLIVE 的直播音樂節目，於 2018 年 6 月 28 日開播，約每星期一集，由雞翼主持，透過結合 YouTube 直播、跨平台串流媒體及錄影程式 OBS、即時通訊應用軟件 Skype 及社群設計即時通話軟件 Discord 等運作。據主持人雞翼的說法，《音樂擂台》的本意是為了讓自己及觀眾開心唱歌，因此不會斟酌歌藝。該節目由「主持—聽眾—嘉賓（非常設）」組成，流程通常先由主持人雞翼演唱其選擇的歌曲，及後會開放phone-in 環節，供有興趣的觀眾利用 Skype 或 Discord 致電，並演唱一至兩首歌曲，有時會有音樂創作者透過節目演唱其創作，有時亦會分享其心情及一些故事，並會向主持人或歌手嘉賓點唱歌曲。雙方演唱後，會由觀眾投票或留言選出贏家，因此具有競技的快感。在這節目中，專業歌手並不總是勝出，例如觀眾有時為了不讓節目太快完結，會合力及刻意投票讓歌手輸掉，令歌手繼續留在節目唱歌，這顯然有一種利用網絡投票滿足自己之充權快感（儘管這種快感可能是虛假的），部分歌手亦會因為氣氛熱絡而不斷延長節目時間。此外，節目上不時會有挑戰者荒腔走板的惹笑場面，因此，這節目可以說是一種「唱 K」的公共演練，然而，值得追問的是何以總有數千人喜歡在網上直播聽陌生人「唱 K」？

該節目初時迴響不大，最多只有數百人觀看直播，及後經歷頻道發展、疫情等因素，觀看直播人數開始上升。2022 年 3 月及 5 月，《音樂擂台》兩度請來獨立歌手莊正參加。及後，越來越多樂隊、組合及歌手擔任節目嘉賓。樂隊包括 The Hertz、逆流、Dear Jane、野佬（Yellow!）、ToNick、KOLOR、MEØWMEØW、初久、The Low Mays 等；組合包括 COLLAR、STRAYZ、EOS、N9、雷同二友、行動派等；歌手包括前樂隊觸執毛主音、現 R.O.O.T 主音阿水（Jan Curious）、陳柏宇、周殷廷、Billy Choi、Triple G、泰妹（THΛIMΛY）、Young Hysan、Carson（李嘉俊）、SICA（何洛瑤）、黃妍、陳蕾、Teddy Fan、Gin Lee（李幸倪）、小肥、周國賢等。從前述歌手可看到，此音樂節目除了較主流或知名度高的歌手外，較多邀請不同音樂類型、知名度較低、剛出道或獨立發展的歌手及組合合作。

JFFT 的頻道風格較為隨意、輕鬆及搞怪，直播時長不定。相比起《Music Panda》每月一集，《音樂擂台》每星期直播一集（亦試過一星期兩集），較能回應樂壇的動態；最短一集約一小時多，長卻可達六小時，動輒直播三至四小時，讓觀眾在晚上有一種可以長時間投入在音樂中的「悠長」感覺。因此，歌手嘉賓可以利用更長的直播時間，宣傳及介紹其背景、作品、創作意念，以至個人趣事瑣事，向觀眾展現在電台及電視台限制下未能／不能表現的一面，並與主持合唱、接受觀眾點唱及聊天，並會演唱其他歌手的歌。至於致電的聽眾包括素人、音樂創作者、YouTube 及其他影片平台的直播主，不時有聽眾表示打了一兩小時都未能打到上台。

因《音樂擂台》的鏡頭設定及場地關係，主持及歌手距離鏡頭甚近，背景放置不同曾經合作過的歌手立牌，加上梳化、模型櫃、電視等，以本地流行音樂文化、次文化混合居家的舒適感，而不會過於精緻。因直播關係，當主持及歌手演唱期間，觀眾可於聊天室留言、課金，尤其是該頻道的觀眾亦以熱情、搞笑聞名，經常會狂刷留言，甚至洗版，主持及歌手亦得以即時回應聽眾，因此該節目的氣氛熱絡，觀眾亦得以與喜愛的歌手互動及製造回憶。

以 ViuTV 女子組合 COLLAR 成員 Marf 及 Winka 的一集（2023）為例，有歌迷打上台希望與 Winka 以分段方式合唱張天賦的〈記憶棉〉（Winka 曾於 2022 年的《Music Panda》第二十二集翻唱過），並對 COLLAR 表示熱烈的支持。由於電視歌手的加乘，使該節目取得該較高的直播在線人數（約七千人）及觀看次數（約十一萬，等於一點八電視收視）。[16] 環球唱片歌手周殷廷與 JFFT 經常互動，不時上《音樂擂台》及其他同頻道的節目宣傳，甚至與 JFFT 合體為組合 JFYT，在音樂製作及宣傳上互相幫忙，製造網絡熱度及話題。周殷廷於 2024 年 2 月的一集《音樂擂台》做了四小時的直播，直播在線人數最高達七千五百人，至凌晨一時仍有約六千人觀看，該直播有約十三萬觀看次數；[17] 英皇娛樂歌手 Gin Lee 在 2024 年 4 月的一集《音樂擂台》亦做了約三個半小時的直播，其間周殷廷亦加入，令直播人數上升至一萬人，創該節目的直播在線人數新高。[18]「萬人直播」在香港 YouTube 直播上較為少有，這是一些專業歌手或藝人單獨在 YouTube 或 Instagram 直播時所不能達到的。JFFT 的人氣亦造就其與周殷廷及其他歌手，持續合作出歌，並在旺角麥花臣場館開騷。

製造回憶的並不只是觀眾，甚至包括主持自己。由於雞翼的偶像是周國賢，他幾乎每集都會在節目中演唱周國賢的歌曲，持續了數年。至 2024 年 6 月，《音樂擂台》終於請來周國賢當嘉賓，另有自發為周國賢歌曲製作結他樂譜的 CT Lam 作即場伴奏，他們在節目中合唱多首歌曲，可以說是「完夢」，令觀眾大為感動。相比起傳統大眾媒體，《音樂擂台》表現出歌手及歌迷之間強烈的即時互動性及情感連結，這一點不論在電視台或網台的直播及錄播節目中，似乎很難做到。當然，不能否認的是大眾傳媒的觀看人數遠遠高於網台，但是兩種媒介接觸到的觀眾群可能很不一樣，例如 JFFT 的聽眾較多是年輕男性。

除常規的形式外，《音樂擂台》有時會設有主題，早期較多以歌手為主題，例如「四大天王篇」、「陳奕迅」、「周國賢」、「許志安」等。及後主題更趨多元化，包括年代、歌種、特定題目等，例如「2000 年時期的流行曲」、「青春」、「情歌」、「失戀歌」、「兒歌」、「很酷的愛情」、「未來有機會唱不到的歌」等，打上節目的觀眾需要演唱相關歌手及主題的歌曲。此外，由於直播時間甚長，因此觀眾亦會聽到這些未必是經典或者其成長年代的歌曲。

然而，網絡直播音樂節目也並非沒有缺點，例如《音樂擂台》的音樂輸出質素及效果顯然不夠好，聽眾打上來唱歌亦經常出現技術問題。對歌手來說，在直播節目唱歌，尤其是要接受聽眾的點唱，有時可能需要演唱自己不夠熟悉的歌曲，亦沒有後期修音，其聲音及歌唱實力會很赤裸地呈現在觀眾耳中，假如歌手實力不足，很容易會出現狀況，或者被網民拿來取笑，可能會嚇怕部分歌手。加上，YouTube 的系統會審查直播，《音樂擂台》會利用網上資源播放要演唱歌曲的伴奏。若系統判斷直播當中含有第三方內容，包括受版權保護的其他現場直播內容，將會向頻道發出警告及終止直播，並會要求頻道在事後刪除相關內容，才能重新釋出，供大眾觀看。《音樂擂台》偶爾亦會因此需要在事後重新刪減內容，甚至完全收起，甚至可能出現歌手嘉賓演唱自己歌曲，因版權審查而須在直播完結後取得相關唱片公司授權，方能重新釋出直播的情況。因此，在網絡音樂節目逐漸興起的時代，唱片公司的版權利益、直播平台及頻道之間的利益，可能會成為網絡音樂節目未來發展的重要因素。

五、近年廣東歌在網台的傳播情況

上文分析過《Music Panda》及《音樂擂台》的傳播特點、優勢及局限，筆者統計了兩個網台上的廣東歌傳播的數據。有關《Music Panda》，上文已提到過較受歡迎的歌曲。因此，筆者整理了四十集中共三百零八首（不計算直播、特集集數、國語、外語及重複的歌），並按其發表年份或年代歸類。相關數據可見表二（表二以 2020 年為分界，之前的以三或五年歸為一欄，未有列出的年份代表該節目沒有相關年份 / 年代的歌）：

若單看 2020 年以前的二十年，2000 年代與 2010 年代分別為六十一首及七十四首，尤其是 2015 至 2019 這五年的數量顯得特別多，這固然可能是較多歌手嘉賓在這五年出道或發展成熟，但是這些數據亦包含歌手翻唱別人的歌曲，那麼，2015 至 2019 年這一段普遍被認為樂壇衰落的時期，在歌手自身看來，似乎並沒有那麼差？審視 2020 後的四年多，由於較多歌手嘉賓宣傳新歌，因此一年的數量已相當於之前的五年，2021 年的流行曲明顯特別多，呼應了 2021 年「廣東歌復興」的說法。

表二｜《Music Panda》2021 至 2024 年演唱歌曲的年份統計

年份／年代	數量（首）
1984-1986	3
1992-1994	3
1997-1999	5
2000-2004	34
2005-2009	27
2010-2014	28
2015-2019	46
2020	31
2021	76
2022	37
2023	15

至於《音樂擂台》，由於集數較多，筆者統計了 2023 年 1 月至 12 月共四十一集四百七三首歌（不計算主持及嘉賓所選唱的歌，只計算致電觀眾演唱及點唱的歌），同樣按其發表年份或年代歸類，相關數據可見表三（表三以 2020 年為分界，之前的以十年歸為一欄，並計算重複次數）：

從《音樂擂台》觀眾的品味審視樂壇情況，2020 年以前的二十年，2000 年代與 2010 年代的演唱及點唱次數分別為一百三十三次及七十九次，這似乎符合坊間對香港流行音樂由千禧年代起不斷衰落的看法。若以 2023 年整年的一百零八次演唱及點唱歌曲為例，其中第一至六位依次為張天賦（二十六次）、陳蕾（七次）、林家謙（六次）、陳卓賢、張敬軒、Gareth. T（皆為五次）、The Hertz（四次）、黃妍、N9、Lolly Talk（皆為三次），合共佔六十七次。

表三｜音樂擂台 2023 年觀眾演唱及點唱歌曲的年份及次數統計

年份／年代	次數（次）
1970 年代	1
1980 年代	5
1990 年代	32
2000 年代	133
2010 年代	79
2020	17
2021	37
2022	62
2023	108

綜合《Music Panda》及《音樂擂台》的不同統計結果來看（這固然只是兩個網台的觀眾品味的統計），但是與「2023 年度叱咤樂壇流行榜頒獎典禮」及「Chill Club 推介榜年度推介 23/24」的得獎結果，未嘗不可互相參照及補足，並印證及質詢民間長久以來對於廣東歌不同階段發展的看法。

六、結語

筆者在上文爬梳香港流行音樂工業與傳統大眾媒體、網絡新媒體過往及近年結合的情況，希望在「電台—電視台」以外，補足 YouTube 及「網台」的流行音樂傳播情況，作為香港流行音樂的新圖景。本文肯定「網台」能夠以較少資源做到媲美電視台音樂節目的音樂質素、容納不同電視台、唱片公司及音樂風格的歌手、節目時間較長及靈活、即時及互動性較強等，不過網台仍然有一定的局限性，例如觀看人口少、部分限制音樂風格、音樂質素問題、版權問題等。

在論述過程中，雖然筆者用年代切入及統計，但無意以「世代交替」作為現階段香港流行音樂的形容，反而更希望展現「多代同堂」的圖景。另外，筆者傾向將網台視為傳統大眾媒體以外的傳播路徑，而非陷入「電視台—網台」是否可以互相替代的命題之中。網台試當真的創辦人游學修曾被問及，為何過往較常用的班底演員，在疫情後紛紛轉回拍攝電影或電視劇，減少拍攝網片。游學修回應指是因為市場問題，仍未有足夠的觀眾足以支撐該台繼續沿用那些較優秀的演員去拍網片。[19] 儘管試當真的情況未必能與流行音樂節目完全類比，但是這類網絡音樂空間並非「自有永有」，而是經歷多年好不容易才發展出來，因此若無足夠好的音樂節目或足夠多的觀眾去支撐，這種網絡音樂空間便不能持續存在，這端賴香港網絡媒體能否吸引更廣大的受眾，以及觀眾是否接受嶄新的節目形式。另一方面，電視台與網絡的競合，或須在《廣播條例》及傳統作業模式的限制下，彌補一些網台有而電視台沒有的特性及優勢。

踏入大眾品味碎片化的年代，分眾的品味固然有其價值，但是似乎亦要警惕不能自甘小眾。「網絡流行」是否就代表現實流行呢？總是難以定論。筆者以兩個網台音樂節目個案，試圖以此檢視流行音樂與網絡場域重合的部分，惟類似的結合，並不僅限於音樂節目，亦包括社交平台、綜藝節目、網上樂評等，仍有待進一步探討。

註

1 參鄧鍵一：〈香港流行音樂復興——剖析頒獎禮數據〉，《明報》網站「即時文摘」，2022年5月26日，取自 https://news.mingpao.com/ins/%E6%96%87%E6%91%98/article/20220526/s00022/1653485488146，2024年5月4日擷取。

2 參陳嘉銘、吳子瑜、海邊欄：《給下一輪廣東歌盛世備忘錄—香港樂壇變奏》（香港：突破出版社，2022年）。

3 《Wave. 流行文化誌》通過分析音樂串流平台 Spotify 上有關廣東歌及特定歌手的播放數據，並訪問本地樂迷及音樂節籌委，指出由2021年開始出現「廣東歌狂熱」，至2022年初 Spotify 上「Top 200 榜」中廣東歌的播放率次數達八成（每日一百萬次以上），惟至2023年開始下跌，2023年底已跌回至2021年的水平。參〈廣東歌狂熱「復常」：潮起潮落，香港樂迷和音樂人哪裡去？〉，《Wave. 流行文化誌》，2024年1月1日，取自 https://wavezinehk.com/2024/01/01/hkcantopop-2023/，2024年5月4日擷取。

4 海邊欄借用馮應謙及麥魯恆（Marshall McLuhan）的論述，分析 TVB 的「勁歌總選」在1990年代至2010年代的轉變。參海邊欄：〈「流行」的平行時空：TVB《勁歌金曲頒獎典禮》的下坡路〉，載陳嘉銘、吳子瑜、海邊欄：《給下一輪廣東歌盛世備忘錄—香港樂壇變奏》（香港：突破出版社，2022年），頁77-88。

5 同上。

6 參〈HKRIA 版權風波〉，維基百科，取自 https://zh.wikipedia.org/wiki/HKRIA 版權風波，2024年5月4日擷取；陳嘉銘：〈寶記華納飛圖，英皇金牌星夢：香港樂壇工業的版圖與範式轉移〉，載陳嘉銘、吳子瑜、海邊欄：《給下一輪廣東歌盛世備忘錄—香港樂壇變奏》（香港：突破出版社，2022年），頁57-65。

7 〈勁歌金曲〉，維基百科，取自 https://zh.wikipedia.org/wiki/ 勁歌金曲，2024年5月4日擷取。

8 參考〈曾志偉指《勁歌》變2年1屆　今年舉行大灣區音樂頒獎禮〉，《明報》網站「即時娛樂」，2023年2月19日，取自 https://ol.mingpao.com/ldy/showbiz/latest/20230219/1676803065496，2024年5月4日擷取。

9 有關吳子瑜：〈香港媒體空間的壟斷與解放：傳統電視台的地位瓦解與新電視台的承接〉，載陳嘉銘、吳子瑜、海邊欄：《給下一輪廣東歌盛世備忘錄—香港樂壇變奏》（香港：突破出版社，2022年），頁67-76。

10 根據報道，ChillGOOD TV 由歌手古巨基的太太陳英雪與拍檔合資創立，希望在新冠疫情下為藝人提供網絡發展空間。該頻道提供生活資訊及音樂節目，包括《Music Panda》、《絲打圍爐》及《絲打圍佬》等。參考〈古巨基打本千萬畀老婆開網台3節目4個月點擊逾400萬次〉，《明報》網站「即時娛樂」，2021年7月4日，取自 https://ol.mingpao.com/ldy/showbiz/latest/20210704/1625383471469，2024年5月4日擷取。

11 包括曾比特、陳凱詠（Jace Chan）、Kerryta Chau、周殷廷。

12 包括關智斌、吳浩康、泳兒、許靖韻、李靖筠。

13 包括 Gareth. T、Moon Tang、Kiri T。

14 包括馮允謙、鄺欣宜、C AllStar、黃淑蔓、雲浩影。

15 包括陳柏宇、布志綸、林奕匡、黃妍、葉巧琳。

16 JFFLIVE：〈音樂擂台（FT. Marf & Winka @COLLARweare）〉，YouTube，2023年3月14日，取自 https://www.YouTube.com/watch?v=QOVOGy4opVo&t=4571s，2024年5月4日擷取。

17 JFFLIVE：〈音樂擂台 - 主題：慘情歌（FT. YanTing），YouTube，2024年2月27日，取自 https://www.YouTube.com/watch?v=6TCSCylhy_A&t=8025s，2024年5月4日擷取。

18 JFFLIVE：〈音樂擂台（Ft. GIN LEE）〉，YouTube，2024年4月9日，取自 https://www.YouTube.com/watch?v=S_6TFnOX0zI，2024年5月4日擷取。

19 試當真：〈游學修祝福你之夜（冇歌版）〉，YouTube，2024年1月10日，取自 https://www.YouTube.com/watch?v=6ox6v22g92k&t=6262s，2024年5月4日擷取。

10

情迷香港：後一九粵語流行曲的道德包袱

梁明暉

「情迷香港」驅使流行曲的生產、接收與流播都圍繞身份情感資本的累積和消費以維繫後一九「香港人」的集體身份意識。

一、引言

有超過十年歷史、集結社交媒體和論壇的香港音樂評論組織（HKCM²），在 2019 至 2022 的年度評選分別如此開場：

2019：「在這麼壞的時代，香港還有歌手願意堅持揸咪，好不容易。」[1]

2020：「社會繼續沉淪，但 2020 年的香港樂壇，絕對是『崛起』的一年。」[2]

2021：「hear / here … 留下來的聲音。」[3]

2022：「華語地區興起談『躺平』，全球亦在討論 Goblin Mode（躺平模式），這大抵也能形容 2022 年淹悶的香港樂壇。」[4]

HKCM² 的選曲未必最能代表大眾，但其態度卻甚能代表後一九香港粵語流行曲文化：對流行曲的理解與政治完全掛鉤。這種「政治如歌」的意識甚至令到連回溯流行曲發展都以政治歷史時序為綱要。寫於 2022 年的倫敦大學亞非學院中英雙語網誌〈迷失與掙扎：以廣東歌訴說香港人對政治變遷的無所適從〉以內地對香港政權交接前、後、社會運動和移民潮四個主題為廣東歌發展時序分段，彷彿粵語流行曲自 1990 年代就是政治的註腳。[5] 從歲月如歌到政治如歌，要談 2019 的影響，流行曲文化可謂首當其衝。

粵語流行曲在後一九香港成為公共生活的重要場域。除卻男團 MIRROR 冒起而來的萬人空巷追星奇觀，流行曲經常被解讀為大眾對當下香港不能言說的意見，不能被如此解讀的作品就會較少出現在公共討論，大眾聽歌的經驗偏好意義的詮釋而非由感官與知性經驗所調動的個人情感和思考。

不少創作也因應大眾的偏好應運而生，音樂人也樂於自我剖析，在社交媒體大量書寫創作經驗和作品含意，為大眾提供作品與作品賞析的一條龍服務。亞巴斯（Ackbar Abbas）所言八九十年代弔詭的（政治）越無望（經濟）越興旺（doom and boom）邏輯似乎仍然運行。即使韓團仍然風行全球，有評論認為香港可以擁抱粵語流行曲新聲，告別 K-pop；[6] 評論集如《給下一輪廣東歌盛世備忘錄：香港樂壇變奏》亦預告盛世將臨；[7] 歌迷追捧偶像時此起彼落的「世一」（世界第一）之聲和公開動員點擊偶像線上作品以創百萬流量等等現象，廣東歌綻放的表象下流動的是群眾想（覺得）自己被看見的慾望。

一個時代的創作水平如何，後世自有公論，但當一個時代自我吹奏，反映的更多是自身存在的焦慮。後一九香港粵語流行曲現象可謂被「情迷香港」的強迫症（obsession）籠罩，意識失去認知和感受當下的能力，固守抗爭後由末世、無力感和憤怒等情緒定義的香港身份情感經濟。「情迷香港」驅使流行曲的生產、接收與流播都圍繞身份情感資本的累積和消費以維繫後一九「香港人」的集體身份意識。本文所用的「情迷香港」沿襲陳國球討論 1950 年代香港現代主義文學所提出的「情迷中國」和夏志清在《中國現代小說史》論及的「情迷中國」，兩文分別討論不同時空之中的作家們因不同的焦慮而產生對中國的幻想，迸發創意的同時也展露想像的局限和對身處時代根本問題的迴避。在「情迷」的脈絡中，當下「情迷香港」在表達上同樣展示對想像家園強迫性的執迷卻沒有迸發出新的創意和邏輯，但由大數據操控的網絡結合依賴財團資金的流行文化工業轉化了香港身份論述和感受為情感經濟貨幣，令大眾以支持廣東歌之名符號消費「香港人身份」，並在讚好與流量數字上升中感受到存在。下文首先會用精神分析對強迫症的討論來說明近年流行歌執迷於「後一九」的時間意識和對「巨變」的想像，實際上反映了意識上的沒有改變，而「情迷」的姿態迴避的正是改變現實所必須的自省與創意。本文接續會以近年流行曲和現象作例說明現今「情迷香港」的特徵，最後會分析近年「情迷香港」主流意識外的流行曲新聲，探討如何真正令一九成為一個啟發「新的秩序」的分水嶺。

二、「情迷香港」與強迫症

「情迷」在夏志清〈情迷中國：現代中國文學的道德包袱〉英文原文用字是「obsession」，在精神分析的論述中即強迫症。[8] 弗洛伊德（Sigmund Freud）定義強迫症為想法、畫面、文字在意識中不受控地重複出現。當主體潛意識感到自己的慾望不正確並設法壓抑，強迫症的心理迴路便會製造反覆出現的念頭作為替代。[9] 換言之，強迫症所產生的想法和行為不是被壓抑的慾望的直接表達而是其補償性的轉化。拉康（Jacques Lacan）進一步分析強迫症的迴路，認為強迫症表面上強行以行為和想法擾亂現實、製造新的事件，但實際上以潛意識深知無關痛癢的行為掩飾維持現實不變，拒絕面對自己的慾望。強迫症主體享受的是反覆的失敗，並以此實現改變之不可能。以拉康的三界理論來說，強迫症的心理機制由想像界的「完全自控」、真實界的「重複行為」及符號界的「（迴避）改變」組成：主體以為自己想要改變現實，但在重複現實中可行的行為時其實鞏固了現實及其邏輯，而主體經驗到（預料之內的）失敗感使其可安心處於沒有改變過的現實之中。拉康認為有兩種介入可以截斷強迫症的迴路：打破主體「完全自控」的幻覺和令主體覺得重複的行為不再有效而要發展新的實踐。[10]

後一九流行曲重複出現的意象和主題包括災難、末世、抗爭、悲憤、危機、審查、離散和集體無力感等，隱然指向 2019 年的社會運動，對香港的關注彷彿揮之不去。但從強迫症的角度理解，「情迷」的作用是令「香港人」主體覺得自己已盡道德上的責任以迴避潛藏的慾望：希望香港的政治經濟結構可以維持不變。「後一九」作為時間的分水嶺是強迫症產生的虛假意識，以「巨變」的感覺掩飾無變的現實。這些作品反覆撩撥社會運動相關的一系列情緒而沒有發掘和抒發當下自身經驗與情感，即使美學上想達到聲嘶力竭或宏大壯闊的效果，但都因為主題和訊息太明顯而落得無病呻吟和故弄玄虛。同樣的症狀亦見諸大眾對音樂的接收：聽眾和音樂人大量在網上媒體發佈「千字文」展示對作品的洞見或解釋作品構思，竭力指出作品最明顯不過的特點或沒有達成的效果。「情迷香港」的想像視香港的情況為獨一無二、史無前例，視香港人為被壓迫但道德情操高尚的完美受害者。鄭欣宜 2016 年作品〈無表面傷痕〉其中的一句「快感出於痛」，頗能形容「情迷香港」撩撥和享受痛楚的狀態。

三、「快感出於痛」：香港人身份情感經濟中的虛假情感

填詞人黃偉文在 2020 年 4 月 29 日在社交媒體展示〈傾城〉（1997）原版歌詞，帖文第一句寫到「1997 年寫了這一首，大概也不是無緣無故的」。黃偉文得到不少評論，許多都不忘引用張愛玲《傾城之戀》「一個大都市傾覆了」一句，焦點亦放在當年被刪減的歌詞。[11]2021 年 5 月 2 日，鄭欣宜翻唱〈傾城〉的音樂短片上載至唱片公司官方頻道，雖然歌曲只有兩分半鐘亦沒有原版歌詞，但短片製作非常正式，和一些歌手翻唱自拍的回應不同。短片中見欣宜呆坐化妝間，到尾聲便開始化妝。5 月 5 日鄭欣宜推出〈先哭為敬〉，音樂短片以打出「不過是一個　即將落幕　的故事」開始，當前奏完結歌聲響起，音樂短片切入〈傾城〉短片中一樣的化妝間鏡頭，然後就有繼續化妝的欣宜。〈先哭為敬〉如果單看歌曲，就是首悲嘆戀情消逝，懷緬最好時光的作品。但有了〈傾城〉原版出土、大眾評論作為前奏，再加上歌詞中指名道姓「就唱著為你寫　的傾城」和短片中出現的一張寫著「Love in a Fallen City」的海報，則定義了理解歌曲的框架。從大眾的熱烈迴響，可見文化工業佈局之成功：有評論謂「〈先哭為敬〉

那雙哭乾的眼睛，大概便是〈傾城〉裡幽幽凝視城市的紅眼睛」；[12] 另一篇評論〈告別傾城，先哭為敬〉借題抒情：「香港死了，自己人要走了。但總算曾在這小島奮鬥過也掙扎過，風光過也挫敗過，寄望過也絕望過。到了話別之時，有酒就喝酒，有淚就灑淚」。[13]

〈先哭為敬〉的例子顯示「情迷香港」是流行文化工業的操作，除了生產音樂作品更引導大眾以某種角度接收，以調動預設之情感。法蘭克福學派學者馬庫色（Herbert Marcuse）批評文化工業為大眾製造虛假意識和虛假需要，以「社會利益」為名的虛假意識造成的壓抑產生了虛假需要，對滿足虛假需要的渴求防止人們發現和改善社會的病態，過程中得到的歡樂是不幸中的亢奮。[14] 情迷香港的現象指向第三種虛假：虛假感受。強迫性主體所感受到的強烈末世災難感並非自發的情感：除了文化工業的計算和煽動，從九七前便多次被宣佈的「香港已死」每次老調重彈都可以令人隨末世和災難感起舞，移民潮不但是歷史現象更似是香港人對政治危機的本能反應，如果仍然相信當下的情況空前絕後，只可說是一廂情願。後一九的「傾城」之感更似是種「傾城之戀」——相信自己身處傾城並愛上這個情況中的自己，也正是馬庫色所謂的「不幸中的亢奮」，而這種歡樂本質上是自戀的。這也解釋了「情迷香港」的諸多奇觀：社交媒體所見，從萬人空巷的場面、中年粉絲自拍支持年輕偶像、對音樂作品無限引申到不見音樂經驗的討論到公開動員粉絲將偶像作品推上百萬點擊，展示的是粉絲的個人存在的表演而非流行曲或偶像的魅力。情迷香港在流行曲的表達有二大主題：審查、離別和對宏大秩序的掌握。

後一九香港的言論審查對流行歌最明顯的效果是讓人對「審查」產生焦慮，將意識聚焦在「審查」而忽略發掘自己想要表達的想法。嘻哈歌手 Wolfe 作品〈有啲嘢唔講得〉（2022），黑白音樂短片以雙手掩嘴的女孩作始，再加上反覆吟唱標題作為副歌，似乎指向令人有口難言的環境，但整個作品其實是啞口無言。歌詞是零碎的老生常談（例如「壞習慣努力堅持不停改／亂洗錢不如直接倒落海／人地教嘅嘢，自己袋落袋／留意身邊小人隨時反你枱」），但在後一九香港已經足夠讓網民借此發出隱晦的政治相關評論。審查帶來的自我設限的意識亦見於 Jer（柳應廷）的〈MM7〉（2022）與方皓玟的〈HW1〉（2022）。兩首作品都以速成碼為標題，令人以為是什麼不能言說的秘密要編碼收藏，解碼才發現原來沒有秘密。〈MM7〉（「正」）短片影像和音樂都斑駁多變，呈現亢奮乖張的姿態，但歌詞大意是人要花時間自處，在紛塵俗世「放輕鬆修好自身」，然後「再拍拖再結婚／將愛分／安定那 MM7 式人生」。雖然「MM7 式人生」謎底是拍拖結婚，但情迷香港可以令所有意義生產都與「香港」相關：「第二段 chorus 過後，輕快的節奏突然慢下來，恍似歡樂的氣泡被戳破似的〔……〕是要提醒我們世界並沒有回復正常？所有氣泡都已經爆破？」[15] 這則評論也見「情迷」的閱讀方法：描述作品文本的表面形式結構和內容（而非評論者聽和看到的作品形式和內容），再串連有表面關聯的資料或通過比喻來展開討論，但沒有出於對作品經驗的想法與感覺的連繫。例如將「正」引申作「正念」再借歌詞談靜觀，[16] 在資料的無限延伸中，作品的內容變得無關重要，而強迫症主體的病徵就是無法感受當下經驗，在重複的行為中讓喋喋不休的自己得以被看見。

與〈MM7〉對比之下，方皓玟的〈HW1〉（「留」），雖然謎底同樣沒有秘密，但音樂短片的故事與歌詞的不協調反而泄露了當下的某種真實：對「香港人身份」的猶疑。1990 年代作背景的短片是一對年輕戀人的編年史，從一起坐巴士上層後坐到分手後巴士、開篷車各有所愛，最後在巴士總站重逢。文化評論人紅眼稱〈HW1〉為「留下來的聲音」，[17] 而歌詞大意可以濃縮在「世界太好始終不夠香港這味道」、「揀逗留／只因不願意走」、「就說聲 we are hkers yea yea yea」三句之中。據導演解釋，作品的構思是「用一個愛情故事去比喻離開或留低〔……〕係想帶出兜兜轉轉、抉擇不定嗰種矛盾，最終回歸原點」。[18] 但〈HW1〉的矛盾不是「抉擇不定」而是歌曲和視覺的矛盾：歌詞對香港一往情深、逗留不走，短片的故事說的卻是成長帶來的自我了解、離開起點，而黑白的 1990 年代風貌作為已逝青春的背景，更像個回不去的原點。兩者並列，再加上輕鬆飛揚、沒有大幅情緒起伏的 citypop 氣氛，「就說聲 we are hkers yea yea yea」的三個「yea」的曖昧語氣令身份宣言失去斬釘截鐵的堅定，令人思考「低調唱反調」的「反調」之有無。

離別也是後一九流行曲的重要主題。許多作品看似驪歌，但重點都不在送別或分離，而是自己的創傷，正如 RubberBand〈Ciao〉歌詞所言「被時代拆散 / 才道別那樣難」。〈Ciao〉在 YouTube 的說明謂「請相信世上所有事情都是一個循環，一個輪迴」，後一九移民潮被視作如命運般不可抗逆，人在其中無法主宰命運。音樂短片展示一對中年中產夫婦移民前收拾細軟和心情，同時要安撫小孩，也回想小時候父母和自己移民香港的情景。「歷史總是自我重複」帶來的宿命感、離別前夕強烈的「巨浪翻起 / 亦是在一起」和未分開已承諾「好好掛牽 / 來日後見」的共同感都是強迫症主體自我合理化重複行為所產生的虛假意識。同樣的宿命感也見諸 C AllStar 的〈留下來的人〉:「許多人都相信離開的 / 人生走到該走的那時 / 痛著來話別」。如果接受時間到了就要走，離開仍然是主體的選擇；但「話別」時的痛感顯示了主體認為自己是被迫離開，也否定了自己在現實中的主體性。〈留下來的人〉從歌名看彷似和〈Ciao〉相對，但其實同樣沉溺於過去創傷的一刻:「差不多三百日了 / 沉澱過又懷念」、「差不多九百日了 / 還是這樣懷念」，雖然主體也發現自己「原來仍能活過來 / 仍能糊塗地愛悠然地笑 / 過著每天」，但始終無法活在當下發掘現實的可能，而仍然寄望「那日見」。

「情迷香港」拒絕檢視和經驗當下，沉溺在過去一個不可抗逆的時刻和必臨而未臨的未來。對大秩序例如宇宙的想像是既可滿足對結構的需求，亦可安置對未來脫離現實的幻想。〈留下來的人〉的音樂短片以科幻鉅片《天能》的對白作引子，之後由一個悼念的畫面開始，再切入一個制服小隊在廢墟救人，其中一個角色讓時間倒行，在平行時空交錯中犧牲自己成全隊友，最後再回到悼念的場景。誰在哪個時空留下或離開，短片並沒有交待，只在畫面打出「已發生的無法改寫　但我們憑著一無所知的優勢　繼續勇往直前　人會死亡　信念仍在　那日終能在另一邊相見」作結。現實中的無力感在作品中演化成回天有術，英雄主義的自我犧牲想像滿足了強迫症主體對自控的需要。

與宿命感相對的，是對個人以外、宏大的客觀結構的掌握。在後一九流行曲最常見的客觀秩序是宇宙，亦有作品以人體系統（MIRROR〈Innerspace〉，2022）和生死輪迴（柳應廷「物語系列」及「重生系列」）為主題。2020 年大熱、Dear Jane 的〈銀河修理員〉只有標題與最後一段歌詞（「銀河上／邊跌宕邊看緊對方／跨宇宙又橫越洪荒」）觸及宇宙的意象，而整個作品其實是關於一對年輕愛侶在「千瘡百孔」的現實中互相守護，雖然自知「這亂世未必可修理好」，但因為知道如何自處、決心「東歪西倒但至少／牽手偕老」，所以「修修補補亂世中／一起蒼老」的日常就是宇宙，「能照料你日子都不算糟」的生活就足以是存在的理由。「情迷香港」中的宇宙主題卻是現實與日常的相反，歌詞往往意圖展示對某種客觀秩序的概念性理解，或者是主體對其操控。C AllStar〈集合吧！地球保衛隊〉志在以少年歸隊回應達明一派〈十個救火的少年〉（1990），但當「團結」成為目的而不檢視自身與當下情況，重複的副歌「長命火就長命救不斷地灌救／長命火就長命救不論夜與晝」便顯得像自我催眠，而「保衛地球」的宏願相比起〈銀河修理員〉「修修補補亂世中／一起蒼老」的理想就不免虛妄。但強迫症需要的正是心理的補償令主體毋須改變現實，「情迷」的氛圍令受眾從作品聽到抗爭的迴音：「『各位歸隊同路走』正正體驗了『兄弟爬山各自努力 』的心態，哪怕你不同在，但心態行動都要是同路。『人在志在人就夠 / 不斷地搏鬥』，聽到最後，都收到團隊的心思了」。[19] 鄭毓瑜謂「知音」是要「知其志」，是「對作品形構特質之掌握外」，更是要觀者以「想像」來通過體會作品的具體操作來感知表演者內在的心志。[20]「情迷香港」現象的最大問題是對於一九年社會運動的沉溺，令創作和聆聽到的「音」都並非來自心志或想像，而是意識形態。

柳應廷的「物語」和「重生」系列共六首作品分別死亡和輪迴，歌詞全部由詞人小克創作。雖然小克早在 2011 年已經開始「新紀元歌詞運動」，將古文明概念入詞，[21] 但相比起早期同類作品中鋪陳對哲理的實驗性思考和想像（例如周國賢的〈有時〉三部曲），「物語」和「重生」系列充滿說理的野心，想要展現對抽象概念的全面理解，形成內卷的狀態。近年中國內地潮語「內卷」一般形容高度競爭的社會令個人進行過度而無益的勞動，內卷詩學也可被形容為對概念的無限引申但並無產生新的理解框架。人類學家格爾茨（Clifford Geertz）定義「內卷」的狀況為當文化出現既定模式但又無法生產出固定形式或生成新的形態，就只會在內部變得更複雜。[22] 對於大秩序的內卷書寫卻甚至沒有生產更複雜的內容，只是通過概念之間浮面的關聯性擴充，並通過與內容無關的結構整合，正如強迫症主體不斷重複同一行為是為了現實的不變而非改變。內卷詩學也解釋了近年流行曲創作人書寫「千字文」解釋自己的作品的現象。

「物語系列」第三首作品推出之後，柳應廷在社交媒體發帖謂：

> 小克的話：「物語系列，都是關於『死亡』」
> 〈水刑物語〉是臨近死亡；
> 〈迴光物語〉是經歷死亡；
> 〈風靈物語〉是已經死亡。

> 〔……〕
>
> 如果風只是帶領你意識再度造夢的使者，那麼當你細聽風鈴的迴響，聽到的可能就象徵著萬千生命經歷無數遍生死循環中，所留下來的輓歌。
>
> 當你聽之心動，才發現，其實鈴未動，風也沒動，只是人心自己在動。[23]

三部曲表面上的整全結構容許高度詩化的語言無限內卷，即使到最後已無關開宗的名義。而的確「人心自己在動」。馬傑偉形容「物語系列」為「風靈絮語」，在評論中串連了歌詞與歌手趺宕的出道經歷、詞人的宇宙觀和自己對內觀的理解之後，如此評價「物語系列」：

> 有關生死靈魂之說，不同信仰，不同表述。我想擱置宗教門派，從一個普通人的體驗去談：你和我，在有限的人生中，不時遇上考驗：悲喜交集，禍福無常，絕望的處境，絕處逢生的希望，放開執念那一刻的豁然開朗，尤其經歷過 2019 年幾乎每個週末都爆發的社運風暴，以及 2020 年至今，在疫情與政情夾擊下，生活高壓，有如在水底窒息，遍尋缺口而不達。這三首歌，透過阿 Jer 感情飽滿的演繹，唱的人和聽的人，都感受到人生起跌，時代在躁動。[24]

換言之內文提到的禪師的話語、對死前彌留等等的討論都是可以擱置、無關痛癢的。每當討論（內）卷到盡頭，只要回歸香港就好似變得言之成理。同樣，文章結尾寄寓香港人就算對「人生的千絲百結」「不明所以」也不要「耿耿於心」，只要「經過試煉，懂得釋懷，總能安頓於天地」，而這便令人想起弗洛伊德的提醒：被活埋的感受不會死去，只會以更醜陋的形式回歸。「情迷香港」成為防止主體面對自我的封條：「願香港劫後餘生，儘管惡俗充斥，受傷受苦的港人變得更美、更真、更善良」，祝福的背後確認的是自以為真善美的自我。

小克從「重生系列」的〈砂之器〉開始在社交媒體發長文講解作品，並從系列終章〈人類群星閃耀時〉開始將講解重心從幕後創作經過與互動轉向作品的詩學。在〈〈人類群星閃耀時〉歌中的韻腳與維度〉一文，小克解釋在系列第二個作品〈砂之器〉之後，如何決定後續的方向：「其實還可以繼續寫他的轉世故事，母子後變兄妹，再變損友，再變寵物〔……〕大可多寫幾千首，但與其都困在輪迴宿命中兜兜轉轉，不如 fast forward 一嘢跳去一個宇宙級別的大團員〔原文用字〕結局咪仲好！」[25]「大可多寫幾千首」正是內卷所帶來、被誤認為「可能性」或「無限」的錯覺，但詞人的自覺不為打破內卷而是用韻腳來展示內卷如何有序。小克稱韻腳的實驗是他在〈人類群星閃耀時〉放的「神秘彩蛋」但「未有人發現」，這種誠實也側面說明作品韻腳的設計並沒有明顯效果，但藝術上的失敗竟然可以艱澀的姿態合理化內卷。小克稱其實驗是把「物語」和「重生系列」共五首作品的韻腳都用在〈人類群星閃耀時〉，成就他心目中的「宇宙級別的大團員結局」，但如果結構外在於作品或觀者並不能通過經驗而體會，這種概念上的團圓只會帶來感覺上的缺憾。同樣的情況也見諸另一首由小克填詞的〈作品的說話〉：小克發問「由 verse 完全不押韻，到 chorus 完全押韻，是個象徵，盼望世界也一樣，會由混沌漸變和諧。唔知 work 唔 work，你哋話我知」。[26] 當押韻的效果不能通過聲音實現而只有象徵意義，當流行歌的創作和接受只是為了增加身份資本的流量來提升能見度（即「刷存在感」）而非因有感而發而創作或在聆聽時找到共鳴，後一九香港真正的危機其實在於失去感受和想像力和與人連結的能力的文化生活。

唱作歌手 Serrini 在 2021 年聖誕前推出〈Sweet Sweet Christmas〉。音樂短片一鏡直落，注視 Serrini 親演的女主角在餐廳酒醒，發現派對已完但長夜未盡，感情與醉意都不夠度過一晚。恍恍惚惚之間，在歌曲結尾女主角得到「酒不醉人／心醉就夠」的覺悟，借醉和扮醉都不必，就安然在餐桌上躺下。前文提到拉康的強迫症理論中，讓強迫症的操作短路的方法有兩種：打破主體自控的感覺和令重複性行為失去鞏固現實的功能。在「情迷香港」的亢奮中，酒氣氤氳的〈Sweet Sweet Christmas〉帶來了面對自己的清醒和回到當下的寧靜。相對於鞏固不變與穩定的意識形態的「情迷香港」情結，後一九流行曲中其實不乏來自亦反映當下情境的抒情作品。借鄭毓瑜的講法，「情境」是在特定時空與文化脈絡中，主體美感的「實存體驗」，即後一九香港的情境不是一個客觀的狀況而是主體所經驗到的香港。而「抒情」在此指的不是音樂或美學風格，而是以「非憑空而發」的想像力呈現自身處境，是「激發於現實事端，是一種既相離於現況，又與現況密切相關的景象」。[27] 以下的幾首作品便分別呈現後一九香港的不同情境，而抒情的過程亦使每個創作者創造出自己的風格。這些新的聲音和姿態，才是定義「後一九」作為時間分水嶺的憑藉。

Serrini 在 2019 年底出席了台灣金音創作獎頒獎禮後，在內地的演出被無故取消，原因聲稱是因為她引起了「網絡安全隱患」。之後電子跳舞音樂作品〈網絡安全隱患〉面世，受到各大媒體熱播和職業與業餘歌手翻唱，流行程度不證自明。〈網絡安全隱患〉有英文標題「G-Spot」，既似 Serrini 的社交媒體帳戶名稱「gwendolyn.spot」的縮寫，又指向快感的來源，和將指控變成歌名的做法不謀而合，而且快感是自己的，隱患是他人的。〈網絡安全隱患〉歌詞延續 Serrini 之前的得獎專輯《邪童謠》對「危險的女人」形象的創造，但不再需要借用童謠／童話的女角形象作為黑化改寫的靈感，因為自己就是隱患。〈網絡安全隱患〉以「餘情無謂再講」開始召喚對手「親手來驗證我」；副歌三次出現，迫力層層遞進，最後一次宣佈「今晚我做獵物／歡度末日」向對手發出狩獵自己的命令。越演越烈的歌詞與從速度和節奏不變的電子跳舞音樂帶來的張力令觀眾發現，不斷加速的只是自己的心跳；副歌最後一句「令你令你令你令你令你令你／感覺很安全」先調動觀眾集體記憶中的以金曲金句以製造對歌曲的情緒和旋律高潮的期望，再以下行旋律、草草收結的語氣打消高漲的感受，加上音樂短片裡不知所措地抖動自己的 Serrini 的尷尬，令觀眾在哭笑不得之中回到當下，認清所有的記憶、幻想與情緒都是自己內心的產物。〈網絡安全隱患〉的歇斯底里美學通過呈現失控，令觀眾意識到自己如何不由自主地被調動。這種自覺「一手撕開／全部封印」，就是直面潛意識之中被活埋的感受，再將之整合到意識的開始。

另一首成為大熱的作品是 MC $oHo & KidNey 的〈係咁先啦〉(ft. Kayan9896)。兩位歌手改了充滿玩票性質的偽 rapper 名稱，以其說唱功架之沒有來展現嬉笑怒罵的態度。雖然作品調侃派對中欲走還留的心情、去留考慮的不過是路費與顏面、回頭發現其實沒有人惦念自己去留（和自己想有人惦念的慾望），但在「情迷香港」情意結裡仍有評論可以讀出「無用的深情」[28] 和「在移民潮下，以一句輕快的『走先喇係咁先喇』代替沉重告別」[29] 的不能承受之輕。借拉康的強迫症理論來看，〈係咁先啦〉指向的是當重複的行為——例如移民 不能再維持一個令人滿足的現實，就要檢視自身和現實的狀態。〈係咁先啦〉兩位主音無旋律性的「說唱」在防止情迷的感覺被譜成悲歌也發揮了作用，歌詞內容呈現現實中個人去留猶疑的種種並不悲愴宏大的情感令移民從離散史詩回歸日常現實。全歌最有旋律性的部分當數 Kayan9896 的一句「來讓我跟你走／回程順路八折可享有」，當中的詩學策略和效果與〈網絡安全隱患〉的同出一轍：借金曲金句調動記憶及製造期望，然後以現實觀照讓主體檢視自身。「來

讓我跟你走 」在原曲裡的義無反顧、蕩氣迴腸被「回程順路八折可享有」的錙銖必較、可有可無所打破。無論是金曲或是移民，如果重複實踐是為了逃避檢視自身與時代，才是最大的悲劇。當自控的感覺和重複性行為的效用被打破，自戀的狀態也無法維持，因為主體無法再從他者的位置與自己建立關係。

說唱歌手 Novel Fergus 2021 年作品〈深水埗〉以其寫實主義及想要剝離文字的音韻成為後一九香港流行歌其中一把最令人難忘的聲音。歌詞白描深水埗日常群像，沒有舊區溫情或悲天憫人的傳統論述濾鏡：「天光墟 / 低胸企街一堆 / 多麻甩佬追 / 平均五六十歲 / 有南亞裔 / 問我要唔要貨」。黃賭毒就只是黃賭毒，是人的生活而不是社會問題，歌者置身同一情景與被書寫的對象一同呼吸，由衷欣賞與共感生存中的細節，「真係識嘆呀老同 / 純生青島美沙酮」，粗糙真實而充滿生命力。Novel Fergus 妙用說唱沒有先設旋律的特點，通過斷句為文字的聲音賦與節奏來組成音樂，經常刻意設計拗口的文字製造旋律的起伏，令文字的聲音與意思彷彿要被分割，使歌詞可歌但難以被朗讀。這就是「如歌」的意思：斑駁日常無可言說但可以歌唱，節奏和旋律就是生活的脈搏和姿態。通州街公園路宿者和基層勞工在「二胡吹簫係通公 / 廚房佬三行粗工」兩句的雙同節奏中並置，接續的「五六千劏房 / 兩三千太空艙」兩個兩拍遞增的字數和所指居住空間的減少加強擠拍感，但這段最後「中秋節煲蠟係月餅罐蓮蓉雙黃」卻以無休止和無視詞語對節奏的影響、橫跨四拍的一句將聲音的擠迫感在狂歡中引爆，以火光沖天的意象燃亮之前描繪的蒙灰與壓抑的生活。Novel Fergus 的寫實主義不指控不批判。「娶個問題新抱嘈一個攞煲蓋一個揸刀」在吟唱中以低沉聲調作為間隔說明「嘈」（交）是事件，但在深水埗的情景這個看似人命關天的狀況也就只是常態，和「晏晝落場焗住鋪塊紙皮港產片再翻煲」中不斷重播和重看的電影一樣，兩者可以並列。將「住喺深水埗 / 跳樓邊算大鑊」和「啲火鍋鋪 / 啲料切紙咁薄」的並列，言外之音留待知音聽到。

五、結語

後一九粵語流行曲的道德包袱以「情迷香港」鼓吹消費虛假情感，同時也壓垮了流行歌，令「流行歌」與大眾生活日常、人的情感和思考割裂而再度落入「香港流行歌已死」的偽命題。如前所述「情迷香港」其實是維繫固有意識形態——例如流行文化工業的小圈子生態、渴求不變與穩定等——的產物，與其一廂情願相信一九年產生的巨變其實互相矛盾。近年「情迷香港」以外的抒情聲音其實的確可見新的創作手法和風格，換言之若真的要檢視一九年帶來的改變，就必須直面和體會當下自身的情境，放棄意識形態提供的想像、論述和說法。

註

1 chikin：〈二〇一九。香港樂評選得獎名單〉，香港樂評 HKMC²，2020 年 2 月 1 日，取自 http://www.hkmc2.com/2019winners/，2024 年 5 月 14 日擷取。

2 田中小百合：〈二〇二〇。香港樂評選得獎名單〉，香港樂評 HKMC²，2021 年 4 月 30 日，取自 http://www.hkmc2.com/2020winners/，2024 年 5 月 14 日擷取。

3 〈二〇二一。香港樂評選得獎名單〉，香港樂評 HKMC²，2022 年 4 月 24 日， 取自 http://www.hkmc2.com/2021winners/，2024 年 5 月 14 日擷取。

4 〈二〇二二。香港樂評選得獎名單〉，取自 http://www.hkmc2.com/2022winners/，2024 年 5 月 14 日擷取。

5 Choi, Chan & Lam：〈迷失與掙扎：以廣東歌訴說香港人對政治變遷的無所適從〉，2022 年 8 月 31 日， 取 自 https://blogs.soas.ac.uk/soashistoryblog/2022/08/31/hong-kong-cantopop-and-protest/，2024 年 5 月 14 日擷取。

6 Kanis Leung, "Forget K-pop: why Hong Kong Canto-pop singers like Keung To, Serrini offer hope in a city weary of Covid-19 pandemic and politics" 22 May 2021: https://www.thestar.com.my/aseanplus/aseanplus-news/2021/05/22/forget-k-pop-why-hong-kong-canto-pop-singers-like-keung-to-serrini-offer-hope-in-a-city-weary-of-covid-19-pandemic-and-politics. The Star. Accessed on 14 May 2024.

7 陳嘉銘、吳子瑜、海邊欄：《給下一輪廣東歌盛世備忘錄：香港樂壇變奏》（香港：突破出版社，2022 年）。

8 夏志清著，劉紹銘等譯：《中國現代小說史》（香港：中文大學出版社，2001）。

9 Sigmund Freud, "Obsession and Phobia," *The Standard Edition of the Complete Works of Sigmund Freud* (London: Hogarth, 1981), 75.

10 Lacan, Jacque, *The Ethics of Psychoanalysis: The Seminar of Jacques Lacan*, Book VII. Translated by D. Porter (New York: W.W. Norton, 1997).

11 例如《立場新聞》：〈黃偉文《傾城》原稿出土　「1997年寫了這一首，大概也不是無緣無故的」〉，取自 https://collection.news/thestandnews/articles/117298，2024 年 5 月 14 日擷取；及洛琳：〈以後傾城〉，《迴響》第一期，2020 年 7 月。

12 言肇生：〈遇過璀璨至歸零，或曰〈先哭為敬〉不合時宜的眼淚〉，《虛詞》，2021 年 8 月 16 日，取自 https://p-articles.com/works/2397.html，2024 年 5 月 14 日擷取。

13 連天：〈告別傾城，先哭為敬〉，Medium，2021 年 5 月 18 日，取自 https://tsanglintin.medium.com/%E5%91%8A%E5%88%A5%E5%82%BE%E5%9F%8E-%E5%85%88%E5%93%AD%E7%82%BA%E6%95%AC-57cd3a0034c6，2024 年 5 月 14 日擷取。

14 Herbert Marcuse, *One Dimensional Man* (Boston: Beacon: 1991), 7.

15 閱評流：〈Jer 柳應廷：做回自己最《MM7》〉，方格子，2022 年 2 月 5 日，取自 https://vocus.cc/article/61fde82ffd897800014c0aaf，2024 年 5 月 14 日擷取。

16 Jerlau99：〈「正念」MM7〉，Instagram，取自 https://www.instagram.com/p/CaGUftjqXHv/?igsh=dGQxb3ZmdHJiNnV0&img_index=1，2024 年 5 月 14 日擷取。

17 紅眼：〈留（HW1）下來的聲音〉，2022 年 4 月 13 日，取自 https://www.acoo.hk/oasis/%E3%80%90-%E7%B4%85%E7%9C%BC%E3%80%91%EF%BC%9A%E7%95%99%EF%BC%88-hw1-%EF%BC%89%E4%B8%8B%E4%BE%86%E7%9A%84%E8%81%B2%E9%9F%B3/，2024 年 5 月 14 日擷取。

18 〈方皓玟新歌《HW1》低調唱反調〉，《娛壹》，取自 https://zh-tw.facebook.com/as1hk.entertainment/photos/a.105078798522853/183740690656663/?type=3&theater，2024 年 5 月 14 日擷取。

19 私家音樂：〈019 私家樂評　各位歸隊同路走〉，Facebook，2021 年 2 月 17 日，取自 https://www.facebook.com/cplusmusichk/posts/2998978317004795/，2024 年 5 月 14 日擷取。

20 鄭毓瑜：《六朝情境美學》（台北：里仁書局，1996 年），頁 2-3。

21 diuhak：〈新紀元歌詞計劃〉，Instagram，取自 https://www.instagram.com/p/CQbdBCdnMKK/?igshid=MzRlODBiNWFlZA==，2024 年 5 月 14 日擷取。

22 Clifford Geertz, *Agricultural Involution: The Processes of Ecological Change in Indonesia* (Berkeley: University of California Press, 1969), 80-81.

23 jeremylaous：〈小克的話：「物語系列，都是關於『死亡』」〉，Instagram，取自 https://www.instagram.com/p/CGt2mFggMYP/，2024 年 5 月 14 日擷取。

24 馬傑偉：〈七情上面：柳應廷 × 小克 時代幽谷的風靈絮語〉，《明報》網站「Our Lifestyle」，2021 年 5 月 23 日，取自 https://ol.mingpao.com/ldy/cultureleisure/culture/20210523/1621707748654/%E4%B8%83%E6%83%85%E4%B8%8A%E9%9D%A2-%E6%9F%B3%E6%87%89%E5%BB%B7-%E5%B0%8F%E5%85%8B-%E6%99%82%E4%BB%A3%E5%B9%BD%E8%B0%B7%E7%9A%84%E9%A2%A8%E9%9D%88%E7%B5%AE%E8%AA%9E，2024 年 5 月 14 日擷取。

25 小克：〈《人類群星閃耀時》歌中的韻腳與維度〉，《字花》「別字」，取自 https://zihua.org.hk/magazine/issue-45/article/siu-hak-shooting-stars/，2024 年 5 月 14 日擷取。

26 小克：〈《作品的說話》：把世間留給善良的人〉，《虛詞》，2022 年 5 月 2 日，取自 https://p-articles.com/works/2933.html，2024 年 5 月 14 日擷取。

27 同註 20，頁 2-6。

28 紅眼：〈搭尾班車走，還是繼續飲酒——《係咁先啦》〉，Facebook，取自 https://www.facebook.com/acoohk/photos/a.118565693492093/226612136020781/?type=3&locale=ms_MY，2024 年 5 月 14 日擷取。

29 黃靜美智子：〈走先喇係咁先喇 下次再玩吖 試當真：用搞笑平衡沉重生活〉，《明周文化》，取自 https://www.mpweekly.com/culture/%E8%97%9D%E6%96%87/%E4%BF%82%E5%92%81%E5%85%88%E5%95%A6-%E8%A9%A6%E7%95%B6%E7%9C%9F-%E9%9B%A2%E6%95%A3%E4%B9%8B%E5%B9%B4-195879/，2024 年 5 月 14 日擷取。

編後記

越遠越情濃：再思流行歌的傳承

梁明暉

2023年「未來之歌：粵語流行曲傳承研討會」(下稱「未來之歌」)連續兩個星期六線上舉行，由於要遷就參加者地區時差，所以研討會在香港時間下午兩點開始。結果兩日的會議討論熱烈，超過八點才完結，似乎舊歌「越遠越情濃」，討論「越夜越有機」，讓與會者欲罷不能。舊歌令人念念不忘，與其說是因為新不如舊或經典金曲的詞曲聲畫如何出色，更可能是因為「舊歌」——我們聽過、記得和不時想起的歌——總包含個人記憶與時代印記。流行歌的「新舊之爭」其實可以放下：如果定義新歌為未被經驗篩選的作品而舊歌作為個人品味精選與記憶收藏，有時間加持的舊歌一定比新歌好聽。如此說來，傳承流行歌的實踐，是否就是「翻新心內憶記」，讓金曲不斷重播？「未來之歌」裡一班熱愛舊歌的年輕與會者可能會有不同意見：昔日金曲對於他們來說是今日新聲，既展現另一時空的美感和文化氛圍，也觀照當下的面貌和特點。傳承是日常與恆常作業，「未來之歌」聚集民間、學院與不同世代的與會者交流，讓至愛金曲可以被聽見之餘，更大的效果是思考傳承所謂何事。

「傳承」到底是要傳承什麼？雖說重要的話要說三次，但無論如何吹奏一首歌是何等優秀或重要，有誰共鳴只可以由歲月做證。在當下網絡時代流量（content flow）與流行（popularity）分離，點擊（率）等同於欣賞，「傳承」便成為充滿批判性的概念：即使大數據與流量可以被資本操控，哪些歌曲和如何被記住，就和所有經驗和記憶一樣，往往連聽者自己也無法控制；哪些歌被傳頌而哪些被遺忘，是個人情志、時代的美感和文化經濟的拉扯。傳承是要創造條件令大眾可以接觸到作品並與自身建立聯繫，無論是對作品內容或背景的認知或感受與情緒上的共鳴。流行文化作品中不乏令舊歌再度流傳的例子，而「未來之歌」則在論述建構另闢蹊徑。不同論者嘗試確立經典、撿拾遺珠，檢視主流模式和特殊存在、發掘與批判流行歌及歌手在美學與流播形式上的各種典型與操作等等，搭建論述作為引介作品的橋樑，並在個人觀感喜好之外提供集體經驗和意識形態的切入點。「未來之歌」的討論帶出了對傳承的幾個想法，而且可能對流行曲以外、其他文化的傳承亦有參考價值：建立（流行音樂的）常識而非專門知識；提供論述條件令大眾可以自發創造聯繫但不控制個人好惡與品味判斷；「情」是當下與個人感覺和情緒的抒發，傳承不是要將個別時代與人的情感定格而一成不變地誦讀，「越遠越情濃」是要將不同時代與人的情境堆疊，享受時間的距離呈現的「處境都變 / 情懷未變」的狀態，亦將稍縱即逝的當下與個人安置在延伸的傳統之中。

雖然這首不是粵語流行歌，「這樣的心情 / 這樣的路 / 我們一起走過」卻也恰如其分地總結了舊歌經典和未來之歌作為每個時代「一起走過的日子」的印記。作為香港研究課程第二個香港粵語流行歌研討會，「未來之歌」檢視來時路，也朝流行歌和文化的學術研究（和）傳統的未來踏出一小步，「彳亍走向十方」。願「沿途有你」，一路有歌。

作者簡介（按姓氏筆畫排序）

朱嘉欣 九十後教育工作者，熱愛廣東歌，喜歡 Beyond、陳百強。Instagram 專頁主要分享有關 Beyond 和黃家駒的資訊及趣聞軼事。

（@beyond.wongkakui.forever）

朱耀偉 香港大學中文學院香港研究課程教授及總監，香港人文學院院士，研究範圍包括香港文化、全球化及後殖民論述，著有專書三十餘種。

李紫桐 零零後，就讀於香港教育大學語文研究學系。熱愛香港粵語流行曲，喜歡張國榮、尹光和達明一派。「今夜真暖：樂壇經典舊物展」（2022）展覽統籌之一。

留情 1999 年生於香港。畢業於倫敦中央聖馬丁藝術及設計學院藝術系。曾於台灣及香港策劃香港粵語流行曲歷史相關展覽「Dearest Anita,」（2018）、「Leslie's Week」（2019）、「梅艷芳親密愛人三十年」（2020）、「今夜真暖：樂壇經典舊物展」（2022）。著有《歌影留情》（2020）、《粵語流行曲七十年》（2024，合著）。

（@lau4cing4）

梁明暉　英國華威大學博士，香港大學香港研究課程講師，專注於文化研究、表演研究、政治與日常生活美學和身體美學，曾主持理論香港廣東話研討會、香港研究交易所等學術活動。

黃成傑　現為香港大學香港研究博士候選人。香港嶺南大學中文系學士、香港中文大學中文系文學碩士、香港大學中文學院哲學碩士。歷任香港大學中文學院助教、香港浸會大學國際學院兼職講師。研究興趣包括香港文學、報刊文化及流行文化。

黃培烽　現職列斯大學社會學及社會政策學院講師，在英國伯明翰大學獲博士學位，並於香港大學碩士及學士畢業，現在專注香港社會、傳媒研究、城市研究，以及文化及歷史議題的研究和教學。

舒詠晨　九十後香港人，十二歲時迷上梅艷芳，至今剛滿二十年。傳承梅艷芳是興趣，亦視之為己任，希望任何年代的人都懂得欣賞梅艷芳留下來的一切。

（@anita.mui_）

鄭景元　流行文化愛好者。2020 年畢業於香港城市大學，曾擔任香港文化博物館全職研究助理，間中以 Michael Cheng、若曦、羅庚 · 瞳等筆名投稿及發佈文章和詩詞。

（@hk_popmusic_30s_to_80s）

羅玉華　香港大學比較文學系講師，研究興趣包括香港電影及文化研究、視覺文化以及亞洲脈絡下的動物研究及生態批評，並以死亡與療癒、攝影敘事、動物權益、生態女性主義、都市文化等議題為探究焦點。

蘇鑰機　香港新聞社會學專家，曾任香港中文大學社會科學院副院長、新聞與傳播學院教授及院長，主要研究興趣包括：香港報業、新聞社會學、引文分析、傳播學的發展。

責任編輯
羅文懿
書籍設計
姚國豪

書名
未來之歌——粵語流行曲的傳承
編者
留情、梁明暉

出版
三聯書店（香港）有限公司
香港北角英皇道 499 號北角工業大廈 20 樓
Joint Publishing (H.K.) Co., Ltd.,
20/F., North Point Industrial Building,
499 King's Road, North Point, Hong Kong
香港發行
香港聯合書刊物流有限公司
香港新界荃灣德士古道 220-248 號 16 樓
印刷
寶華數碼印刷有限公司
香港柴灣吉勝街 45 號 4 樓 A 室
版次
2025 年 1 月香港第 1 版第 1 次印刷
規格
16 開（164mm x 220 mm）256 面
國際書號
ISBN 978-962-04-5004-4

JPBooks.Plus
http://jpbooks.plus